京津冀城际铁路四电工程

——标准化管理——

京津冀城际铁路投资有限公司　编著

中国铁道出版社有限公司

2024年·北　京

内 容 简 介

本书由京津冀城际铁路投资有限公司组织编写，主要包括绪论、过程管控标准化、实体工程管控标准化、接口管控标准化、实践与探索等内容。

本书可供铁路四电工程管理专业人员学习参考，也可作为相关专业管理人员和技术人员的参考书。

图书在版编目（CIP）数据

京津冀城际铁路四电工程标准化管理/京津冀城际铁路投资有限公司编著．—北京：中国铁道出版社有限公司，2024.3

ISBN 978-7-113-30802-5

Ⅰ.①京…　Ⅱ.①京…　Ⅲ.①城市铁路-铁路工程-电力系统-工程施工-标准化管理-华北地区　Ⅳ.①U239.5-65

中国国家版本馆CIP数据核字（2023）第227395号

书　　名：京津冀城际铁路四电工程标准化管理
作　　者：京津冀城际铁路投资有限公司

责任编辑：亢嘉豪　　　**编辑部电话：**（010）51873134
封面设计：郑春鹏
责任校对：刘　畅
责任印制：赵星辰

出版发行：中国铁道出版社有限公司（100054，北京市西城区右安门西街8号）
网　　址：http://www.tdpress.com
印　　刷：北京联兴盛业印刷股份有限公司
版　　次：2024年3月第1版　2024年3月第1次印刷
开　　本：787 mm×1 092 mm　1/16　**印张：**18　**字数：**429千
书　　号：ISBN 978-7-113-30802-5
定　　价：108.00元

编委会

序 言

经过十几年的接续奋斗，我国“四纵四横”高铁网提前建成，“八纵八横”高铁网正加密成型。我国已成为世界上高速铁路运营里程最长、在建规模最大的国家，高速铁路、重载铁路、高原高寒铁路技术总体水平位居世界前列。截至2023年底，我国铁路营业里程达15.9万km，其中高速铁路运营里程达4.5万km。人享其行，物畅其流，铁路的快速发展为立足新发展阶段，构建新发展格局，推动中国经济高质量发展提供了坚强有力的支撑。

习近平总书记强调：“我国自主创新的一个成功范例就是高铁，从无到有，从引进、消化、吸收再创新到自主创新，现在已经领跑世界，要总结经验，继续努力，争取在‘十四五’期间有更大发展。”这是总书记对中国铁路取得伟大成就的充分肯定，对中国铁路在中国式现代化的伟大进程中发挥更大作用提出的殷切希望。我们要认真学习贯彻习近平总书记对铁路工作的重要指示批示精神，坚定不移走自主创新之路，牢牢把握推动铁路高质量发展，率先实现铁路现代化的目标任务，为全面推进中华民族伟大复兴作出更大贡献。

推动铁路建设高质量发展最根本、最有效的管理手段，就是全面施行标准化管理，这已经被高铁建设实践充分证明并已成为参与高铁建设各方的共识，“事事有标准、事事有流程、事事有责任人”的理念已深入人心。中国国家铁路集团有限公司持续推进铁路建设标准化管理，坚持镜头不换、纵深发展，不仅支持了当下的大规模路网建设，也为下一步铁路建设管理提供了制度遵循。

在纵深推进标准化管理的实践过程中，京津冀城际铁路投资有限公司认识到，站前专业和站后专业在技术特点上有很大的不同，在标准化管理上也需要对症下药，于是，立足于铁路建设管理者角度，基于多个城际铁路建设项目管理实践基础，对城际铁路四电工程建设项目标准化管理进行系统梳理总结，把站前专业一些管理方法融入站后四电专业，强调“规定动作不走样，自选动作出新意”，实现站前站后全专业标准化管理深度融合，编辑出版了本书，这是一种有益的尝试，是对铁路系统标准化管理体系的有益补充和提升，丰富了标准化管理的实践。

京津冀城际铁路投资有限公司的探索具有前瞻性、先进性。包括京津冀城际铁路投资有限公司在内的铁路建设系统干部职工，创新性探索并不断拓展标准化管理手段，必将为奋力推动铁路建设高质量发展、勇当服务和支撑中国式现代化建设“火车头”作出新的更大贡献，为国民经济的发展提供更强动力，中国铁路必将创造新的辉煌。

本书的出版，也可为其他铁路建设项目管理工作、广大从业者和希望了解铁路四电工程建设发展情况的社会各界提供参考、帮助。在此，借本书的出版，向多年来大力支持铁路建设的各界朋友们表示衷心感谢，向长期奋战在铁路建设一线的同志们致以崇高敬意！

卢春房

2024 年 1 月

前 言

奋进新时代，开启新征程。中国高铁总体技术水平已经进入世界先进行列，部分领域达到了世界领先水平。中国铁路迈进了高质量发展的新征程。

京津冀城际铁路投资有限公司负责区域十余条城际铁路的建设和运营维护，项目总规模约 1 000 km，是落实国家京津冀区域协同发展战略，建设“轨道上的京津冀”的主力军和先锋队。在国铁集团领导下，在国家有关部门和京津冀三地政府的大力支持下，公司带领 5 家子公司、近 60 个参建单位胸怀“捷书漫展宏图景，吾为江山一点青”的担当精神，在京津冀大地挥汗如雨，筑造历史。时速 350 km 的京唐铁路、京滨铁路已经于 2022 年相继开通，津兴铁路、城际铁路联络线一期、石衡沧港城际铁路、京唐铁路地下段、京滨铁路南段工程正在加速推进，规划建设的石雄城际铁路、津承铁路、廊涿城际铁路、城际铁路联络线二期等项目也将陆续开工建设。

由通信、信号、电力、牵引供电专业为主构成的站后四电系统，是铁路的行车控制中枢和动力之源，是实现列车安全平稳运行的核心系统，是体现铁路现代科技水平的重要标志。相对于站前工程，四电工程具有集成度高、系统性强和网状互联互通等特点。四电系统总体是一个有机的整体，各专业之间需要相互协调运作，但各专业的技术条件和技术要求并不相同，相互之间存在着较大的差异性，在管理上必须区别对待，施行针对性、适应性更强的管理手段。

伴随着高铁的成环成网建设实践，标准化管理已经形成了比较完整的体系。但是，在标准化管理相关的著作和文献中，大多以站前土建工程为主要对象，针对四电专业的内容相对较少，有必要进一步研究其差异性，并完善针对性措施。近年来，京津冀铁路公司和全路各建设单位一道，响应国铁集团号召，为纵深推进四电工程标准化管理做了很多积极的探索和尝试，取得了丰硕的经验和成果。

京津冀城际铁路投资有限公司组织编撰本书，目的在于从建设管理者视角，加强四电工程规范化管理，克服建设管理者专业局限，打破专业壁垒，为城际铁路建设管理者提供一本日常工作的工具书、手边书。

从整体策划来看，本书力求通过在四电工程建设管理过程深挖专业核心技术，突破卡脖子技术难题，在相关行业标准、管理文件、操作手册等专业化程度越来越细的发展趋势下，求同存异，撷取共性特点，将四个专业统筹于一个管理体系，从四电全局角度归纳总结各专业管理共通之处，同时强调各专业的不同之处和管控重点，去繁就简、抓大放小，为城际铁路建设项目标准化管理提供一个较为宏观的视角，也提供一个可资参考的抓手。

从全书的内容来看，首先以四电工程各专业发展历程、系统技术原理、现场工程构成和常见问题入手，结合中国高铁建设历程，梳理了频次高、影响大、与站前工程区别大的问题，探讨对四电施行标准化管理的着力点。在此基础上，从过程管控标准化、实体工程管控标准化、接口管控标准化以及标准化管理的实践与探索等方面，分别阐述四电系统标准化管理的可行性和可操作性。

本书各个章节内容的编撰均由京津冀城际铁路投资有限公司四电专业工程师执笔，同时邀请四电工程参建单位参与，充分吸纳了行业内专家丰富的管理经验，对四电系统标准化管理进行了系统性阐述，并对四电工程提升管理水平的经验做法进行了总结。

第一章绪论。在了解四电系统专业技术的基础上，结合中国高铁建设实践，梳理提出建设常见问题，从全局视角介绍四电专业和系统工程的主要特点。

第二章过程管控标准化。定位于“内实”，用制度、程序、职责来固化保障建设目标，这是建设项目管理标准化的核心内容，以时间轴的维度，从四电工程全生命周期各阶段过程管控的重点工作任务进行展开。

第三章实体工程管控标准化。定位于“外美”，以物理空间位置的维度，以四电工程结合“点、线、面”的形式从柜内、室内、院内、区站标准化，对现有细部设计工艺标准、质量验收标准进行高度概括，提出施工管控要点，形成检查表格和项目，满足从外观上快速精准检查工程实体质量。

第四章接口管控标准化。以四电工程与站前（包括路基、桥梁、隧道、轨道等）和房建工程的接口为主，重点介绍管理职责分工、工作制度、接口工程验收移交等内容。

第五章实践与探索。对四电工程管理理念的守正创新，汇集近年来管理创新成果和对典型问题的研究探索，并对未来四电工程管理提升方向进行了展望与探讨。

四电工程体系庞大、内容繁杂、专业性强，受编者水平所限，难免不足，敬请读者不吝指正。

编著者
2023 年 9 月

目　录

第一章　绪　　论

作为国家重要的基础性设施，高速铁路已然成为我国一张亮丽名片。高速铁路系统庞大，主要由工务工程、电力电牵、通信信号、动车组、运营调度、客运服务等组成。高速铁路系统组成如图 1-1-1 所示。

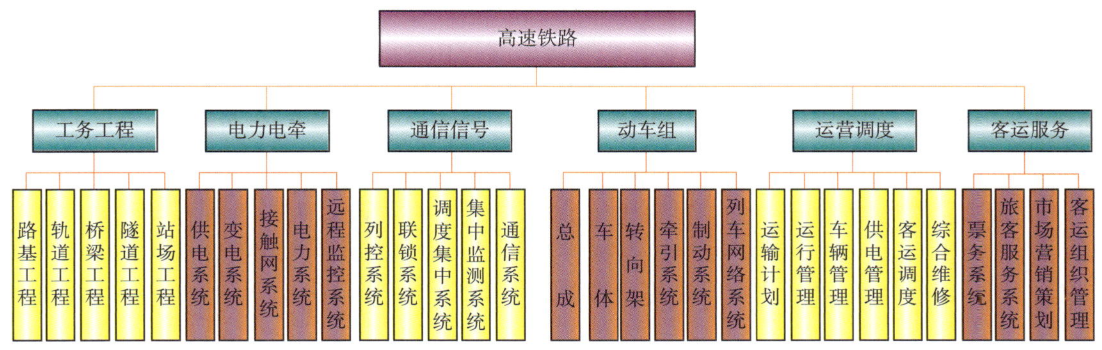

图 1-1-1　高速铁路系统组成

高速铁路四电系统仅限于传统意义上的通信、信号、电力、电力牵引供电 4 个专业，是指挥、控制、协调和运行的控制中枢和动力之源。通信、信号等弱电专业实现状态和操作的逻辑运算，电力、电力牵引供电等强电专业实现电能的传输和分配，它们在结构上由相互关联的设备构成，呈网络状分布，在空间及功能上具有不可分割性。四电工程包含设备设施、系统平台、应用软件等建筑安装工程和维持系统正常运转的检测、试验、调试、维护等技术服务。

“呼啸奔忙，通天一线，电网交织融四方”，四电系统把铁路建筑和设施由点连成线、组成网，使铁路成为一个生命有机体，是实现列车运行速度及运输能力目标、确保安全可靠运行的核心，是铁路系统现代化技术的集中体现，已呈现出高度的自动化、智能化和精致化。四电系统在高铁行业中的生命力和发展价值尤为突出，是时代的召唤，也是历史的必然。

站前工程作为动车运行的物理载体，是钢筋混凝土固态构筑物的建筑工程，可比作高铁这个生命有机体的“躯干”，站后四电工程中的信号系统是高铁的“大脑”，指挥控制行车安全、高效、可靠运行；通信系统是高铁的“神经”，为系统上传下达指令信息；电力牵引供电和电力系统是高铁的“血液”，为动车和其他系统提供动力来源。四电系统整体实现人与车的交互，满足人们便捷、快速、高效的交通需求。

四电工程技术及管理特点如下：

（1）各专业子系统自身的全程全网特征，包括与相邻既有线的互联互通等；

（2）与运营、站前、非四电、有关外部资源以及四电专业间的整体性、协同性；

（3）专业间接口协调工作量大，包括物理接口、数据、电磁接口等；

(4)各子系统实施期间的调试工作量大；

(5)工程实施期间，受线路名、车站名、桥渡隧名、线路运营里程系及线路允许速度等确定的影响，信号列控数据编制工作量较大、周期较长，对列控软件的发布影响较大；

(6)枢纽地区(包括引入既有枢纽)实施方案的制定要以信号系统改造方案的可实施性为基础，综合运输影响、其他四电及站前实体工程实施方案、安全风险控制等因素合理确定。

第一节　通 信 工 程

铁路通信网是按照铁路生产管理实际需要部署的专用通信网络，其主要任务是保证相关信息准确、及时、可靠的处理和传送。铁路通信网是铁路的重要基础设施，是铁路信息化、数字化、智能化的关键载体。现代铁路系统中，伴随着科学技术的不断发展，通信系统犹如铁路的神经系统，在铁路各系统信息传递、行车调度指挥、运营服务管理、应急通信保障等方面，发挥着越来越重要的作用。

铁路通信网具有全程全网的特点，每一个通信节点都要安全、可靠、迅捷、畅通。铁路通信网为运输生产和经营管理提供语音、数据和图像通信业务，其服务对象涵盖铁路各级管理机构、各生产单位，可以说，每个铁路生产管理岗位都与铁路通信密切相关，每个系统都与铁路通信密不可分。

一、发展历程

(一)概述

中国铁路通信网是国内最大的专业通信网，同时也是起步最早、历史最长的专业通信网。自 1876 年中国第一条铁路采用电报通信办理行车闭塞以来，中国铁路通信已走过近一百五十年的发展历程。新中国成立以后，特别是改革开放以来，中国铁路通信事业进入了快速发展阶段，技术水平不断提高，装备规模不断扩大，从区域网到广域网，从人工到自动，从模拟到数字，从单一有线到有线、无线并举，从语音传送到数据、图像等多媒体传输，目前已形成覆盖全路，服务于运输指挥、经营管理、行车安全、事故抢险、电视会议等多功能、大容量、高速率的铁路通信网络，为推进铁路现代化建设发挥了不可替代的重要作用。

(二)发展历程

世界上自从铁路开始运营以来，通信就是不可缺少的技术基础。1825 年英国建成世界第一条铁路，采用人工执旗引导的通信联络方式，运输能力很低。1839 年英国人发明了指针式电报机，首先用于英国一条 21 km 的铁路上，用以实现站间闭塞，使现代通信手段一开始就与铁路运输过程紧密结合，从一个重要方面推动了铁路运输生产力的发展。

1876 年，英国人在上海修建了中国第一条铁路——长 14.5 km 的吴淞铁路，采用了指针式闭塞电报设备，并沿铁路线建成了一条电报线路，成为中国铁路通信的开端，使中国铁路通信发展史与中国铁路发展史处于同一起点。20 世纪 30 年代，三路载波机开始装用，架空线路逐步广泛使用，开通的地区电话采用磁石或共电式，少量长途电话采用人工台接续。

新中国成立前,电报和电话是铁路通信的主要业务,主要采用架空明线传递电报信号办理行车闭塞。新中国成立初期,铁道部制定发展规划,铁路通信步入快速发展新时期。铁路有线通信打破各铁路局间互不相联的格局,建立以铁道部为中心的统一整体,使铁道部、铁路局、铁路分局以及站段间能直接通话,联通了铁道部至沈阳、北京、上海、郑州和衡阳铁路局之间的长途通信,并逐步联通了各铁路局至其所辖铁路分局(办事处),以及各分局至主要站段之间的长途通信;开通了铁道部至沈阳、北京、济南、上海和郑州局之间的会议电话。从1952 年起,铁道部先后从国外引进一批 3 路、12 路载波机和增音机,在部—局—分局间建立起长途传输通道。

20 世纪 60 年代,宝鸡至凤州段长途对称电缆的开通使用是铁路通信使用电缆的开端。在修建成昆铁路时,国产小同轴电缆使通信传输容量加大,电话交换机也由步进制走向纵横制。1988 年,大秦铁路光缆工程竣工,实现了铁路通信技术的突破,大秦铁路光缆也成为中国第一条单模直埋长途光缆通信线路。

20 世纪 90 年代开始,铁路通信全面开启数字化征程。光纤传输、程控交换、电视电话会议、数字调度通信、智能电报设备、数据通信等一大批新的通信设备得到推广使用。

2006 年 3 月,大秦铁路利用 GSM-R 网络承载机车同步控制系统成功开行两万吨重载组合列车,成为世界第一条运用 GSM-R 系统承载机车同步操控业务的重载运输铁路线。2006 年7 月 1 日,青藏铁路建成开通,是世界第一条采用 GSM-R 系统传输列车运行控制数据的高原高寒铁路,开启了新建铁路全线部署综合视频监控系统的先河。2008 年 8 月,我国第一条按照 350 km/h 标准建设的京津城际铁路开通,这条铁路的 GSM-R 系统首次承载了 CTCS-3 级列控业务。

2009 年底,铁路通信由铁通公司回归铁道部后,铁路通信网升级改造力度进一步加大。2016 年底,覆盖全路的六大骨干 OTN 环网全面建成,铁路基础通信网络得到全面补强。目前,数据通信网已基本覆盖铁路沿线各站,光缆基本覆盖各车间、班组。

(三)发展趋势

随着铁路的快速发展,新业务不断涌现,无纸化办公、客运服务信息管理、互联网售票、货运电子商务、车辆和铁路基础设施信息化管理等业务量急剧增加,未来数字化铁路、智能列车、物联网等的应用将会层出不穷。铁路通信作为铁路信息化的基础平台,需求的推动是其发展的重要内动力,科技进步也为铁路通信的升级换代提供了条件。

1. 传送技术

随着铁路业务 IP 化、宽带化、综合化传输的需求,铁路通信传输网将逐步采用 OTN(光传送网)技术、PTN(分组传送网)技术、ASON(智能光网络)技术。

2. 移动通信技术

5G 技术的推广与应用,为铁路移动通信带来新的发展机遇,同时也面临新的更大挑战。国铁集团已启动 5G 专网技术体系及关键技术研究,正加大推进 5G、物联网等新技术在铁路的应用。移动通信网总体将向着 IP 化、宽带化、智能化的趋势发展。

3. 下一代网络

由于通信和信息技术的快速发展,网络全 IP、有线无线融合、IT 和 CT 业务融合等趋势有力推动着通信网络向 NGN(下一代网络)转型。NGN 是一个分组网络,采用了业务、控制、承载与接入分离的分层体系结构，支持水平业务提供模式，从而能大大方便新业务的快速开发和有效提供，是通信网络的发展方向。

目前铁路通信网中各子系统均独立建设，设备多，维护工作量大，运营成本高。向 NGN 发展不是现有网络的简单延伸和叠加，也不是单项节点技术和网络技术的更新，而是整个铁路通信网络框架按照 NGN 的体系结构实现网络分层和业务融合整体演进。

二、系统技术

（一）主要功能和作用

1. 信息传送

通信系统中的传输系统、数据通信系统是线路上各节点间的信息传送平台，为铁路各专业系统，包括信号、电力、电力牵引供电、客服信息等系统以及其他各通信系统，提供传输通道。

2. 行车调度指挥

通信系统提供的调度电话功能（有线及无线）为各类调度提供调度中心与车站、列车之间的语音通信，用以进行行车调度指挥。

3. 运营服务管理

通信系统中的电话交换系统提供铁路内外部公务业务联系的服务，综合视频监控系统为运营管理者提供重要的管理辅助手段，同时也是铁路安全防范系统的主要组成部分。

4. 应急通信

铁路在发生事故和灾害时，通信系统可提供相应的应急通信功能。铁路应急通信系统包括专用应急通信系统和隧道应急电话系统，可在应急抢险时提供救援指挥人员与事故现场人员、抢险人员之间的语音、图像以及数据通信。

（二）业务类型

铁路通信系统承载的通信业务有三类，包括语音业务、数据业务和图像业务。

1. 语音业务

语音业务属于通信基本业务，其通信内容为各类语音。语音业务主要包括铁路自动电话、专用调度电话、电话会议、语音广播等。

2. 数据业务

数据业务的通信内容为各类数据，数据业务包括数据承载业务及数据终端业务。数据承载业务是指为应用系统提供数据传输通道的业务，如客运服务信息系统、办公系统、各专业管理信息系统、综合视频监控系统等的数据业务。数据终端业务是通过通信网络及其终端设备，直接向用户提供应用层功能的数据通信业务，如铁路电报、列车调度命令信息无线传送、车次号校核信息无线传送、列车尾部风压信息传送、调车数据业务等。

3. 图像业务

图像业务的通信内容为各类图像，目前铁路上主要的图像业务包括：

（1）为调度、客运、公安等部门提供视频监控业务；

（2）为调度指挥、运输生产和经营管理提供电视会议业务；

(3)为事故抢险提供应急图像通信业务。

(三)系统分类

1. 按传输媒介分类

按传输媒质分类,铁路通信系统可分为有线通信系统和无线通信系统两大类。

有线通信是利用电缆、光纤等有形媒质传送信息的通信方式,包括电缆通信、光纤通信等,其特点是受干扰较小,可靠性、保密性强,但建设费用较大。无线通信是利用电磁波信号在自由空间中传播进行信息交换的一种通信方式,包括微波通信、卫星通信等。无线通信不受线缆的束缚,组网灵活、使用方便,是近些年信息通信领域中发展最快、应用最广的通信技术。

2. 按信号类型分类

按照传输的信号类型分类,可相应地把通信系统分为模拟通信系统和数字通信系统。

模拟通信系统传输的是模拟信号,数字通信系统传输的是数字信号。模拟信号是指时间和幅度都连续变化的信号,如普通电话机收发的语音信号;数字信号是指时间和幅度都离散化的信号,如计算机信号、电报信号等。

(四)系统组成

为满足各类业务和信息传送的需求,铁路通信网由业务网、承载网和支撑网三部分组成,如图 1-1-2 所示。

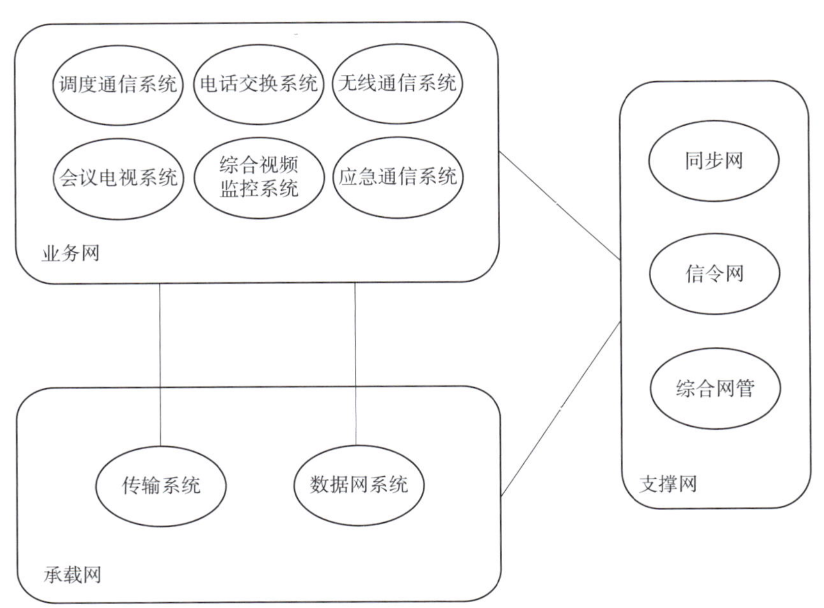

图 1-1-2　铁路通信网组成示意图

业务网负责向铁路用户提供各种通信业务,是铁路通信网的主体。业务网主要包括调度通信、电话交换、无线通信、会议电视、综合视频监控、应急通信等系统。

承载网独立于具体的业务网,负责为节点之间的信息传递提供透明传输通道。承载网主要包括传输系统和数据网系统。

支撑网是铁路通信网运行的支撑系统，用来保障业务网正常运行、增强网络功能、提高网络服务质量。支撑网包括时钟同步、时间同步、信令、综合网管等系统。

总的来说，铁路通信系统主要由传输系统、接入系统、电话交换系统、数据网系统、调度通信系统、无线通信系统、会议电视系统、综合视频监控系统、应急通信系统、时钟同步系统、时间同步系统、综合网管系统、综合布线系统、电源系统、电源及机房环境监控系统、防雷及接地系统以及通信线路等组成。各子系统相关情况详见表 1-1-1，总体构成如图 1-1-3 所示。

表 1-1-1　通信子系统概况表

系统名称	系统概述	系统组成	系统功能
传输系统	传输系统是铁路通信系统中重要子系统，是铁路各专业系统传送各类信息的承载平台，主要采用 SDH/MSTP、OTN 等技术	SDH/MSTP 传输系统由不同类型的网元（TM、ADM、DXC、REG 等）通过光缆线路连接而成，一般采用骨干层、汇聚层、接入层三层结构组网	为所承载各系统业务提供通信通道，并为重要业务提供冗余保护
接入系统	接入系统用于将用户信息接入到相应的通信业务节点，主要为车站工作人员、车辆运行系统、电力远动系统等提供自动电话、低速数据、2/4 线音频等业务，目前主要采用 PON 等光纤接入技术	接入系统采用光纤接入技术，主要由光线路终端（OLT）、光网络单元（ONU）和光分配网（ODN）等功能模块组成	为终端用户提供语音、图像和数据等业务的接入服务
数据网系统	数据网系统是为满足铁路信息业务承载而建设的数据通信专网。数据网系统以光纤、传输系统作为底层的承载网络，以 IP 技术构建	数据网系统由核心节点、汇聚节点、接入节点组成。核心节点设置在局中心通信站，汇聚节点设置在局内铁路交汇点或数据业务交汇点，接入节点设置在各车站、段所	主要用于提供综合视频监控、电源及环境监控、会议电视等系统数据业务通道，以及信息系统、牵引供电远动系统、灾害监测系统等其他业务数据通道
调度通信系统	调度通信系统是铁路专用系统，用于实现各类调度、站场、区段专用电话功能	调度通信系统由调度所型调度交换机、车站型调度交换机、调度台、值班台、其他各类固定终端（电话分机）、网管终端及录音仪等设备组成	为铁路运输提供用于运营指挥、管理、维修等的调度电话业务，并与 GSM-R 系统互连，实现有线无线调度一体化
无线通信系统	无线通信系统包括无线列车调度系统以及 GSM-R 系统。GSM-R 系统是在 GSM 蜂窝系统上增加了调度通信功能和适合高速环境下使用的要素，可满足国际铁路联盟（UIC）提出的铁路专用调度通信和列控信息承载等要求	GSM-R 系统由网络子系统（NSS）、无线子系统（BSS）、操作和维护子系统（OSS）以及无线终端设备组成	提供无线语音通信业务（包括普通电话业务、调度电话业务）以及无线数据传输业务（C3 列控信息、车次号校核信息、调度命令等无线数据传输）

续上表

系统名称	系统概述	系统组成	系统功能
会议电视系统	会议电视系统是利用视频会议设备和数字传输电路(数据网)传送活动图像、语音、应用数据等信息,为参加会议的各方提供交互式的会议业务	会议电视系统由多点控制单元(MCU)、会场设备、网络管理设备等组成	提供会议电视功能,满足在线开会需求
综合视频监控系统	综合视频监控系统直接服务于铁路客货运输生产,铁路各级用户根据需要可选择实时调用或回放各采集点视频图像,该系统是运输安全的重要监控手段	综合视频监控系统由视频核心节点、视频区域节点、视频接入节点、视频采集点、用户终端以及视频网络组成	为铁路相关业务部门提供视频图像,满足运输生产、设备监测、抢险救灾和治安防范等视频监视需求
应急通信系统	应急通信系统是当发生自然灾害或突发事件等紧急情况时,为确保铁路运输实时救援指挥的需要,在突发事件救援现场内部、现场与各级救援指挥中心之间以及各相关单位之间建立的语音、静止或动态图像等通信系统	应急通信系统包括专用应急通信系统和隧道应急电话系统。 专用应急通信系统由应急通信中心设备、应急通信现场设备组成。 5 km以上长隧道设置隧道应急电话系统,由隧道应急电话中心设备、隧道应急电话接入设备、隧道应急电话等组成	实现救援指挥人员与事故现场人员、抢险人员之间的语音、图像以及数据通信
时钟同步系统	时钟同步系统提供统一的频率时钟信息源,使通信相关子系统的频率时钟保持同步	时钟同步网采用主从同步方式,由一级基准时钟、二级节点时钟、三级节点时钟组成	为通信相关子系统提供基准频率信号
时间同步系统	时间同步系统提供统一的时间信息源,使通信相关子系统及其他业务系统的时间保持同步	时间同步网由一级、二级、三级时间同步节点、时间同步链路和被同步设备组成	为通信相关子系统及其他业务系统提供统一标准的时间信号
综合网管系统	综合网管系统通过与各通信子系统或网元管理系统按定义的规范和接口交换网络管理信息,形成一个综合管理平台	综合网管系统由数据库服务器、应用/采集服务器、磁盘阵列、交换机、第三方软件、应用软件、管理终端等组成	与被管理通信子系统之间互联,实现统一网管
综合布线系统	综合布线系统是楼宇智能化的基础设施,是将所有语音、数据等系统进行统一规划设计的结构化布线系统,为办公提供信息化、智能化的物质介质	综合布线系统由工作区子系统、水平子系统、主干子系统、管理区子系统、设备间子系统组成	采用开放式的网络拓扑结构,承载语音、数据等信息
电源系统	电源系统保证不间断对通信设备提供质量良好的交流、直流供电	电源系统包括交流供电设备和直流供电设备。交流供电设备包括交流配电设备、不间断电源(UPS)和蓄电池组;直流供电设备包括开关电源设备和蓄电池组	为通信设备提供稳定、可靠的供电电源

续上表

系统名称	系统概述	系统组成	系统功能
电源及机房环境监控系统	电源及机房环境监控系统能够实时反映被监控机房的烟雾、湿度、温度、水浸、门禁、空调等的状况，实时反映电源设备运行情况、故障报警等情况，并具备必要的遥控功能（如环境温度调节等）	电源及机房环境监控系统由监控中心设备、监控分站设备、监控终端等组成	实时监控通信机房空调、环境状况以及电源设备运行情况
防雷及接地系统	防雷及接地系统主要是对通信设备、设施进行雷电防护，包括铁塔及天馈线防雷、电源防雷、综合视频监控防雷等	防雷及接地系统包括防雷、接地两部分，在通信机房采用综合接地方式，室外通信设备按要求进行接地，铁塔及天馈线、电源系统、综合视频监控系统等进行防雷保护	对可能受到雷电感应影响的设备进行防护，保障人身安全和设备的正常运行
通信线路	通信线路为传输各种信息提供安全畅通、稳定可靠的通路	通信线路包括长途通信线路和地区通信线路。长途通信线路包括线路两侧敷设的干线光缆、贯通视频（直放站、电力）光缆、长途电缆；地区通信线路包括站场内敷设的光缆和电缆	为通信系统光、电信号传输提供物理媒介

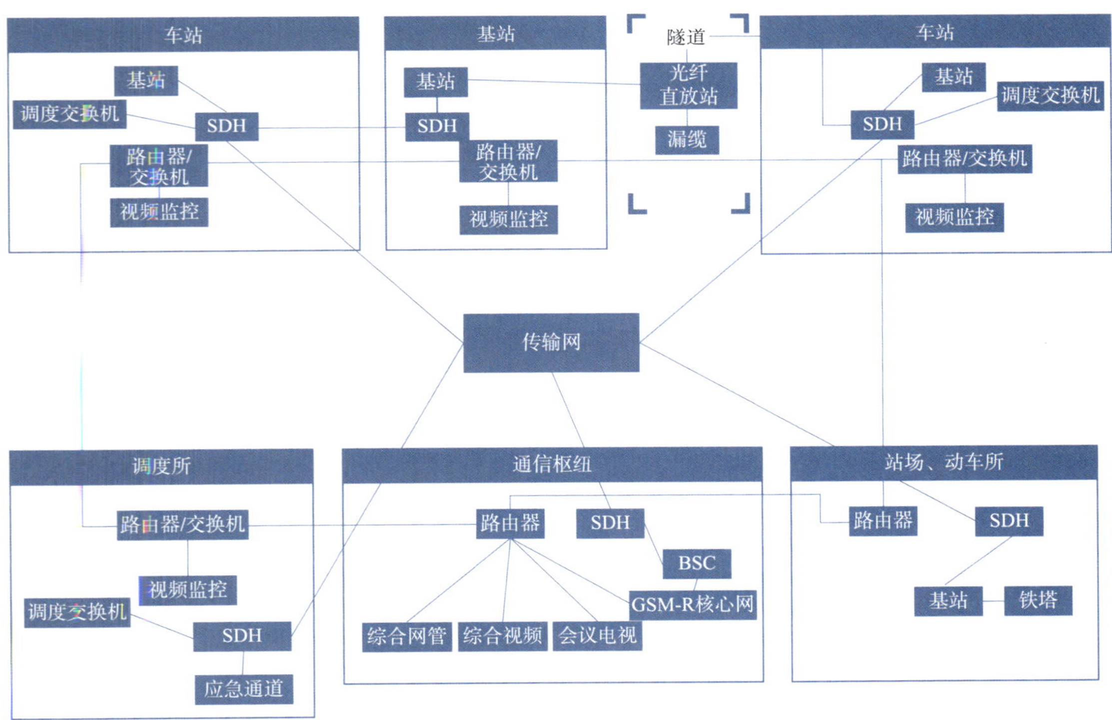

图 1-1-3　通信系统总体构成示意图

（五）系统特点

1. 通信系统强调全程全网的概念，每个子系统是按照总体规划进行建设。每个单项工程是构成总体网络的一部分，技术方案要在全程全网的角度进行考虑。

2. 通信系统具有子系统众多，且新技术、新设备、新材料应用多、更新快的特点，而铁路工程建设周期长，往往导致建设过程中新标准、新规范、新文件较多，工程建设每一个阶段（施工图审核、工程实施、验收开通等）都会出现新的问题，建设管理和协调工作量大。

3. 铁路通信设备分散、线路分歧点多、组网难度较大。铁路通信的光电缆线路沿铁路线敷设，各类通信终端设备除了安装在铁路各管理机构外，还安装在工务段、电务段、通信段、机务段等维护机构，以及铁路沿线的车站、中继站、所亭等场所。此外，铁路沿线每隔几公里设置通信基站，用于实现铁路沿线的无线覆盖，满足无线通信需求。

三、工程构成

通信工程包括室外工程、室内工程和系统调试。通信工程构成如图 1-1-4 所示。

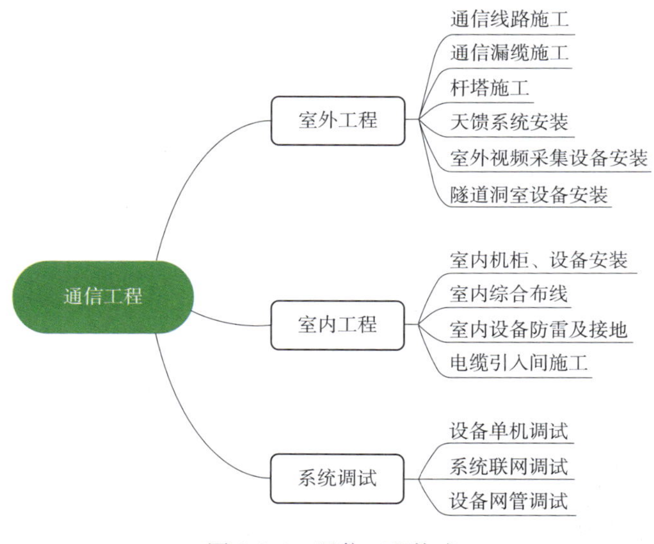

图 1-1-4 通信工程构成

（一）室外工程

室外工程主要包括通信线路施工、通信漏缆施工、杆塔施工、天馈系统安装、室外视频采集设备安装、隧道洞室设备安装。

1. 通信线路施工主要包括径路复测、光电缆单盘检验及配盘、光电缆敷设、光缆接续及引入、电缆接续及引入、光缆检测、电缆检测、光纤监测系统安装等。光电缆敷设如图 1-1-5 所示。

2. 通信漏缆施工主要包括漏缆单盘检验、敷设、接续、引下及引入。漏缆敷设如图 1-1-6 所示。

图 1-1-5　光电缆敷设示例图

图 1-1-6　漏缆敷设示例图

3. 杆塔施工主要包括视频杆基础制作、视频杆安装、铁塔基础制作、铁塔组立。铁塔组立如图 1-1-7 所示。

图 1-1-7　铁塔组立示例图

4. 天馈系统安装主要包括天线安装、馈线安装、馈线引下、接地卡安装及馈线引入。馈线安装如图 1-1-8 所示。

图 1-1-8　馈线安装示例图

5. 室外视频采集设备安装主要包括控制箱安装、摄像机安装、控制线尾缆接入等。视频采集设备安装如图 1-1-9 所示。

图 1-1-9　视频采集设备安装示例图

6. 隧道洞室设备安装主要包括直放站远端机安装、隔离变压器(防雷箱)安装、隧道紧急电话安装等。直放站远端机安装如图 1-1-10 所示。

图 1-1-10　直放站远端机安装示例图

(二)室内工程

室内工程主要包括室内机柜设备安装、室内综合布线、室内设备防雷及接地、电缆引入间施工等。

1. 室内机柜设备安装主要包括配线架机柜安装、系统主设备安装、终端设备安装等。配线架机柜安装如图 1-1-11 所示。

图 1-1-11 配线架机柜安装示例图

(1)配线架机柜安装包括数字配线架安装、网络配线柜安装、光纤配线架安装。

(2)系统主设备安装包括传输 SDH/MSTP 设备安装、电话交换及接入设备安装、数据网设备安装、有线调度通信系统设备安装、GSM-R 基站设备安装、会议电视系统设备安装、综合视频监控系统设备安装、时钟时间同步系统设备安装、蓄电池及电池柜/架安装。

传输 SDH/MSTP 设备安装包括 SDH 10 Gbit/s ADM 设备安装、SDH 2.5 Gbit/s ADM 设备安装、SDH 622 Mbit/s ADM 设备安装、三层交换机安装等。

电话交换及接入设备安装包括 OLT 局端接入设备安装、ONU 接入单元设备安装、接入系统网管设备安装、接入系统复示终端安装、音频 ONU 安装等。

数据网设备安装包括交换机安装、路由器安装、数据网复示终端安装等。

有线调度通信系统设备安装包括调度交换机安装、语音记录仪安装、车站值班员台安装、调度操作台安装、录音仪网管设备安装、录音仪网管复示终端安装、调度分机安装等。

GSM-R 基站设备安装包括 GSM-R 天馈系统安装、光纤直放站天馈线安装、光纤直放站近端机安装、光纤直放站远端机安装、直放站管理设备安装、直放站复示终端安装。

会议电视系统设备安装包括会议电视终端设备安装、话筒及麦克风安装。

综合视频监控系统设备安装包括视频交换机安装、摄像机安装、拾音器安装、视频监控终端安装等。

时钟时间同步系统设备安装包括时钟子钟安装、时间同步设备主机安装等。

蓄电池及电池柜/架安装包括柜体/电池架安装、电池安装等。

(3)终端设备安装包括复示终端设备安装、网管操作终端安装、传感设备安装。

复示终端设备安装包括传输系统复式终端安装、电话交换及接入设备安装、数据网设备复示终端安装、GSM-R 基站设备复示终端安装、会议电视系统复示终端安装、综合视频监控系统复示终端安装、时钟时间同步系统复示终端安装。

网管操作终端安装包括传输系统网管终端安装、电话交换及接入网管终端安装、数据网设备网管终端安装、GSM-R 基站设备网管终端安装、会议电视系统网管终端安装、综合视频监控系统网管终端安装、时钟时间同步系统网管终端安装等。

传感设备安装包括门磁安装、烟雾传感器安装、红外探头安装、水禁探头安装、玻璃破碎探头安装等。

2. 室内综合布线主要包括综合布线保护管槽安装，走线架安装，同轴电缆布放、绑扎、成端，网线布放、绑扎、成端，光纤跳纤布放、成端，电源线布放、成端，地线布放、成端等。走线架布线如图 1-1-12 所示。

图 1-1-12 走线架布线示例图

3. 室内设备防雷及接地主要包括防雷设备安装、接地汇集排安装、机柜(架)接地、走线槽(架)接地等。接地汇集排安装如图 1-1-13 所示。

4. 电缆引入间施工主要包括光缆绝缘节制作安装、光电缆引入、缆线接地、缆线余留等。光缆引入室内盘留如图 1-1-14 所示。

图 1-1-13 接地汇集排安装示例图

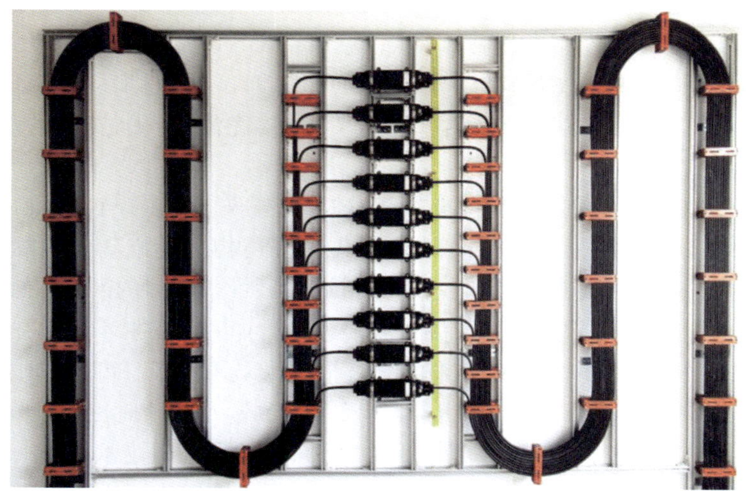

图 1-1-14 光缆引入室内盘留示例图

（三）系统调试工程

系统调试工程主要包括设备单机调试、系统联网调试、设备网管调试等。

1. 设备单机调试主要包括 SDH/MSTP 传输设备单机调试、电话交换及接入设备单机调试、数据通信设备单机调试、有线调度通信设备单机调试、铁路数字移动通信系统（GSM-R）单机调试、会议电视系统、综合视频监控系统、时钟、时间同步系统、电源系统、电源及环境监控系统、综合网络管理系统单机调试。

2. 系统联网调试主要包括传输系统调试、电话交换及接入系统调试、数据通信系统调试、有线调度通信系统调试、铁路数字移动通信系统（GSM-R）调试、会议电视系统调试、综合视频监控系统调试、时钟时间同步系统调试、电源系统调试、电源及环境监系统调试、综合网络管理系统调试等。

3. 设备网管调试主要包括传输系统网管调试、电话交换及接入系统网管调试、数据通信系统网管调试、有线调度通信系统网管调试、时钟时间同步系统网管调试等。

四、常见问题

(一)设计管理问题

1. 施工图设计现场调查不深入,设备配置不符合规范要求。施工图设计阶段,设计单位应加强现场勘察和既有线路、设备运用情况调查,在调度所及相应运维单位,各专业通信通道应实现端到端落实,设备配置应符合规范要求,减少后期设备配置的补充、调整。

2. 设计方案统筹不足,设计工程措施落实不到位。通信干线光缆至沿线车站、区间房屋等处未实现真正意义上的全程双径路,引入、接地、防雷设计等也存在不规范现象;区间光缆存在规格多、各系统使用未统筹考虑的情况,也给备品备件的配备和维护、维修增加困难。

3. GSM-R 无线系统设计对枢纽等特殊区域工作不够深入,对既有系统影响考虑不周,工程措施不足。铁路局集团公司应按照《中国铁路总公司关于做好特殊区域 GSM-R 无线规划工作的意见》(铁总运〔2014〕252 号)要求,组织完成铁路枢纽、多线并线或交汇等特殊区域 GSM-R 网规划方案,并评审发布,以协调各工程项目的 GSM-R 无线网建设,减少后续无线网建设对既有网络影响。施工图设计时,设计单位应详细说明新建工程 GSM-R 系统对既有 GSM-R 系统的影响,落实和细化相关线路 GSM-R 调整、优化、网优、测试的工程内容(含联调测试工作)。

4. 运营维护单位在设计阶段的提前介入工作应加强。施工图设计阶段,建设单位组织完成施工图设计征求运营单位意见工作,铁路局集团公司相关运维单位应加强提前介入工作,并提出书面意见,避免在实施阶段和验收、交付运营后带来较多的问题。

5. 设计准确性、与现场一致性存在差距,需要在设计、审核等各环节加强工程数量的核查,避免施工图设计图纸、说明书、预算工程数量不一致情况的出现;审核单位应加强区间通信机房及场坪的现场核对、审核意见的闭合管理及工程数量专业核对工作。

6. 通信铁塔设计应严格按照设计规范要求,明确塔型及主要技术规格。铁塔设计应根据需求,考虑综合视频监控前端采集设备安装需求,并设置检修作业平台和必要的安全防护设施。如果存在公网搭建需求,应考虑单独设置平台。采用独管塔塔型时,不宜采用内法兰连接方式或外爬梯,每层平台应设置检修孔,方便维修。

(二)接口管理问题

1. 通信机房及空调、照明等不能及时到位,影响通信设备调试及运行。通信机房条件(如防尘、密闭、安全防盗等)未完全到位存在安全隐患,需及时排查和处理。维护便道不到位,机房选址一定程度上存在水害、泥石冲压围墙的隐患。以上问题主要原因在于:设计过程中对机房选址和相应条件的考虑和预留不到位;机房交付滞后造成施工周期不足、交叉施工等导致防尘等要求难以满足。

设计单位对相关问题应充分研究,考虑到位,运营维护单位应提前有效介入,施组安排应科学合理,以解决以上问题。

2. 工程中因交叉施工或成品保护不到位存在光缆损伤、区间设备受损等情况,影响通信性能指标及功能实现，部分区段在联调联试开始前未能及时更换，甚至在联调联试过程中还发生新的损伤，影响联调联试的开展。部分区段引入区间通信机房径路及车站站区、隧道桥梁槽道盖板缺失，成品保护存在隐患，通信光缆与电力电缆在人井或槽道内交叉或同槽道敷设等问题。

建设单位应加强对交叉施工的管理、监督、责罚考核。施工单位应积极探索有效的成品保护方法。

（三）工程实施问题

1. 受到站前工期挤压、接口交付延迟、施工组织不到位等因素影响，部分通信子系统安装调试进度滞后、不能按时调试完成情况常有发生。其中，传输、GSM-R、数字调度通信、通信电源等子系统基本调试到位，但距离性能指标达标、功能完善存在较大距离；其余通信子系统，如综合视频监控系统、通信电源及环境监控系统、会议电视系统、通信综合网管系统等未安装调试完成情况比较普遍，其中，综合视频监控系统和通信电源及环境监控系统遇到问题较多，主要原因是工期紧张，调试时间过短，工序组织不尽合理。另外，综合维修工区、警务区通信设备调试及检测验收工作滞后，但不会直接影响联调联试进度安排。

2. GSM-R 系统具备语音通话条件，但 QoS 指标尚未达标。受机房、送电等外部条件影响，施组确定的安装调试周期压缩，影响 GSM-R 系统调试。QoS 指标测试需要高速网优测试条件，从联调联试前期的提速阶段开始，集成商应充分利用高速测试平台，采集和积累样本数据。

3. 无线清频工作滞后，存在电磁环境干扰，影响 GSM-R 系统 QoS 指标。部分线路无线设台站申请、GSM-R 网络数据编制工作滞后，影响后续工作的推进。

4. 设备配线标签、标牌制作不完善，机房配线不规范，未达到标准化要求；静态验收所需提供图纸、文件资料未移交到位；车站、基站等消防设备未安装完成；因交叉施工造成光缆砸伤损害，静态验收前未完全更换到位。类似问题需要建设单位科学合理安排施组，积极总结和提升工艺工法，规范相关流程。

（四）竣工验收问题

GSM-R 网优过程中电路域服务质量与分组域服务质量不达标的问题时有发生，涉及与既有线交叉、并线等问题有增长趋势并将常态化，为确保高速铁路无线系统正常运用及相关线路业务正常，工程实施时，应根据设备招标选型情况，细化和调整方案。联调联试阶段，应根据运营要求、运输组织等方面的需要，统筹安排，统一、同步完成相关铁路 GSM-R 系统的网络指标测试确认等工作，满足验收标准要求。

（五）其他

铁路沿线公网覆盖工程已广泛开展，该项工程设计、施工、验收管理等严格按照有关要求，涉及铁路红线内公网覆盖纳入铁路项目实施管理，统一设计，在设计前期提前对接工程技术方案和相关接口问题，统筹考虑铁路系统的运营、维护、安全等问题。

第二节 信号工程

铁路信号是保证行车安全、提高区间和车站通过能力以及编组站编解能力而设置的手动控制、自动控制及远程控制技术的总称，主要包括联锁、列控、调度指挥和集中监测等技术。在铁路系统发展的初期就有铁路信号，伴随着科学技术的不断发展，信号系统犹如人的耳目和决策中枢，在指挥列车运行、保证行车安全、提高运输效率、传递行车信息、改善行车人员劳动条件等方面发挥着越来越重要的作用。

一、发展历程

（一）早期发展

铁路信号历史悠久，1825 年世界第一列列车在英国使用马旗信号，骑马人手持摇旗，引导列车前进，拉开铁路信号发展的序幕。早期发展过程中，曾出现过球形信号、臂板信号以及横木式带灯光的信号等指示列车运行的信号装置；1851 年，英国铁路用电报机实现区间闭塞；1856 年，J・萨克斯发明了机械联锁机；1866 年，美国出现了利用轨道的接触器来检查区间是否存在运行车辆的技术；1923 年，美国铁路研制出列车内显示信号；1928 年，美国铁路开发出调度集中控制装置。闭塞、联锁、列车控制、机车信号、调度指挥等信号技术逐一在信号舞台上亮相，整个信号系统也慢慢呈现出近代信号系统的雏形。伴随着科学技术的不断发展，铁路信号系统功能不断地发展完备，成为铁路系统“大脑和耳目”，发挥着极其重要的作用。

（二）我国铁路信号技术

中国铁路信号技术的发展，大体可分为六个时期：1903 年至 1910 年为铁路信号萌芽时期；1910 年至 1924 年为机械信号时期；1924 年至 1959 年为机械信号向电气信号过渡时期；1959 年至 1985 年为继电式电气信号发展时期；1985 年至 2000 年为计算机联锁发展时期；2008 年以后，迎来了以 CTCS-2/CTCS-3 级列控系统为核心的高速铁路信号发展时期。

以下简要介绍信号系统中主要技术的发展历程。

1. 联　　锁

新中国成立前，联锁系统曾出现过机械联锁、电机联锁和一些制式的电气联锁。新中国成立后，我国铁路早期装备过联锁箱联锁、钥匙联锁，电锁器联锁装备则较为广泛。1952 年完工的衡阳站电气集中联锁，是我国自行设计安装的第一个电气集中联锁。20 世纪 60 年代以后，单独操纵或进路操纵的各种电气集中联锁发展速度越来越快。1973 年，6502 电气集中联锁成为电气集中联锁的标准制式，被大量推广运用。20 世纪 80 年代以来，随着计算机技术、通信技术和网络技术的发展，车站联锁进入计算机联锁时代。进入 21 世纪，计算机联锁已逐渐成为车站联锁的主流制式。2006 年，二乘二取二型计算机联锁被确立为全路计算机联锁应用的主流机型。2008 年，中国铁路迎来了“高铁时代”，计算机联锁更是因与分散自律调度集中系统、列控系统等计算机设备结合方面有着无可比拟的优势，成为信号系统不可或缺的重要系统。

2. 闭　　塞

中国铁路早期使用单路签闭塞、电气路签闭塞、电气路牌闭塞、双信闭塞、半自动闭塞及个别的自动闭塞方式。新中国成立后，重点发展半自动闭塞，并设计出一些简单的继电式半自动闭塞。1964 年，我国成功研制安全型继电器，使我国继电半自动闭塞达到一个新的水平。随着铁路运量的不断增长,铁路积极发展自动闭塞。1954 年,张贵庄—新河(今塘沽)自动闭塞试点工程建成,它是我国自主修建的第一段自动闭塞,具有特殊的历史意义。结合电码化技术的发展,早期自动闭塞制式形成过移频自动闭塞、极频自动闭塞和交流技术自动闭塞等制式,此后逐渐统一为多信息的移频自动闭塞制式。

从 20 世纪 60 年代到 20 世纪 90 年代,三显示自动闭塞在我国逐渐发展完善;进入 20 世纪 90 年代后,随着干线铁路逐渐提速,三显示自动闭塞逐渐被允许运行更高速度、更高密度的四显示自动闭塞所代替,在此期间基于 ZPW-2000 系列的无绝缘移频轨道电路四显示自动闭塞成为我国发展 CTCS 列控系统的一个基础条件。其中,CTCS-2 级列控系统即在此基础上通过增加点式应答器设备构成点连式列控系统,电码化信息扩展至 L5 码,可视为多显示自动闭塞。CTCS-3 级列控系统用无线通信技术实现信息传输,由无线闭塞中心追踪列车并发送移动权限、允许速度、限速、紧急停车等命令,实现基于无线通信的自动闭塞,可视为多显示的自动闭塞或准移动闭塞。

3. 列 控

列车控制系统方面,我国经历了早期的机车信号设备和列车自动停车设备,将地面的视觉信号引入司机室,改善了瞭望条件。20 世纪 90 年代至今,普速铁路机车普遍装载了列车运行监控记录装置,极大地改善了司机驾驶条件。2007 年,随着铁路第六次大提速,列车运行速度超过 200 km/h,铁路信号迎来一个新的里程碑,中国铁路有了自己的列车运行控制系统,标志着铁路信号重要装备水平进入了世界先进行列。

中国列车运行控制系统采用了分级的方式,按照线路运输需求制订了五级列车运行控制系统,分别为 CTCS-0 级、CTCS-1 级、CTCS-2 级、CTCS-3 级、CTCS-4 级。中国列控系统分级如图 1-2-1 所示。

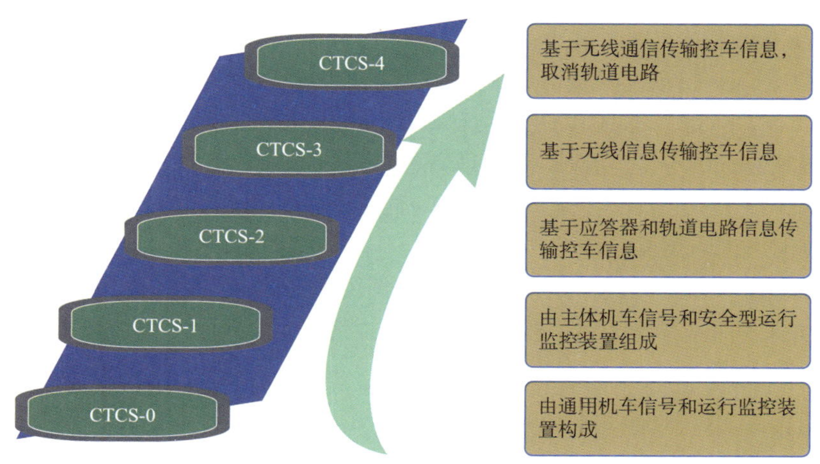

图 1-2-1 中国列控系统分级

CTCS-0 级:由通用机车信号和列车运行监控装置组成,为普速铁路既有信号系统。

CTCS-1 级:由主体机车信号和加强型运行监控记录装置组成,面向 160 km/h 以下的区段,在既有设备基础上强化改造,达到机车信号主体化要求,增加点式设备,可实现列车运行安全监控功能。

CTCS-2 级：基于轨道电路和点式应答器传输控车信息，并采用目标距离模式监控列车安全运行的列车运行控制系统，面向提速干线高速铁路，满足最高运营速度 300 km/h 的要求。CTCS-2 级列控系统利用轨道电路实现列车占用检查并向列车连续传送前方空闲闭塞分区数目信息，利用应答器向列车传送线路数据、临时限速等信息，ATP 车载设备根据轨道电路信息和应答器信息，自动计算控车曲线，监控列车运行。

CTCS-3 级：基于无线传输信息，并采用轨道电路等方式检查列车占用的列车运行控制系统，点式设备主要传送定位信息。CTCS-3 级列控系统是基于 GSM-R 无线通信实现车—地信息双向传输、无线闭塞中心（RBC）生成行车许可的列控系统，满足最高运营速度不低于 350 km/h 的要求，兼容 CTCS-2 级列控系统功能。

CTCS-4 级：基于无线传输信息的列车运行控制系统，地面可取消轨道电路，由无线闭塞中心和列控车载设备共同完成列车定位和完整性检查，实现虚拟闭塞或移动闭塞。

4. 列车调度指挥

1962 年，我国铁路在宝成线宝风段首次安装继电式极频制调度集中；1994 年，建立了以通信、信号、计算机网络、数据传输等多学科技术为一体的综合型现代化运输调度指挥管理信息系统（后更名为列车调度指挥系统，即 TDCS 系统），此后调度指挥系统装备到我国大部分铁路局，从此调度指挥系统进入了快速发展阶段，现在已成为铁路标准配置。

（三）发展趋势

随着新一轮科技革命和产业革命的深入推进，云计算、大数据、人工智能和 5G 等前沿技术的蓬勃发展推动铁路的数字化、智能化、集成化发展。

在联锁技术方面，全电子化的计算机联锁系统逐渐进入规模化应用阶段，已经在部分国铁线路和地方铁路运用；由联锁和列控设备融合而形成的列控联锁一体化设备（TIS）也在 2022 年建成的和若铁路开展了试用。

在列控技术方面，自动驾驶（ATO）技术在我国逐步开展应用，2016 年建成的莞惠及佛肇城际铁路，CTCS-2＋ATO 系统投入运营，成功实现了世界上首次将自动驾驶技术运用到 200 km/h 等级铁路；2018 年，高速铁路 CTCS-3＋ATO 系统首先在京沈高速铁路综合试验段上进行了现场试验，并在 2019 年建成的京张高速铁路投入运营。此外，基于北斗定位的新型列控系统目前也已进入试验阶段。

在调度指挥技术方面，京张高铁采用智能化调度集中系统，在既有系统的基础上扩展相关服务器，扩充了列车运行计划自动调整、列车作业综合管控、行车综合数据应用、列车按图行车自动驾驶等功能。

二、系统技术

信号系统按功能主要分为联锁系统、列控系统、运输调度指挥系统和信号集中监测系统。列控系统是随着高速铁路出现而得到快速发展的核心系统。在高速铁路大规模建设前期，我国在借鉴国际先进的列车控制技术基础上，从系统需求出发，结合我国国情，形成了中国列车运行控制系统（CTCS），并在大规模、网络化的高速铁路线路上加以普遍运用和验证。其中，运输调度指挥系统普遍采用分散自律型调度集中系统（CTC）。

(一)联锁系统

联锁系统是提高铁路运输效率,保障行车安全的重要基础技术设施。联锁系统通过建立对信号机控制、轨道电路、道岔转换之间的相互制约关系,实现车站道岔转换控制、进路建立、锁闭和解锁、识别车辆行进位置和信号机开放关闭,保证行车安全。

1. 主要功能

控制进路的建立、锁闭与解锁,防范敌对进路;控制防护进路的信号自动开放相应显示,并将相关敌对信号控制在关闭状态,根据列车、列车运行进程或人工命令及时关闭信号,根据人工命令完成信号机点灭灯控制;随进路或人工命令操纵道岔转换,完成道岔的锁闭与解锁。

2. 系统组成

联锁系统主要由联锁机、控显机、电务维修机、输入输出接口以及电源组成。联锁系统组成如图 1-2-2 所示。

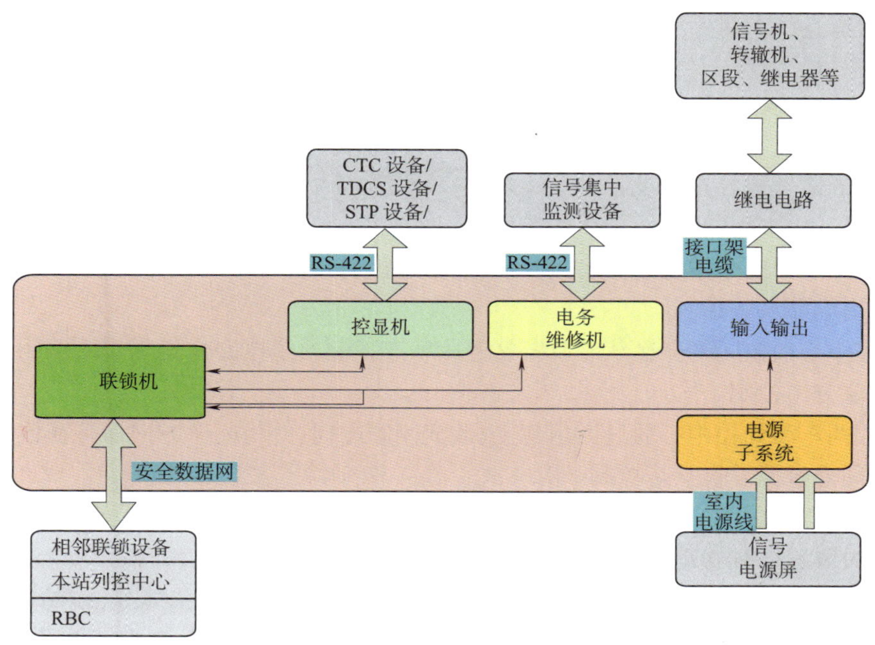

图 1-2-2 联锁系统组成

用于核心运算的联锁机硬件体系结构采用二乘二取二安全冗余结构。二乘二取二冗余结构应由四个单元组成。每个单元中的 CPU 应具有各自独立的总线、RAM、ROM 及必要的外围器件。四个单元分为相同的两系。每系中的两个单元应同步执行相同的联锁运算,并通过相互校核,保证只有在运算结果完全相同时对外输出,不相同时停止输出。

单系中两个 CPU 可实现总线一级的同步。当采用其他同步方式时,则应对涉及安全的联锁数据和运算结果进行比较,以确保二取二 CPU 系统的安全性。

当单系中两个 CPU 失去同步或比较不一致时,则该系不应对外送出有效运算结果,并应考虑故障问题,即在电路故障或失去同步时,不应产生危及安全的输出。必要时,需采取切断电源、切断通信通道等防护、隔离措施。

采用二乘二取二冗余方式的联锁计算机的两系应仅有一系为主系，产生对外输出的有效运算结果；另一系为备系，备系应与主系保持同步工作状态。当主系故障时，处于同步状态的备系应自动升为主系，继续工作，并产生对外输出的有效运算结果。在备系与主系不同步的情况下，备系应采取自动同步等方式寻求与主系同步。未处于同步状态的备系应采取安全锁闭处理后才能升为主系。

（二）列控系统

列车控制系统是以技术手段对列车运行方向、运行间隔和运行速度进行控制，保证列车能够安全运行、提高运行效率的系统，简称列控系统。列控系统主要由车载设备和地面设备两部分组成。地面设备与车载设备协调配合才能完成列车运行控制功能。

1. 系统主要功能

列控系统主要作用是防止列车无行车许可运行、防止列车超速运行和防止列车溜逸。高速铁路列控系统主要完成以下功能：

(1)无线报文控制

由无线闭塞中心设备根据计算机联锁、临时限速服务器、相邻无线闭塞中心、CTC 和车载设备提供的信息，生成列车行车许可、RBC 移交、等级转换、过分相、紧急停车等控制信息，并通过无线方式发送给车载设备。

(2)应答器报文控制

由列控中心根据车站进路信息、临时限速信息控制相应有源应答器实时发送对应报文。

(3)轨道电路编码控制

由列控中心根据闭塞分区状态及车站进路状态控制轨道电路发送相应的编码信息。

(4)闭塞方向控制

由相邻两车站列控中心通过通信建立/改变闭塞方向，并将闭塞方向保持在该状态。

(5)区间通过信号机点灯控制

由列控中心根据闭塞分区状态及车站进路状态控制相应区间通过信号机点亮相应显示。

(6)临时限速命令管理

由临时限速服务器设备完成临时限速命令的设置、取消、删除、拆分、校验等集中管理功能。

(7)自动过分相

由无线报文或应答器报文提供自动过分相信息，控制列车完成过分相时自动升降弓功能。

(8)灾害防护

通过与异物侵限系统、地震预警系统接口，将异物侵限、地震信息发送给列控中心、计算机联锁、无线闭塞中心等信号设备，由信号系统提供系统级防护。

(9)等级转换

通过无线报文或应答器报文完成在 CTCS-2/CTCS-3 区域边界列控等级的转换；通过应答器报文完成在 CTCS-0/CTCS-2 区域边界列控等级的转换。

(10)站间信息安全传输

由安全数据网设备提供通信通道,实现无线闭塞中心、临时限速服务器、计算机联锁、列控中心间信息的安全可靠交互。

2. 系统组成

CTCS-2级和CTCS-3级列控系统应用广泛,本节主要介绍CTCS-2级和CTCS-3级列控系统组成。

CTCS-2级列控系统利用轨道电路实现列车占用检查、提供列车运行前方区段或进路状况,利用应答器提供线路参数及其他控车信息,采用目标—距离连续速度控制模式监控列车安全运行。地面设备由列控中心(TCC)、临时限速服务器(TSRS)、应答器、地面电子单元(LEU)、ZPW-2000系列轨道电路、安全数据网等设备组成。

CTCS-3级列控系统是基于无线传输、利用轨道电路实现列车占用检查、利用应答器实现列车定位、采用目标—距离连续速度控制模式监控列车安全运行。该系统通过覆盖全线的GSM-R通信网络实现车—地信息双向传输,并且连续提供列车移动授权,包括列车运行前方所需要的控车信息。地面设备由无线闭塞中心(RBC)、临时限速服务器(TSRS)、列控中心(TCC)、应答器、地面电子单元(LEU)、ZPW-2000系列轨道电路、安全数据网等设备组成。CTCS-3级列控系统组成如图1-2-3所示。

(三)调度集中系统

调度集中系统是实现铁路各级运输调度对列车运行实行透明指挥、实时调整、集中控制的现代化信息系统。调度集中系统采用先进的通信、信号、计算机网络、数据传输等现代化信息技术,在保证网络安全的前提下,与相关系统紧密结合、互联互通、信息共享,实现铁路运输组织的科学化、现代化,增加运能,提高效率,降低调度人员劳动强度,改善调度指挥工作环境。

1. 系统主要功能

调度集中系统采用计算机及网络、信息化处理技术,具备列车运行计划的管理,调度命令发布与传送,车次号校核,车站列车、调车进路的安全控制,站间透明,临时限速设置与传送,设备自诊断及监测报警等功能,从而提高行车指挥管理和车站作业控制的现代化水平。主要功能包括:

(1)列车运行监视

采用全景和细景方式显示辖区内的铁路线路、站场网络、信号机布局以及有关信号设备运行状态,车站、区间线路、信号机布置以及列车进路、信号状态、道岔位置、轨道电路状态、区间闭塞分区的空闲和占用、列车车次号、列车位置和列车运行方向等。

(2)车次追踪

列车车次追踪采用软件追踪、运行计划、无线车次号校核相结合的方法,三者不一致时,与调度员或值班员人工确认。

(3)车站进路控制

车站进路控制有分散自律控制和非常站控模式。分散自律控制的基本模式是利用列车运行调整计划自动控制列车运行进路,同时在分散自律条件下调度中心具备人工办理列车、调车进路,车站具备人工办理调车进路的功能。

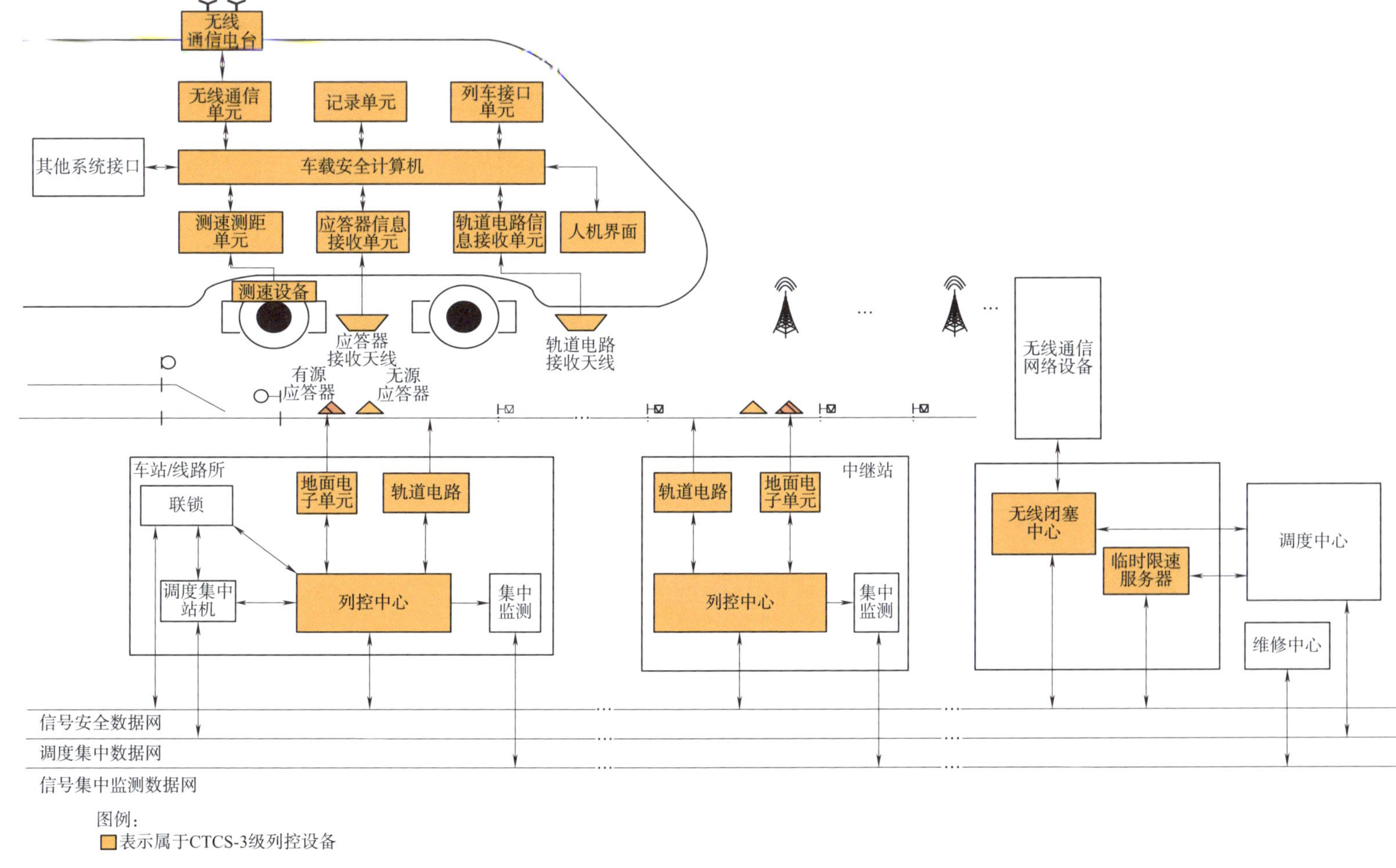

图 1-2-3　CTCS-3 级列控系统组成

非常站控模式是指当调度集中设备故障、发生危及行车安全的情况或者设备天窗维修、施工需要时，脱离系统控制转为车站传统人工控制的模式。

各种控制方式的转换在人工介入下完成，由联锁设备保证行车安全。在调度中心和车站都有每种控制方式的明确表示，非常站控方式优先于分散自律控制方式。

(4)列车运行计划管理

系统具备根据基本图和日班计划批量生成列车运行调整计划，并支持人二和自动调整；具备列车运行调整计划下达功能；具备计划有效性检查和向运行列车下达调度命令的功能。

(5)临时限速命令的下达

临时限速在调度台拟定，通过 CTC-TSRS 接口服务器发送给临时限速服务器(TSRS)保存，并由 TSRS 下达给列控中心。

(6)CTCS-3 相关功能

在 CTCS-3 级列控区段，除显示闭塞分区低频信息外，还能显示列车移动授权行车许可及对应公里标信息、车载设备控制模式、列车速度信息等功能。

(7)发车进路预告功能

实现调度和司机车站接发车作业全过程信息交互，提高车站行车作业安全。

2. 系统组成

调度集中系统由调度所中心系统、车站系统和网络系统组成，根据需要还可以设置查询子系统、运维子系统、仿真测试子系统以及应急备用系统等配套系统。

调度所中心系统主要设备包括数据库服务器、应用服务器、通信前置服务器、仿真培训服务器、接口服务器、复示终端查询服务器、运维服务器、对外信息提供服务器、网络通信设备、网络安全设备、通信质量监督设备、时钟校核设备、电源设备、防雷设备、绘图仪设备、网管工作站、系统维护工作站、调度员工作站、助理调度员工作站、控制工作站、综合维护工作站、值班主任工作站、计划员工作站、仿真培训工作站、$N+1$ 备用工作站等，以及根据需要设置的大屏幕投影和显示终端等，以满足调度所中心日常调度指挥工作需要。

调度集中车站系统主要包括车站自律机、车站服务器、车务终端、电务维护终端、车务管理终端、网络设备、信息安全设备、通信质量监督设备、电源设备、防雷设备等，车站终端设备可根据实际情况共用硬件。车站 CTC 系统具有与联锁、列控中心、无线车次号校核、调度命令无线传送、信号集中监测等系统的串行通信接口。车站自律机采用工业控制专用硬件平台和模块化结构，值班员终端、信号员终端、路由器及电源系统均采用双套配置。

调度集中广域网包括相邻调度所中心之间、中心与车站之间、车站与车站之间的广域网络，应采用双通道连接。其中，调度所中心局域网、车站局域网均采用独立双网结构。调度集中系统组成如图 1-2-4 所示。

(四)集中监测系统

信号集中监测系统是信号设备的综合集中监测平台，是监测信号设备状态、发现信号设备隐患、分析信号设备故障原因、加强信号设备结合部管理、辅助故障处理、指导现场维修、反映设备运用质量、提高电务部门维护水平和维护效率的重要行车设备。

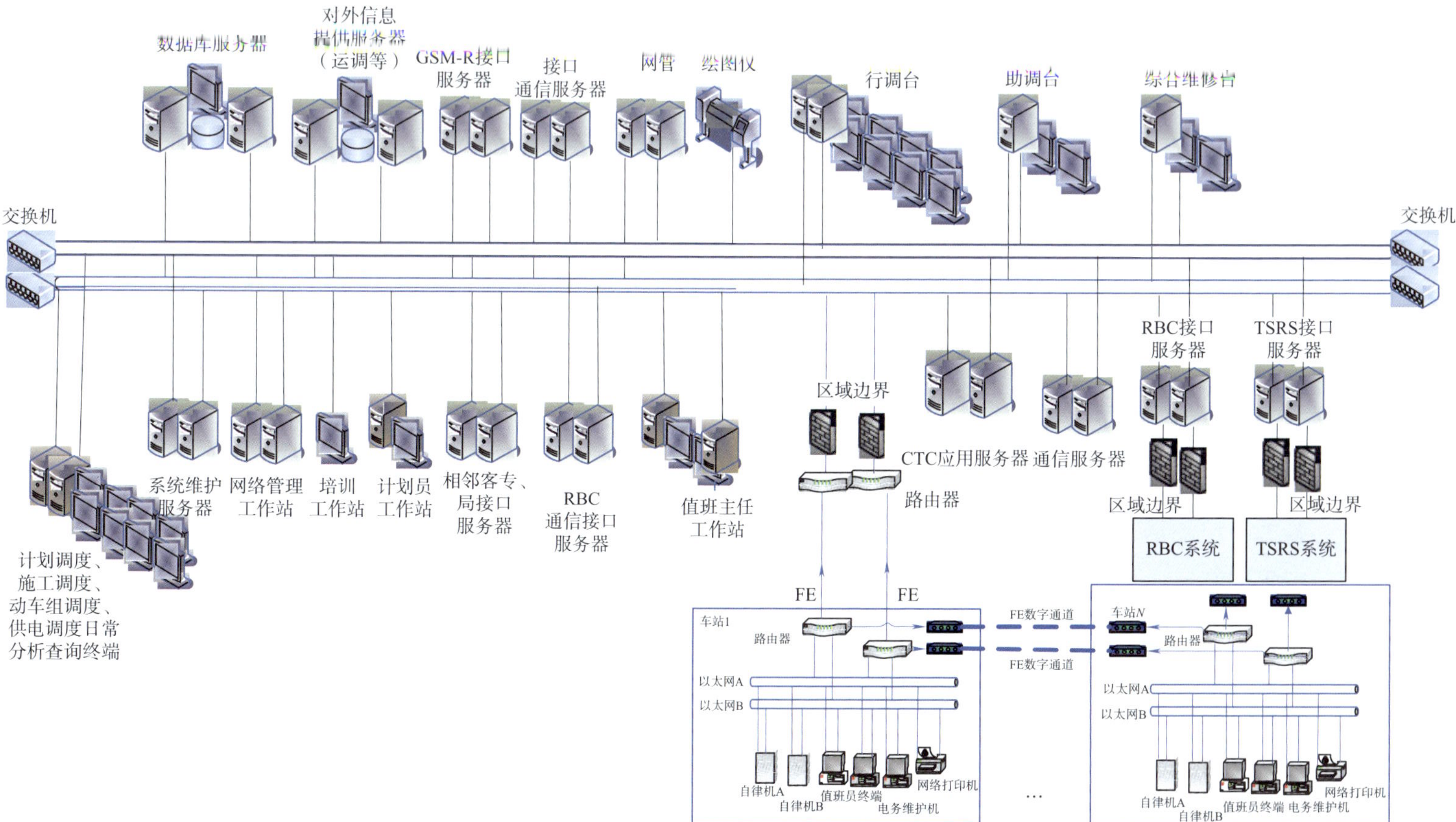

图 1-2-4　调度集中系统组成

系统采用“三级三层”的结构。“三级”是指国铁集团级、局集团公司级、站段级；“三层”为国铁集团层监测子系统、局集团公司/电务段层监测子系统、车站监测子系统。基于 TCP/IP 协议之上的 C/S 架构，主要由各种服务器、终端、站机、采集设备、网络设备等组成。系统将网络通信、智能传感器、数字信号处理、现场总线、软件工程、大数据分析等技术融为一体，实现信号设备运用过程的动态实时监测、数据记录、统计分析、故障报警与预警，为电务部门掌握设备的实时状态、进行故障分析提供科学依据。信号集中监测系统层级如图 1-2-5 所示。

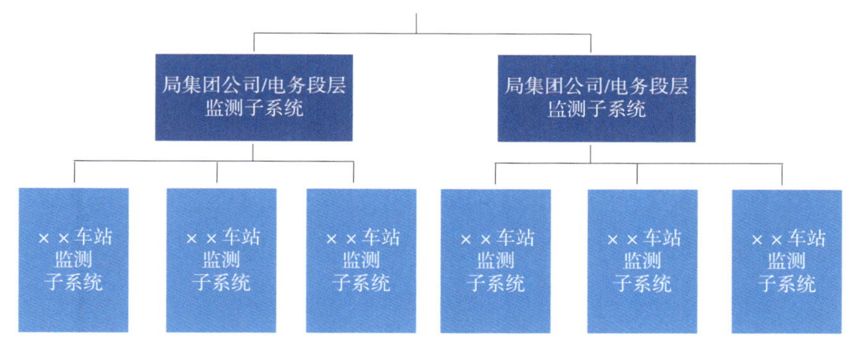

图 1-2-5　信号集中监测系统层级

1. 主要功能

(1)故障报警和故障定位功能。系统能根据设备故障性质产生报警、预警和定位。

(2)系统管理。包括用户及密码管理、系统在线自检、系统工作状态显示、系统软件自动同步升级、时钟同步等。

(3)显示及存储。包括站场图显示、开关量实时状态显示及历史记录查询、按设备分类查询、电压/电流功率曲线生成、按钮操作记录、关键设备工作次数及时间表、电缆绝缘和电源对地漏泄电流测试表格和变化曲线、环境监测信息实时图形显示和历史数据查询、轨道电路分路残压报表记录、轨道电路分路不良设置及显示、计算机联锁/CTC/列控中心/ZPW-2000 等信号设备运行状态实时显示及历史查询回放、开关量和模拟量数据滚动存储等。

(4)数据处理及控制。包括配置文件及历史数据的导入导出、回放文件的管理和导出、曲线及各类报表文件的打印管理和导出曲线另存、授权修改基准参数和报警上下限、向上层网络传送各种实时数据等。

2. 系统组成

高速铁路信号集中监测系统由显示界面和设备功能两大结构组成，显示界面主要用于 CSM 的车站(场)站场信息、设备状态、采集和接口信息、信号设备诊断分析、安全监督信息、电子图纸等相关功能的显示，以及终端管辖图、中心接口信息显示。设备功能包括分析报告、辅助浏览、站场图、设备状态、回放、报警管理、日常测试、记录统计、设备管理、系统设置等功能。

高速铁路信号集中监测系统由国铁集团层监测子系统、局集团公司/电务段层监测子系统、车站监测子系统、车站监测网、车间/工区监测终端及相应的网络通信设备组成。

局集团公司/电务段监测子系统主要设备包括数据库服务器（含磁盘阵列）、应用服务器、通信前置机、接口服务器、Web 服务器（预留）、网络管理服务器、防病毒服务器、时钟服务器、网络通信设备、网络安全设备、电源设备、防雷设备、维护工作站、监测终端等。

车站/中继站监测网配置监测站机、采集设备和网络通信设备。信号集中监测站机主要是对电源屏（含 UPS）、列控中心、轨道电路、计算机联锁、安全数据网络、转辙机、道岔、信号机以及信号电缆回线进行监测和采集；对于 CTC、智能电源屏、列控中心、ZPW-2000 轨道电路、计算机联锁等自身具备监测能力的系统，通过统一的接口将模量信息、开关量信息、状态信息、报警信息传送至集中监测系统，实现对信号设备的集中监测和远程诊断，避免监测信息的重复采集。

在电务段、信号车间、车站及信号工区内，设置信号集中监测终端。

三、工程构成

信号工程包括室外工程、室内工程和系统调试。信号工程构成如图 1-2-6 所示。

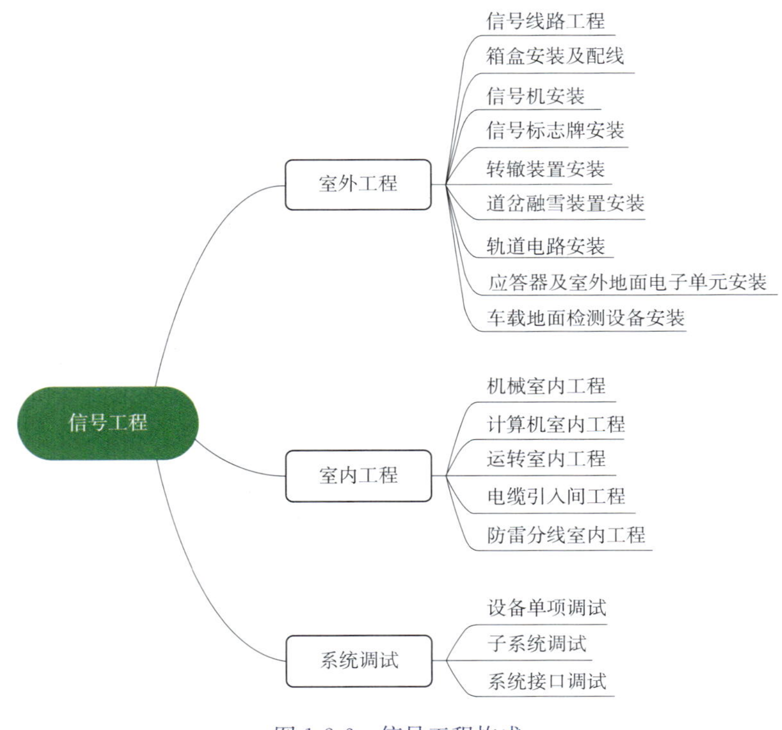

图 1-2-6　信号工程构成

（一）室外工程

室外工程主要包括信号线路工程、箱盒安装及配线、信号机安装、标志牌安装、转辙装置安装、道岔融雪装置安装、轨道电路安装、应答器及室外地面电子单元安装、车载地面检测设备安装等。

1. 信号线路工程施工主要包括径路复测、电缆单盘检测及配盘、电缆敷设、电缆防护、电缆接续、电缆成端等。电缆敷设如图 1-2-7 所示。

图 1-2-7　电缆敷设示例图

2. 箱盒安装及配线主要包括方向盒、终端盒、XB 箱的安装与配线等。方向盒如图 1-2-8 所示。

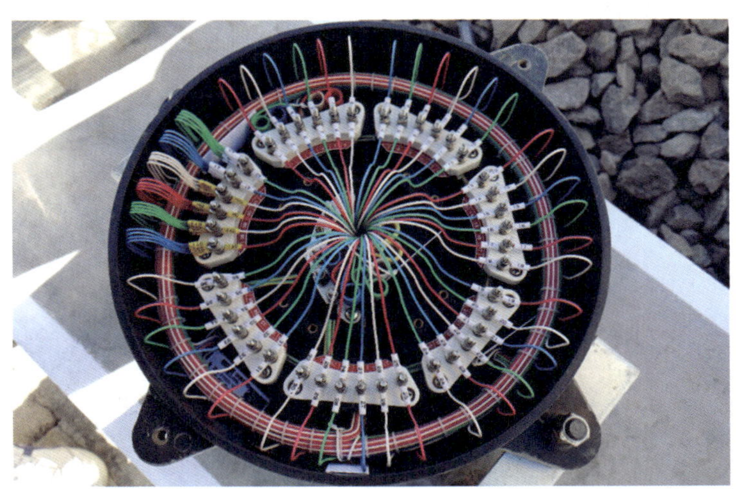

图 1-2-8　方向盒示例图

3. 信号机安装主要包括施工调查、基础安装、机构安装、设备配线等。信号机如图 1-2-9 所示。

4. 信号标志牌安装主要包括区间信号标志牌及号码牌安装、预告标志牌安装、级间转换标志牌安装、中继站标志牌安装、调谐区标志牌安装等。信号标志牌如图 1-2-10 所示。

5. 转辙装置安装主要包括安装条件确认、外锁闭装置安装、转辙机安装、密贴检查装置安装、锁闭检查装置安装等。转辙设备如图 1-2-11 所示。

图 1-2-9　信号机示例图

图 1-2-10　信号标志牌示例图

图 1-2-11　转辙设备示例图

6. 道岔融雪装置安装主要包括进场条件检查、道岔融雪控制柜安装、隔离变压器安装、电加热元件安装、轨温传感器安装等。道岔融雪控制柜如图 1-2-12 所示。

图 1-2-12 道岔融雪控制柜示例图

7. 轨道电路安装主要包括接口和作业面检查、设备进场检查、轨旁设备安装、补偿电容安装、钢轨绝缘安装、轨道连接线安装、扼流变压器安装等。轨旁设备如图 1-2-13 所示。

图 1-2-13 轨旁设备示例图

8. 应答器及室外地面电子单元安装包括进场检查、应答器安装、室外地面电子单元(LEU)安装等。应答器如图 1-2-14 所示。

9. 车载地面检测设备安装包括车载地面测试设备箱及测试环线安装、BTM 天线测试设备安装等。

(二)室内工程

室内工程主要包括机械室、计算机室、运转室、电缆引入间、防雷分线室等室内工程施工。

1. 机械室内工程施工包含组合柜、移屏柜、综合柜、防雷分线柜、接口柜、电源屏安装、不间断电源(UPS)及蓄电池安装、布线配线、防雷接地等。机械室内机柜如图 1-2-15 所示、综合柜如图 1-2-16 所示、移屏柜如图 1-2-17 所示、组合柜如图 1-2-18 所示。

图 1-2-14　应答器示例图

图 1-2-15　机械室内机柜示例图

图 1-2-16　综合柜示例图

图 1-2-17 移屏柜示例图

图 1-2-18 组合柜示例图

2. 计算机室内工程施工包含联锁(CBI)主机安装、信号集中监测(CSM)主机安装、列控中心(TCC)主机安装、调度集中(CTC)主机安装、布线配线、防雷接地等。

3. 运转室内工程施工包含台式控显设备安装、其他控显设备安装、布线配线、防雷接地等。运转室如图 1-2-19 所示。

4. 电缆引入间工程施工包含电缆引入、电缆余留盘、引入口封堵、电缆引入爬架制作安装、电缆一次成端等。电缆一次成端如图 1-2-20 所示。

5. 防雷分线室内工程施工包含防雷分线柜、移频综合柜安装、电缆二次成端等。防雷分线柜如图 1-2-21 所示,电缆二次成端如图 1-2-22 所示。

图 1-2-19　运转室示例图

图 1-2-20　电缆一次成端示例图

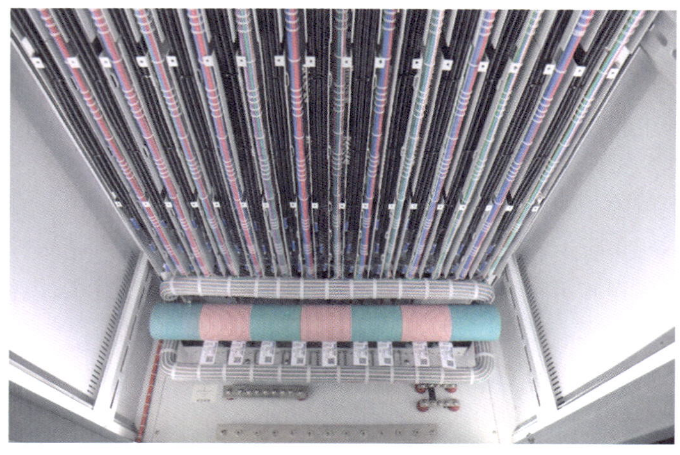

图 1-2-21　防雷分线柜示例图

图 1-2-22 电缆二次成端示例图

（三）系统调试

系统调试主要包括设备单项调试、子系统调试、系统接口调试等。

1. 设备单项调试主要包括电源屏调试、不间断电源（UPS）调试、车站联锁模拟试验调试、信号机单项调试、轨道电路单项调试、转辙装置调试、道岔融雪装置调试、调度集中（CTC）设备调试、列控中心（TCC）设备调试、应答器调试、无线闭塞中心（RBC）设备调试、信号集中监测设备调试、电源冗余检查等。

2. 子系统调试主要包括车站联锁子系统调试、列控子系统调试、调度集中子系统调试、信号集中监测系统调试、动车段（所）控制集中系统调试等。

3. 系统接口调试主要包括计算机联锁系统接口调试、列车控制运行系统接口调试、调度集中系统接口调试、信号监测系统接口调试、动车段（所）控制集中系统接口调试等。

四、常见问题

（一）设计管理问题

1. 枢纽接入方案设计深度不足。设计单位与运营主管部门沟通不足，枢纽接入方案中对既有设备互联互通、不同型号设备间差异了解不足，对枢纽接入方案的实施难度、影响范围、运营干扰等缺乏合理的评估，在风险分析与安全控制对策等方面设计深度不足。

2. 信号中继站选址不合理，未设计通站道路。有的中继站选址低洼，标高不足，雨季积水严重；有的中继站本有条件设在隧道外却设在隧道内，导致维修困难；有的中继站应设于线路左侧却设在线路右侧，导致日常维护时需要多绕行十几公里山路。有的信号中继站通站道路未纳入站前专业统筹设计，竣工后施工便道逐步复耕恢复，设备维护单位无法正常进出中继站，不能满足运营维护需求。

3. 信号专业与站前、站后等专业间接口不畅，设计脱节。

（1）信号专业土建接口预留设计未体现在土建施工图中，因土建接口未预留而引起土建工程施工返工，经常出现过轨管土建专业漏设计、漏施工。

（2）过轨管与排水沟位置冲突，造成站场排水不畅，信号电缆浸泡在水中，影响电缆寿命。

(3)信号电源防雷箱保险容量大于电力配电箱保险容量,不符合分级防护规定。

(4)信号平面布置图与站前设计不一致。因其他工程引入,站前专业对站场布置方案进行了调整,信号专业因为疏忽,未及时修改信号平面布置图,导致列控工程数据表中进路允许速度超速。

(5)胶结绝缘位置错误,信号平面布置图与站前施工图位置不一致,造成列控数据、列控软件、仿真测试等修改返工。

(6)在桥梁上设置道岔时,信号专业未向桥梁专业提出加宽处理,造成未预留转辙机安装位置。隧道口内设置道岔时,转辙机安装位置与两侧电缆槽冲突,需特殊处理。

(二)接口管理问题

1. 电缆槽道交付滞后,尤其是车站内干线引入信号设备房屋的分支槽道滞后,影响电缆敷设及室内外调试。路桥、路隧过渡段电缆槽道往往滞后较多,不利于成品保护。

2. 信号设备房屋交付滞后,且进场条件不达标,门窗不能及时封闭,屋面漏雨、渗水,灰尘很大,正式电源提供及空调启用滞后,对信号标准化施工及质量控制产生不利影响。

3. 轨道板预留转辙机安装孔位,站前施工单位未采用标准模板施工,造成后期道岔不方正、道岔转辙设备安装不达标。

(三)工程实施问题

1. 运营里程、线路允许速度、维护管界等报批工作滞后,导致无法开展列控数据、信号软件编制工作。

2. 工务类、供电类、电务类等 LKJ 基础数据不稳定,导致列控数据、列控软件修改,影响工期。列控数据管理不规范,枢纽地区因列控数据多次修改,集成商由于疏漏,未及时更新软件和报文,导致报文超过线路允许速度。

3. 列控软件发布滞后,仿真测试及静态验收工作完成较晚,尤其是枢纽站、调度所软件换装调试滞后,不能与整个工程节点同步实施,因枢纽站信号软件换装工作滞后导致联调联试不能按期开展。

4. 平面图审查时运营维护部门介入深度不足,导致后期平面图进行较大修改。有的项目后期因站场布置、信号显示、股道及道岔编号调整等原因,导致列控、联锁等软件修改,影响工期。

5. 成品保护意识不强。各施工单位成品保护意识不强,因交叉施工影响,信号电缆经常被砸断,需要更换电缆并对系统进行二次调试,影响工期。

(四)竣工验收问题

1. 强弱电电缆未进行物理隔离。强弱电电缆、贯通地线跨越电缆手孔或槽道时,未采用物理隔离措施,易发生信号电缆被烧的事故。

2. 电缆槽排水不畅,发生雨水倒灌,造成电缆长期浸泡和冬季电缆冻胀问题。

第三节　电力工程

铁路电力供配电系统是为铁路车站及沿线区间等非牵引负荷进行供电的系统,承担着铁路调度指挥、通信系统、信号系统、客运服务、生产生活等系统供电任务，是为确保铁路安全、稳定、高效运营服务的重要基础设施。铁路电力供配电系统由外部电源、变配电所、电力线路、高低压配电系统及电力远动系统等组成。

一、发展历程

1. 系统特点

铁路电力担负着对车站、区间用电负荷的供电任务。铁路电力供配电系统特点如下：

(1)负荷沿铁路线长距离狭长分布，一般 10 kV 配电所供电臂长度为 40～60 km；

(2)根据沿线负荷性质，分为一级、二级、三级负荷，对于特大型旅客站房和铁路调度所等特别重要的负荷在一级负荷的基础上适当加强；

(3)变配电所及区间供电线路一般采用 10 kV 供电，对于特大型旅客站房和电网薄弱的边远地区等采用 35 kV 供电。铁路电力负荷分布如图 1-3-1 所示。

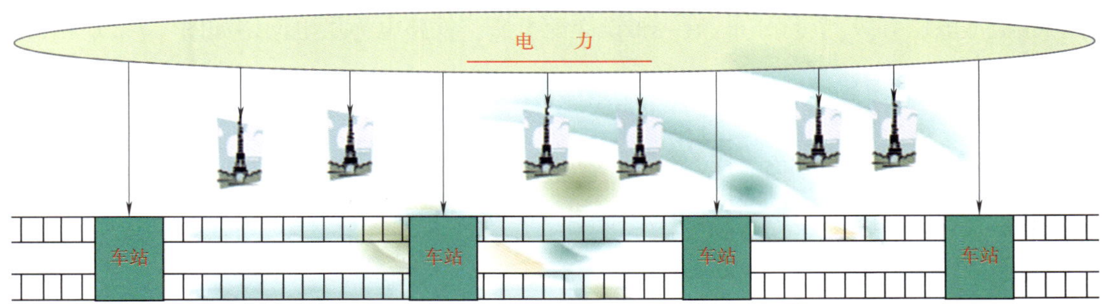

图 1-3-1 铁路电力负荷分布示意图

2. 系统需求

(1)供电标准与铁路等级相匹配，满足本线安全、可靠供电的要求。

(2)满足免维护、少维修、10 kV 及以上变配电所无人值守的原则要求。

(3)各级供配电系统应相互匹配，除发生大面积自然灾害或故意损坏外，其可靠性满足 24 h 不间断供电。

(4)一级负荷包括信号、通信、消防、防灾等，可采用双重电源分别供电至用电设备处或采用末端低压双电源切换方式，且需满足以下需求：

当供电网络中的一条外部电源线路停电时，不能导致一级负荷停电。

当供电网络中的一条供电线路停电时，不能导致一级负荷停电。

当供电网络中的一台供电设备停止供电时，不能导致一级负荷停电。

(5)二级负荷可由具备两回电源线路且其高低压至少一侧设有联络的变电所供电，也可由贯通线路、环网线路等能构成等效双回电源线路的变电所供电。

(6)三级负荷由一路电源供电。

3. 发展历程

我国铁路电力供配电系统伴随着电网和铁路的建设得到不断发展，从每个车站分别接引地方电源的“点式”供电，发展到站区、枢纽集中配电的“站区”供电，再发展到以自动闭塞、电力贯通线为骨架，辐射铁路区域内各级用户的贯通线供电，再到当前的环网供电，电力供配电系统的供电质量和可靠性不断增强。

(1)分布式供电

我国早期铁路区间没有用电负荷，负荷都集中在车站，这个阶段电力供配电系统主要围绕各车站用电逐点展开，目前该方式已淘汰。

(2)电力贯通线供电

信号自动闭塞系统应用，为了满足沿线车站及区间信号、通信等负荷安全可靠用电需求，通过电力技术人员创新探索，形成了具有中国特色的“自闭贯通”线式供电模式。自闭线路专为自动闭塞等设备供电，贯通线路为沿线其他生产负荷供电。初期自闭电力线与信号线同杆架设，后续高低压线路逐渐分离，铁路两侧分别设立独立自闭电力线路及贯通电力线路。其主要技术特点为：

①在引入地方 10 kV 或 35 kV 电源的基础上构建铁路独立中压供电网络。

②沿铁路线两侧设自闭、贯通线路为各类负荷供电。

③根据电压等级、负荷分布，沿线布设变配电所。铁路电力供电网络如图 1-3-2 所示。

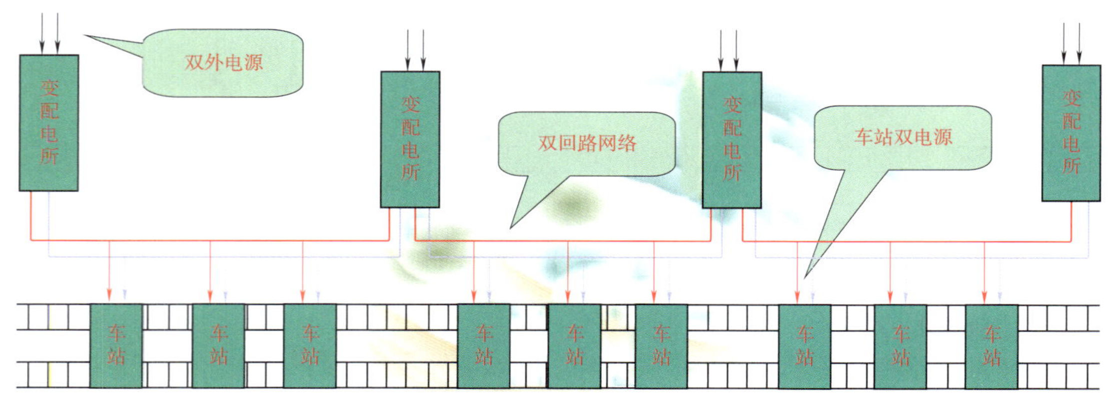

图 1-3-2　铁路电力供电网络

(3)环网供电

高速铁路时代，由于防灾、信息、调度指挥等系统用电安全可靠性要求非常苛刻，为此，在既有贯通线供电基础上，通过环网柜等的应用，将两回高压供电线路连成环路进行供电。将原来的电力贯通线路和自闭线路调整为一级负荷贯通线和综合负荷贯通线。

实现环网供电后，大大提高了供电可靠性，实现支干线互联供电，当供电线路某点出现故障时，可及时隔离故障部位，从两侧开关向正常区段供电。由此，电力系统技术实现了质的飞跃，从最初的线路架空、设备露天、电磁模拟式保护、区间树干式供电为主的模式，转变为如今的供电线路入地、设备进屋、综合自动化数字式保护控制、环网供电的格局，为高速铁路安全可靠运行提供了重要保障。

4. 发展趋势

随着电力行业智能化技术的不断发展，将引领铁路电力供配电系统在高效集成清洁能源的基础上，通过多传感、大数据、智能管控等技术，依托运维管理系统、智能变电站等设施，实现能源实体与现代信息技术的融合，优化能源输送和使用，加速实现系统智能调度，促进柔性供电及智慧能源应用场景落地。

铁路沿线车站和建筑配套建设的太阳能光伏发电、储能，相对稳定的可控负荷以及自有的网络通信系统为铁路供电系统虚拟电厂的建设提供了先天的基本条件。随着铁路线路的建设发展，《建筑节能与可再生能源利用通用规范》(GB 55015—2021)的发布实施，分布式能源系统大量推广和应用，虚拟电厂在我国区域电力系统乃至铁路供电系统中的着重发展将是必然趋势。

此外，铁路沿线新能源的开发和利用具有广阔的发展前景，利用沿线空间建立能源廊道，大力发展新能源在铁路领域的应用，实现经济效益、环境效益和社会效益统筹兼顾，推动绿色铁路、低碳铁路的发展，是实现“双碳”目标的重要措施。

二、系统技术

铁路电力供配电系统主要由外部电源、变配电所、沿线高压电力线路、站场电力线路和低压配电系统构成。

高速铁路沿线设两回高压电力贯通线路，贯通线采用全电缆沿路桥隧预留的电缆槽敷设，各站、段设 10 kV 及以上变配电所，必要时设置柴油发电机组作为应急电源，全线设电力远动系统。高速铁路电力供配电系统如图 1-3-3 所示。

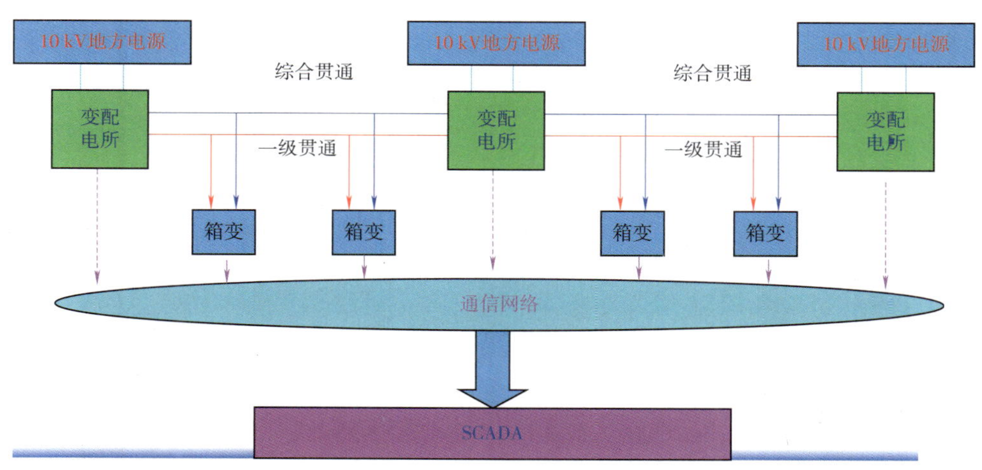

图 1-3-3　高速铁路电力供配电系统示意图

1. 外部电源

各变配电所一般由地方电网接引两路独立 10 kV 或 35 kV 外部电源，枢纽地区用电容量较大，经技术经济比较，采用 35 kV 及以上电压等级外部电源。特大型旅客站房和铁路调度所等特别重要的负荷配置备用发电机组。

2. 变配电所

变配电所是电力供配电系统中变换电压和接受、分配电能的场所。需根据全线负荷分布、负荷性质及用电特点等合理设置，为贯通线路供电的变配电所需具备跨所供电能力。

(1)电气主接线：双电源 10 kV 变配电所采用单母线分段接线，单电源 10 kV 变配电所采用单母线接线；向区间综合负荷贯通线、一级负荷贯通线供电的变配电所设有载调压器及专用母线段，系统中性点接地方式根据线路形式、设备绝缘水平等确定，高速铁路一般采用小电阻接地方式。变配电所主接线如图 1-3-4 所示。

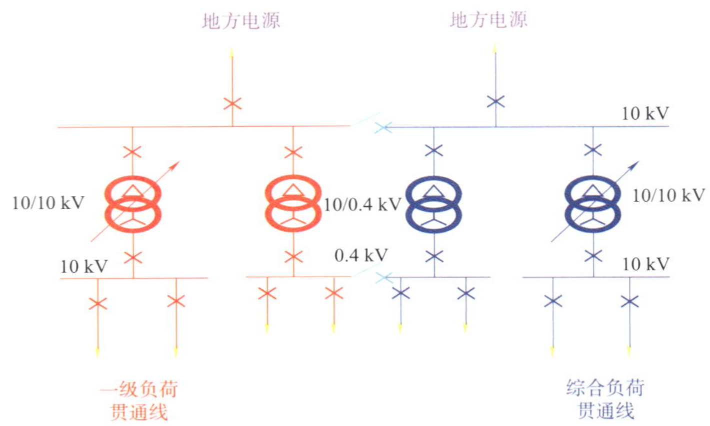

图 1-3-4　变配电所主接线示意图

(2)相关设备：采用免维护、少维修设备。配置 GIS 高压开关设备、高压动态无功补偿装置、低损耗干式变压器及智能高频开关铅酸免维护电池直流电源系统等。配电所高压室如图 1-3-5 所示。

图 1-3-5　配电所高压室示例图

(3)变配电所综合自动化：采用微机保护及通信装置，实现对变配电所自动监视、测量、控制和保护。

3. 区间供电

沿线设置一级负荷贯通线和综合负荷贯通线；沿线区间通信基站、光纤直放站、信号中继站等负荷一般采用箱式变电站供电，其接线形式应与电网适应，分别选择环网型、双电源型或终端型。区间供电系统如图 1-3-6 所示。

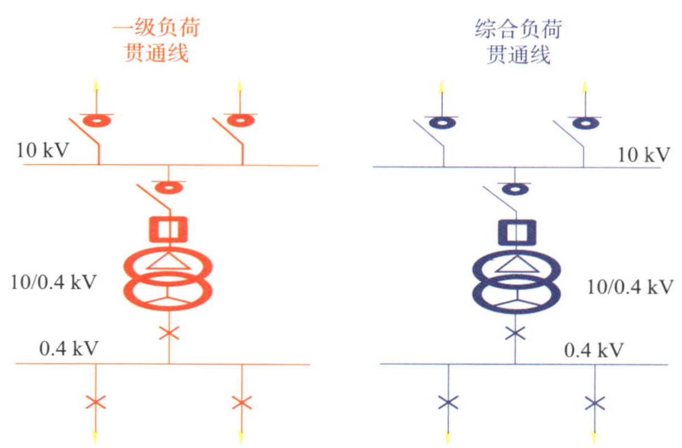

图 1-3-6　区间供电系统示意图

4. 隧道供电

隧道供电可由电力贯通线或站馈供电，贯通线供电能力受限时，可采用外部电源。隧道变电所的布置应接近负荷中心，低压供电半径不大于 1.5 km。长度 500 m 及以上的隧道内设置电源箱，满足临时接引照明和小型作业机械电源的需要。

5. 电力线路

区间 10 kV 电力贯通线采用非磁钢带铠装单芯铜芯电力电缆，分别沿铁路两侧电缆槽呈品字形敷设；贯通线电缆金属层采用线路一端单点直接接地、另一端采用经护层保护器接地（电缆铜屏蔽层也单独经护层保护器接地）。单芯电缆结构如图 1-3-7 所示。

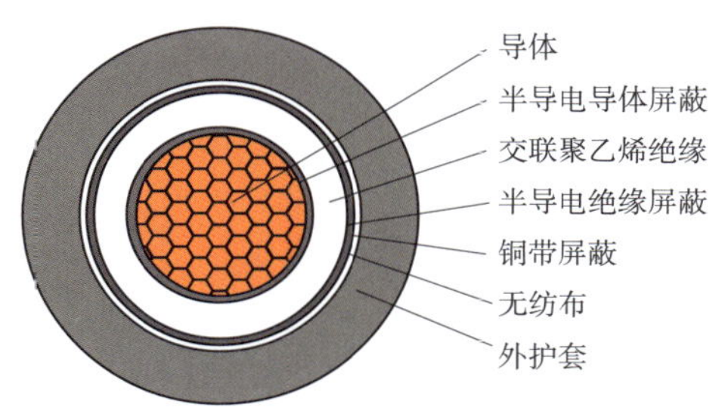

图 1-3-7　单芯电缆结构

6. 电力远动

电力远动系统作为 SCADA 系统的一部分，实现对电力供配电系统运行设备遥控、遥测、遥信、遥调及调度管理。变配电所高压电气设备、交直流操作电源及站房变电所、区间箱变、通号变电所高低压电气设备均纳入电力远动系统管理。当贯通线出现故障时，迅速完成对故障区段的定位、隔离及非故障区段的恢复供电工作。

7. 照明

车站站台（无雨棚）及道路照明采用可倾式杆柱照明为主，车站广场、动车段、所采用灯桥、灯塔、高杆灯照明；站房公共区域、雨棚利用吊顶等建筑结构安装灯具，并分区域或分组控制；小于 500 m 的隧道设正常固定照明，单电源供电；地下区间、长度 5 km 及以上或有紧急出口的山岭隧道内应设置应急照明，采用双电源供电。

各类照明根据需要可设就地控制，并均纳入建筑设备监控系统。

三、工程构成

铁路电力系统工程主要包括外电源线路、变配电所、区间及站场电力线路、低压配电、电气照明、防雷及接地、电力远动、建筑设备监控系统、铁路专用设施和场所供电及系统调试。

(一)35 kV 及以下架空线路

架空线路工程包括基础制作、杆塔组立、金具绝缘子安装、导地线架设、线路设备安装等。电缆终端杆如图 1-3-8 所示。

图 1-3-8　电力线路电缆终端杆示例图

(二)变配电所

变配电所工程包括变配电所房屋及所内设备(高低压柜、变压器、电容器、交直流电源装置、综自系统等),沿线隔 40～60 km,结合车站设置。配电所 BIM 设计如图 1-3-9 所示,变配电所高压室如图 1-3-10 所示,变配电所电缆夹层如图 1-3-11 所示。

图 1-3-9　配电所 BIM 设计示例

图 1-3-10 变配电所高压室示例

图 1-3-11 变配电所电缆夹层示例

（三）区间及站场电力线路

变配电所地区馈线及分支线路等 10 kV 电力线路采用三芯铜芯电力电缆，一般沿电缆沟敷设，局部地段直埋敷设，过路、过轨时穿管保护敷设；10 kV 贯通线路全部采用非磁性铠装单芯铜芯电缆，分别沿路基、桥梁、隧道两侧的电力电缆槽敷设。桥梁段贯通电缆敷设如图 1-3-12所示。

（四）低压配电

由变配电所低压母线向各类负荷按负荷等级供电，根据负荷类型不同可采用放射式、树干式等供电方式。单回路放射式供电如图 1-3-13 所示，单回路树干式供电如图 1-3-14 所示。

图 1-3-12　桥梁段贯通电缆敷设示例图

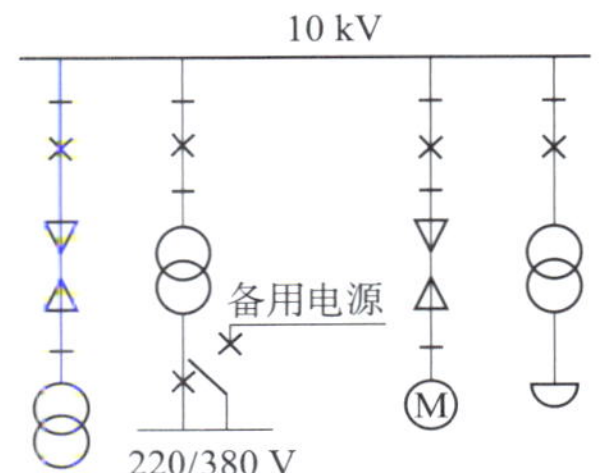

图 1-3-13　单回路放射式供电示意图

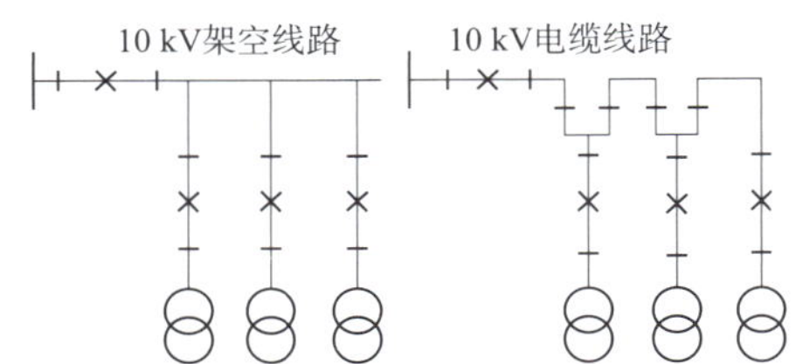

图 1-3-14　单回路树干式供电示意图

（五）电气照明

按照不同类型建筑对照明的需求，采用高效光源、灯具以及合适的控制方式。站场高杆灯及灯塔如图 1-3-15 所示，站场灯桥如图 1-3-16 所示。

（a）

（b）

图 1-3-15　站场高杆灯及灯塔示例图

图 1-3-16 站场灯桥示例图

(六)防雷及接地

防雷接地措施需与用电设备需求匹配,条件允许时,优先利用建筑物、构筑物自身结构金属导体作为防雷接地装置,同时距铁路 20 m 以内接地装置均与综合接地系统可靠连接。临时接地端子如图 1-3-17 所示。

图 1-3-17 临时接地端子示例图

(七)机电设备监控系统

大型及以上站房、地下车站及与之相邻区间、设应急照明等的隧道,应设机电设备管理系统。中型站房，铁路段所大型车间、库等，宜设机电设备管理系统。系统包括设备监控及能效监管等子系统。

（八）电力远动

与电力牵引供电共用一套 SCADA 系统主站，沿线变配电所（所有高、低压开关处）、箱式变电站（所有高、低压开关处）、车站的通信信号变电所等均纳入电力远动系统。

（九）铁路专用设施及场所供电

铁路桥梁一般由电力贯通线供电，贯通线供电能力受限时采用外部电源；公铁两用桥梁的公路桥供电一般采用外部电源。桥梁供电变电所（箱变）按需设在岸上或桥上。技术经济比较，若设在岸上不合理时，可设在桥上或桥上、岸上同时设置。

为动车组地面电源供电的变电所应接引两路电源，地面电源整流设备至现场插座箱一般采用单芯铜芯电缆或封闭母线形式，并根据不同车型的电源接口布局和参数确定现场插座箱的布设位置和供电容量。

需要不间断供电的铁路调度所、指挥中心的电子信息设备采用集中式或分区集中式 UPS 系统供电，UPS 系统专用回路供电。

（十）系统调试

系统调试包括电气设备单体调试、变配电所受电调试、电力远动调试等。

设备单体调试前，需保证施工安装已完成，设备电气试验合格，并制定相关安全保障方案。

变配电所受电调试前，应完成专项方案编制，并获相关单位批准。

远动系统调试包括单点调试及系统联调，联调前应制定调试大纲，明确试验项目并逐条试验。

四、常见问题

（一）设计管理问题

通常有勘察设计深度不足或专业接口设计管理等问题。

1. 外部电源调查工作不细致，工程前期设计深度及准确性不够，与电力公司未沟通或深度不足。

2. 既有现场情况调查工作不细致，工程接入既有枢纽、调度所、维护管理单位等既有设备运用情况、相关扩容接入方案等未落实，可实施性差。

3. 大临工程设计深度不足。电力永临结合工程不能按设计规范要求深度设计，对不同地理条件、规模等进行实际设计和概算编制，与现场实际不符。

4. 设计未深入现场调研，调查和论证不充分，重大迁改方案设计，如 220 kV 及以上电力线、油气管线、电力沟管等设计方案干扰大，可实施性差。

5. 电力工程预埋预设设计不合理，如站场沟、槽、管、线设计与站房沟、槽、管、线设计深度不够，同时二者之间的接口脱节，使得土建施工在为四电专业的接口预留上出现诸多问题，预留位置偏差、预留施做不到位、不可用或未预留等，而且由于土建预留大多属于隐蔽工程，一旦施做完成再进行调整和补做都非常困难，同时也将造成后续电力专业施工的困难。

（二）接口管理问题

1. 站前工程未按施组节点要求及时为电力工程提交施工场坪、电缆槽、过轨预埋、人孔、手孔、锯齿孔、上下桥槽道、电缆井等施工作业面。

2. 房建工程未按施组节点要求及时为电力工程提交设备用房（应具备防潮、防尘、防水等措施）、线缆通道（沟、槽、管、井、桥架）等施工作业面。

（三）工程实施问题

1. 电力工程电缆施工时，同一重要回路的主备用电力电缆、不同电压等级的电力电缆、电力与控制和通信信号电缆在电缆沟、槽、管、井中和直埋敷设时不考虑耐火分隔、排列顺序，不满足规范要求，存在安全隐患。

2. 外部电源接引的节点工期滞后，不满足提供测试电源时间节点工期目标要求。

3. 工程接入既有系统的匹配、整合、改造、过渡的实施方案不细、可实施性差，存在隐患。

（四）竣工验收问题

1. 静态验收时发现电力工程敷设的电缆出现砸伤、挖断、损毁的现象，由于工期安排不合理，站前工程与电力工程的同步施工、交叉施工，施工工序重叠，后期因土建施工或返工出现对已完成敷设的电缆损伤，造成电缆电气和绝缘性能下降，电力施工将花费大量的精力去排查处理故障点，甚至于更换电缆，严重影响了电力工程的后续工作及工期。

2. 桥梁外挂电缆槽材质问题。菱镁复合槽存在刚度和强度不足，易折易变形，存在安全隐患。

第四节　电力牵引供电工程

电力牵引供电系统从地方电网接引电源，经牵引变电所降压转换后，通过接触网为动车组供电。电力牵引供电系统的目标就是保证动车组不间断、可靠和安全地运行，在铁路系统中起到至关重要的作用。

一、发展历程

电气化铁路牵引动力大，能源利用率高，能够综合利用能源，对环境污染小，具有其他牵引动力无可比拟的优越性。采用电力牵引，能够减少对石油资源的依赖，减轻铁路运输对环境的影响，适应可持续发展，是铁路牵引动力的发展方向。在石油资源逐渐枯竭，环保呼声日益高涨的今天，发展电力牵引具有十分重要的意义。

1879 年，西门子和哈尔斯克公司制作展出了约 550 m 的电气化铁路，人类第一次采用电力来牵引列车。最初的电气化铁路靠一条铁轨通电，另一条铁轨作回路，直到发明了受电弓，采用受电弓通过接触线获取电能逐渐成为电气化铁路的标准受流模式。

20 世纪初期，电气化铁路在世界各地得到迅速发展，德国出现了三相交流动车组。

早期电气化铁路主要采用直流 750 V、1 500 V 供电制式，20 世纪 30 年代后期，开始采用直流 3 000 V 供电制式。1950 年，法国试建的 25 kV 工频单相交流电气化铁路成功，25 kV 工频单相交流制在世界上开始广泛应用。

目前电气化铁路主要有 1.5 kV(3 kV)直流制、15 kV 162/3 Hz 低频单相交流制、25 kV 工频单相交流制等供电制式，各国采用制式详见表 1-4-1。

表 1-4-1　世界电气化铁路主要供电制式

序号	国家	供电制式
1	俄罗斯	25 kV 工频单相交流、直流
2	德国	15 kV 162/3 Hz 单相交流
3	中国	25 kV 工频单相交流
4	日本	20 kV、25 kV 工频单相交流、直流
5	法国	25 kV 工频单相交流、直流
6	印度	25 kV 工频单相交流
7	南非	25 kV 工频单相交流、直流
8	波兰	3 kV 直流
9	意大利	25 kV 工频单相交流、直流

1956 年，曹建猷教授提出了我国电气化铁路宜采用“交流制”的建议，受到了广泛认同，结束了当时国内外争论，成为采用 25 kV 单相工频交流制的主要决策论证者，为我国电气化铁路及重载与高速铁路发展奠定了基础。

在发展初期，我国的电气化铁路主要应用在隧道多、坡度大的山区。第一条电气化铁路——宝成铁路宝鸡至凤州段，于 1961 年 8 月 15 日建成通车，长度 91 km，最大坡度 30‰。中国第一条电气化铁路(宝成铁路宝凤段)如图 1-4-1 所示。

图 1-4-1　中国第一条电气化铁路(宝成铁路宝凤段)

改革开放后，电气化铁路开始从山区向平原，由标准低的边远地区铁路向主要长大干线、重载、高速发展。

随着重载与高速铁路的发展，电力牵引供电和动车组技术也有了突飞猛进的进步，电力牵引供电系统已逐步向自动化、远程化、智能化方向发展。中国电力牵引供电系统设备发展历程见表 1-4-2。

表 1-4-2 中国电力牵引供电系统设备发展历程

序号	项 目		初 期	现 状
1	牵引变电	外部电源	110 kV	110 kV、220 kV、330 kV
2		牵引变压器	移动备用＋固定备用	固定备用
3		高压设备	多油、少油	真空、SF_6
4		保护设备	继电保护	微机保护、综合自动化、广域保护
5		监控方式	有人值守	无人化、辅助监控系统
6	接触网	供电方式	直接供电、BT 供电	带回流线的直接供电、AT 供电
7		线材	承力索：钢绞线 接触线：铝包钢、纯铜	承力索：铜合金 接触线：铜合金
8		悬挂类型	简单悬挂 半补偿简单链形悬挂 全补偿简单链形悬挂	全补偿简单链形悬挂 弹性链形悬挂
9		支持结构	拉杆、斜腕臂	平斜腕臂
10		补偿装置	滑轮补偿	滑轮补偿、棘轮补偿
11		锚段关节	三跨为主	三跨、四跨、五跨
12		电分相	器件式	锚段关节式
13		检测方式	人工	6C 系统、智能化
14	远动		无	SCADA
15	机车	传动类型	交一直	交直交
16		受电弓	双臂、金属滑板	单臂、碳滑板
17		过分相方式	手动	地磁自动、列控

二、系统技术

电力牵引供电系统由牵引变电所等变电设施、牵引网等构成。牵引变电所将地方电力系统提供的外部电源降压为 27.5 kV 或 2×27.5 kV，向牵引网供电，相邻牵引变所间设分区所；牵引网由接触网、供电线、回流系统等组成，接触网架设在铁路上方，动车组通过受电弓与接触线滑动接触而获得电能，供电线和回流系统连接牵引变电所和接触网以实现电能传输。电力牵引供电系统如图 1-4-2 和图 1-4-3 所示。

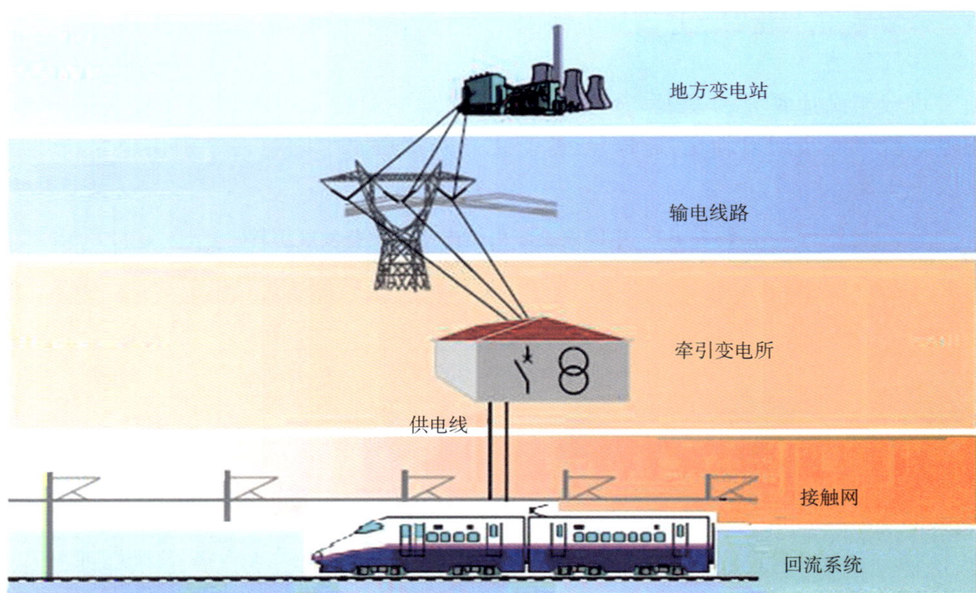

图 1-4-2　电力牵引供电系统示意图(一)

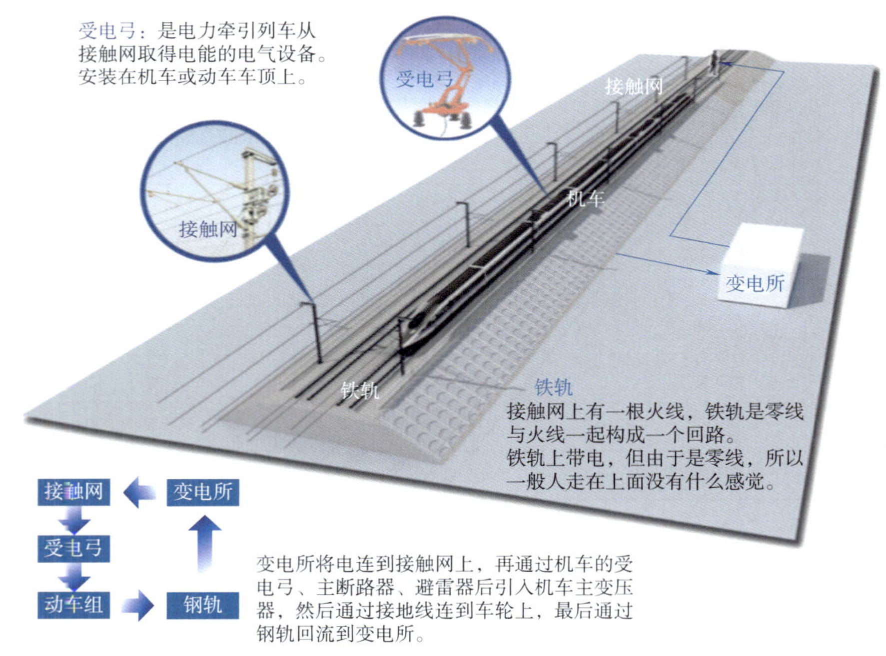

图 1-4-3　电力牵引供电系统示意图(二)

(一)牵引变电

按各牵引变电设施的功能，可分为牵引变电所、分区所、开闭所、AT 所等。牵引变电系统如图 1-4-4 所示。

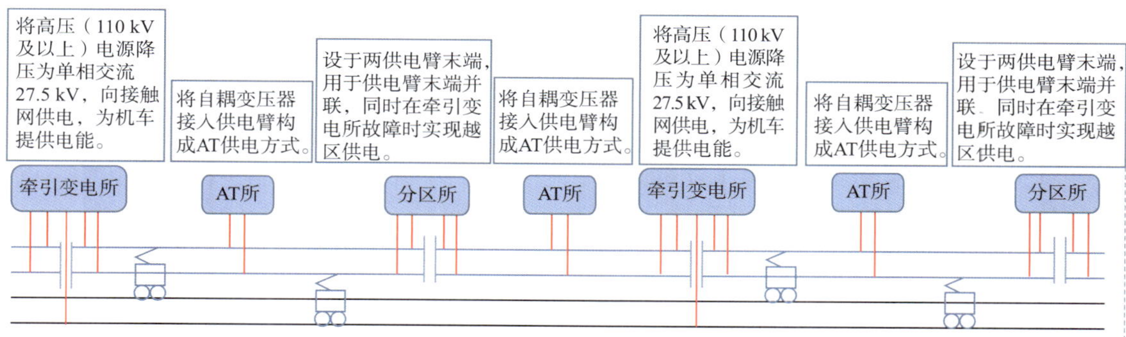

图 1-4-4　牵引变电系统示意图

1. 特点

(1)牵引负荷大、波动剧烈、负载率低、显著的时段特征。

(2)接入的电力系统电压等级高。

(3)冗余度高、运行方式灵活。

(4)按远期运输需要设置,满足行车组织要求。

2. 构成

牵引变电所:连接电力系统和牵引网的设施,完成变压并向接触网供电,即将 110 kV、220 kV、330 kV 地方高压电变换为适用于牵引供电系统的 27.5 kV(2×27.5 kV)单相电,并将电能供给接触网,为动车组提供电源。牵引变电所如图 1-4-5 所示。

图 1-4-5　牵引变电所示例

分区所:为了增加牵引供电系统的灵活性及可靠性,在两个牵引变电所形成的供电区间中间设置的设施。

开闭所:在牵引网需要分段(或分区)供电时设置的设施。

AT 所:当牵引供电系统采用 AT 供电方式时,在供电臂中间每隔 10～15 km 需设置的设施。可降低牵引网阻抗,较少损耗,改善供电臂末端网压,提高牵引供电质量。

3. 典型牵引变电所构成

牵引变电所由主接线、变压器、断路器、隔离开关、互感器等设备组成。

牵引变电所的主接线可分为电气主接线和二次接线两部分。

电气主接线是指牵引变电所内一次设备(变换、输送、分配电能的设备)的连接方式,也是变电所接受电能、变压和分配电能的通路。它反映了牵引变电所的基本结构和功能。主要设备包括变压器、断路器、隔离开关、互感器、避雷器等。

二次接线是指牵引变电所内二次设备(对一次设备和系统的运行状态进行测量、控制、监视和保护的设备)的连接方式。二次接线对一次接线的安全运行起着重要作用。主要设备包括综合自动化系统、交直流自用电系统、远动系统等。牵引变电所主接线如图 1-4-6 所示,综合自动化系统构成如图 1-4-7 所示。

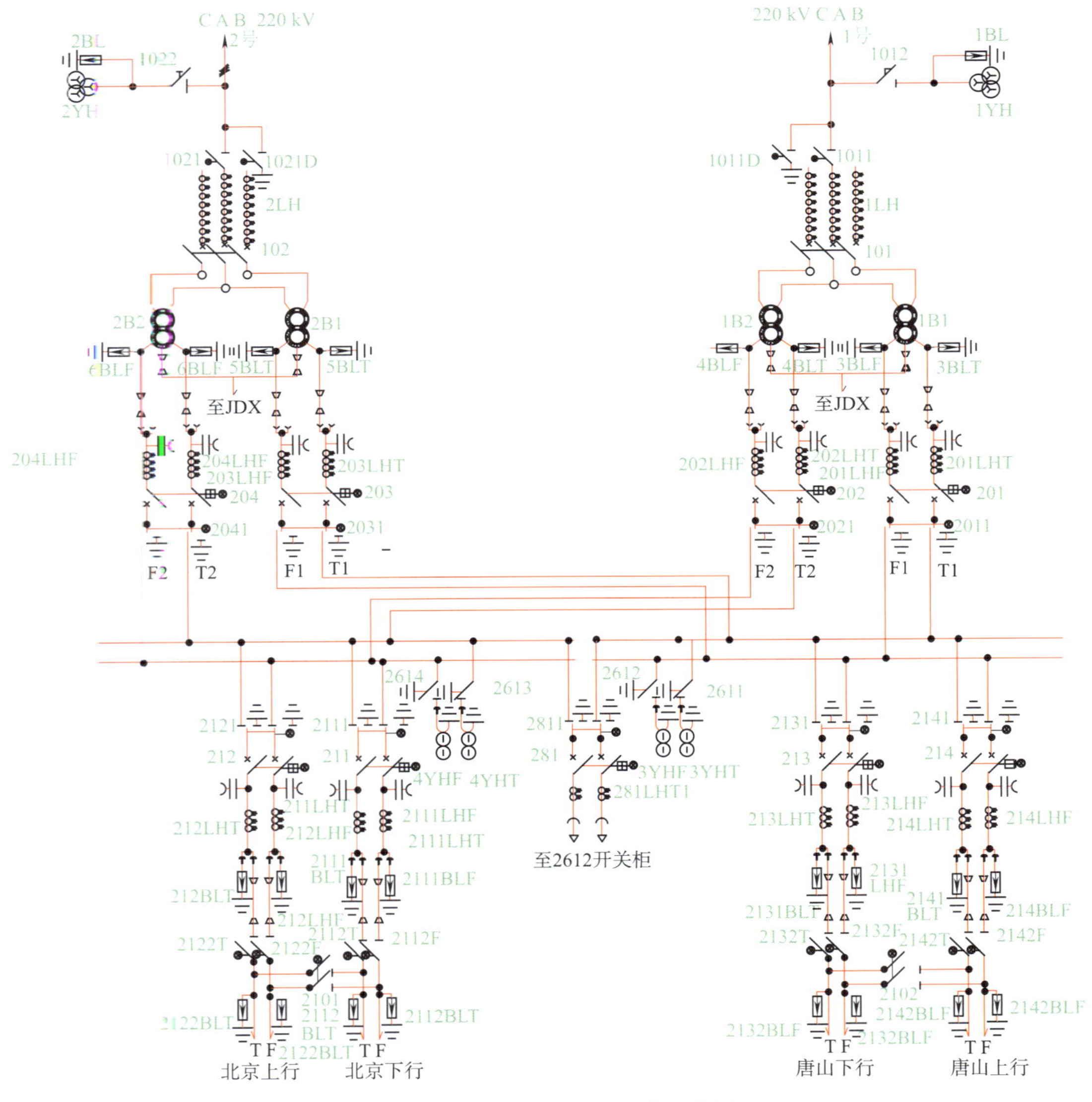

图 1-4-6 牵引变电所主接线示意图

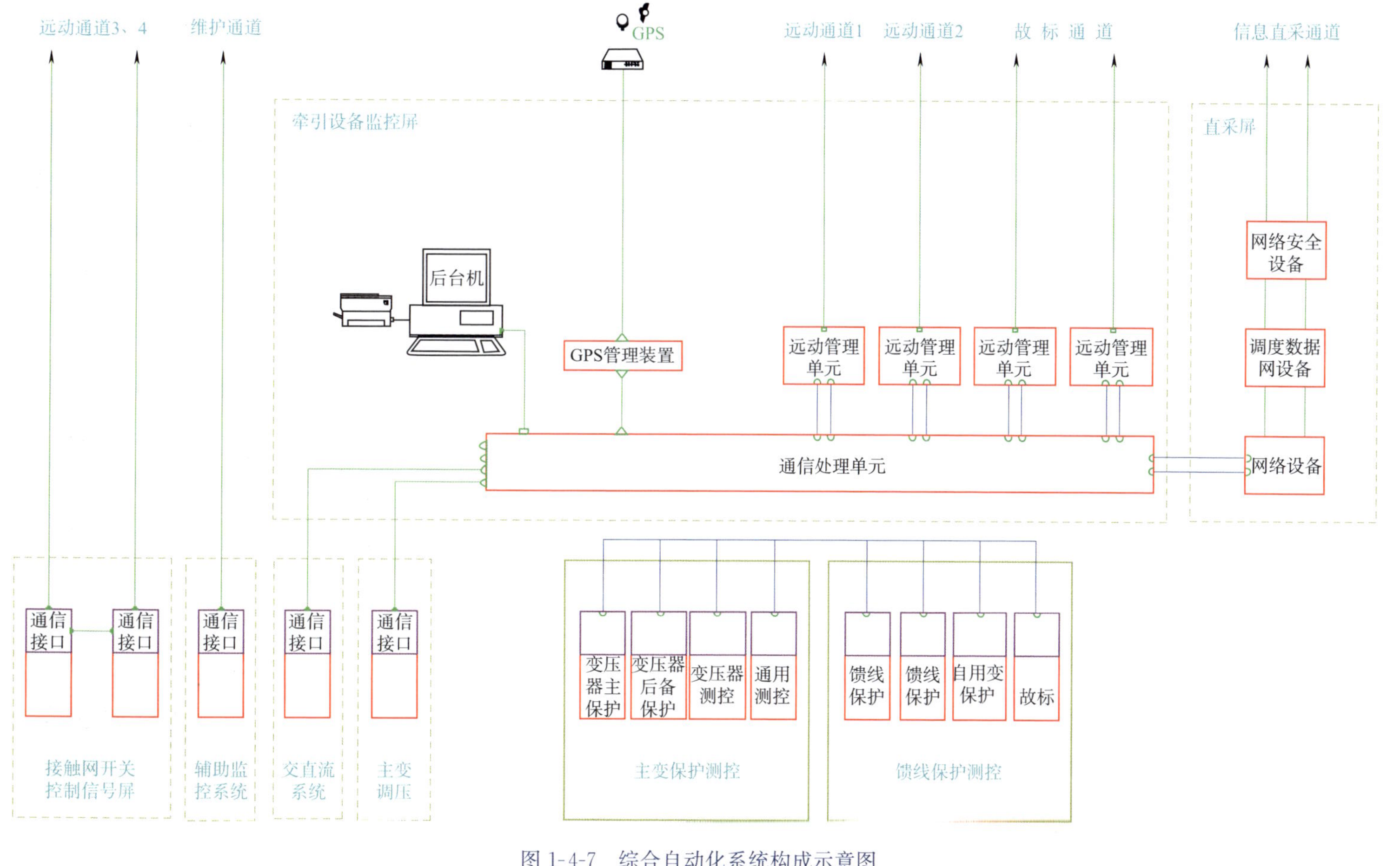

图 1-4-7　综合自动化系统构成示意图

(二)接触网

受电弓与接触网(简称弓网系统)是相互作用、相互依赖且具有牵引单元受流功能的有机整体,是牵引供电系统的组成部分。接触网是沿铁路线上空架设的一条特殊形式无备用的输电线路,其不同于电力供电在于不仅要有高可靠的输电保障能力,更重要的是必须满足动车组的接触取流的安全性能。

1. 特点

(1)没有备用,接触网沿铁路上空架设,与轨道一样无备用措施,任何外部环境变化都会对接触网的结构状态产生明显的影响,甚至影响行车。

(2)系统性强,牵引变电、受电弓、接触网、供电线及回流通道构成一个完整的系统,任何一个因素的变化都将影响整个系统的稳定性。

(3)结构复杂,接触网是由许多的受力点组合构成的沿铁路线上空布置的空间受力结构,每个受力点的状态直接关系着接触网的结构稳定。

(4)施工工艺复杂,接触网架设在绵延数百公里的线路上方,施工前必须经过测量并计算相关施工参数,装配结构采用工厂化预配,并由专业技术人员逐一安装到位,安装质量控制难度大。

2. 构成

接触网由接触悬挂、支撑装置、定位装置、附加导线、支柱、基础、分段绝缘器、隔离开关及避雷器等组成。

接触悬挂包括承力索、接触线、吊弦、补偿装置、悬挂零件及中心锚结等。接触悬挂通过支持装置架设在线路上方,其作用是将来自牵引变电所的电能传输给动车组。动车组运行时,通过受电弓滑板与接触线滑动接触而获得电能(简称取流)。受电弓与接触网如图 1-4-8 所示,接触网构成如图 1-4-9 所示,接触网腕臂构成如图 1-4-10 所示。

(三)SCADA 系统

SCADA 系统,即数据采集与监视控制系统,是以计算机为基础的生产过程控制与调度自动化系统,利用远程通信技术进行信息传输,实现对远方设备的监视、控制、测量、数据采集、参数调节以及信号报警等功能。

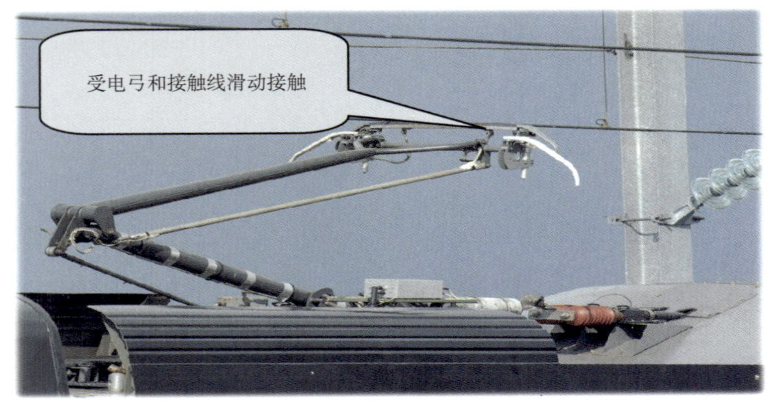

图 1-4-8 受电弓与接触网示例图

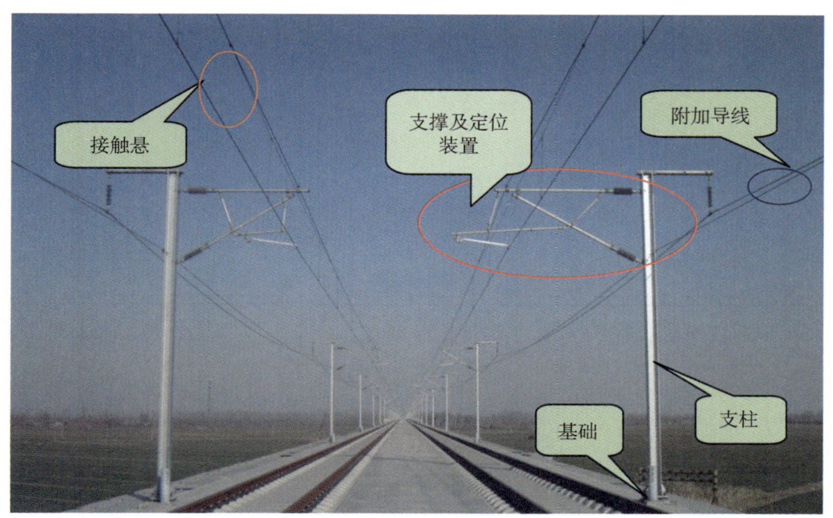

图 1-4-9 接触网构成示例图

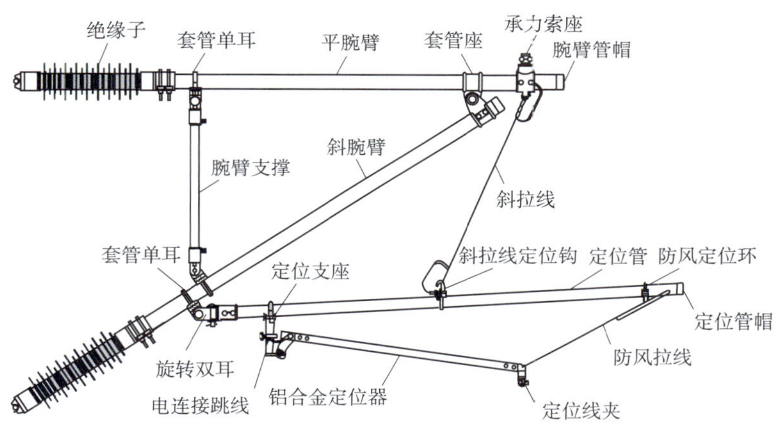

图 1-4-10 接触网腕臂构成示意图

在铁路电力牵引供电系统中使用的 SCADA 系统又称远动系统，由调度主站（监控站和调度端，即供电调度台）、被控站（RTU）及传输通道三大部分组成。在调度中心邻近行车调度台位置设铁路供电调度台。

SCADA 系统主要对电力牵引供电系统中的牵引变电所、分区所、开闭所、AT 所接触网隔开及电力变配电所、开关站和 10/0.4 kV 低压变电所的设备运行状态进行监控。其主要功能分为“五遥”，即遥控、遥测、遥信、遥调、遥视。SCADA 系统如图 1-4-11 所示。

远程监控系统（SCADA）实现全线供电、电力设备的遥控、遥信、遥测及调度管理。

系统功能：电气设备控制；电气设备状态监视；电气设备故障报警；视频监测设备运行；故障区段自动隔离。

系统特点：世界上规模最大的综合 SCADA 集成系统；实现全线供电设备的控制、自诊断；达到供电智能化、自动化、网络化；设备冗余配置成熟可靠。

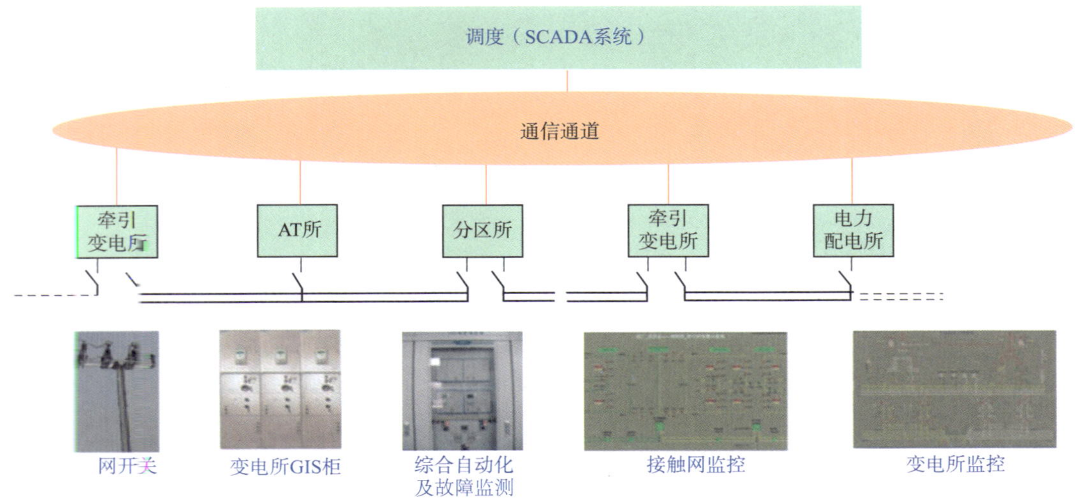

图 1-4-11　SCADA 系统示意图

三、工程构成

1. 牵引变电工程

牵引变电工程包括建筑、安装及调试工程。

建筑工程主要包括各类设备基础;安装工程主要包括架构、各类高低压设备、母线及绝缘子、防雷及接地装置、光电缆、屏柜及二次回路、交直流电源装置、综合自动化系统、辅助监控系统、远动装置、外电源通信保护装置等安装。与牵引变电所相关的工程还包括场坪及房屋工程。牵引变电工程完工后,分别对高压设备试验,对交直流装置、综合自动化系统、辅助监控系统、远动系统及所用电系统开展单体及系统调试。

主要设备如下:

(1)牵引变压器:牵引变电所内的核心设备,主要是将电力系统供给的 110 kV(或220 kV、330 kV)的三相电源变换成列车适用的 27.5 kV 单相电。牵引变压器如图 1-4-12 所示。

图 1-4-12　牵引变压器示例图

(2)自耦变压器:AT 供电方式所特有,是构成 AT 供电方式重要的设备。AT 变压器如图 1-4-13 所示。

图 1-4-13 AT 变压器示例图

(3)断路器:是一种开关设备,与保护装置、自动装置相配合,可将故障部分从系统中迅速切除。

(4)隔离开关:可将电气设备、线路和电源隔离开来的开关设备,具有明显可见的、距离足够的断口。220 kV 断路器如图 1-4-14 所示,27.5 kV 隔离开关如图 1-4-15 所示。

图 1-4-14 220 kV 断路器示例图

图 1-4-15 27.5 kV 隔离开关示例图

(5)互感器:将高电压、大电流变换成低电压、小电流,以供仪表、继电器等二次设备使用。将高电压和低电压可靠地隔离开来,以保障二次设备及人身的安全。220 kV 互感器如图 1-4-16 所示。

(6)避雷器:用于保护电气设备免受雷电等高瞬态过电压危害并限制续流时间,也常限制续流幅值。220 kV 避雷器如图 1-4-17 所示。

图 1-4-16　220 kV 互感器示例图

图 1-4-17　220 kV 避雷器示例图

(7)27.5 kV GIS 开关柜:将断路器、隔离开关、电压互感器、电流互感器、避雷器等所有设备集成在开关柜内部。27.5 kV GIS 开关柜如图 1-4-18 所示。

(8)综合自动化系统:具备测量、保护、控制、中央信号和管理功能,包括监控、继电保护和通信子系统。综合自动化系统如图 1-4-19 所示。

图 1-4-18　27.5 kV GIS 开关柜示例图

图 1-4-19　综合自动化系统示例图

2. 接触网工程

接触网工程包括建筑、安装及调整。

建筑工程包括支柱和基础、接触悬挂、附加导线、电分相、接地和回流引线、标志牌及号码牌等；安装工程包括隔离开关、避雷器及分段绝缘器的安装；接触网安装完成后，对导线高度、拉出值、各类绝缘间隙等参数进行调整，使之符合设计及相关标准要求。

（1）支撑装置：支持接触悬挂，并将其机械负荷传给支柱等固定结构物的装置。L 形腕臂支撑装置示意见图 1-4-20。

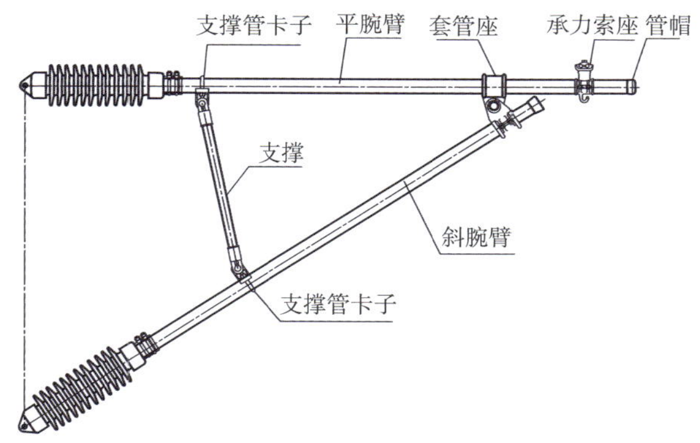

图 1-4-20　L 形腕臂支撑装置示意图

（2）定位装置：固定接触线的横向位置，使接触线水平定位在受电弓滑板运行轨迹范围内，保证接触线与受电弓不脱离，并使受电弓滑板磨耗均匀，同时将接触线的水平负载传给支持装置。L 形限位定位装置安装如图 1-4-21 所示。

（3）棘轮补偿装置如图 1-4-22 所示。

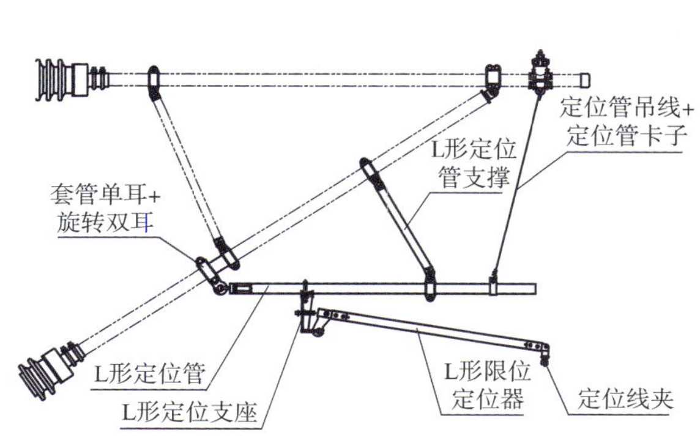

图 1-4-21　L 形限位定位装置安装示意图

图 1-4-22　棘轮补偿装置

（4）中心锚结装置如图 1-4-23 所示。

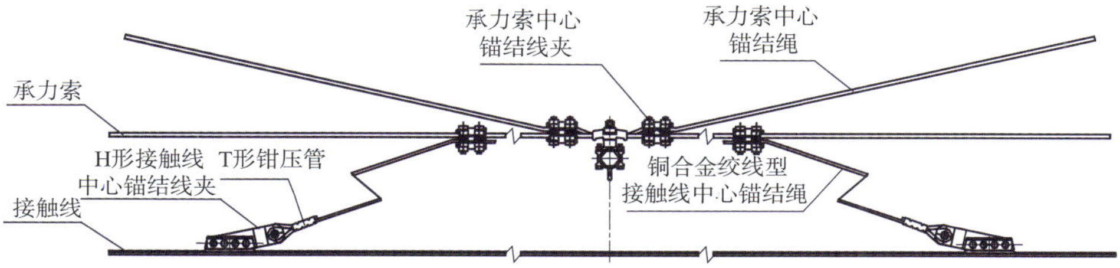

图 1-4-23　FD1、FD2 型中心锚结装置示意图

(5)整体吊弦、电连接如图 1-4-24 所示。

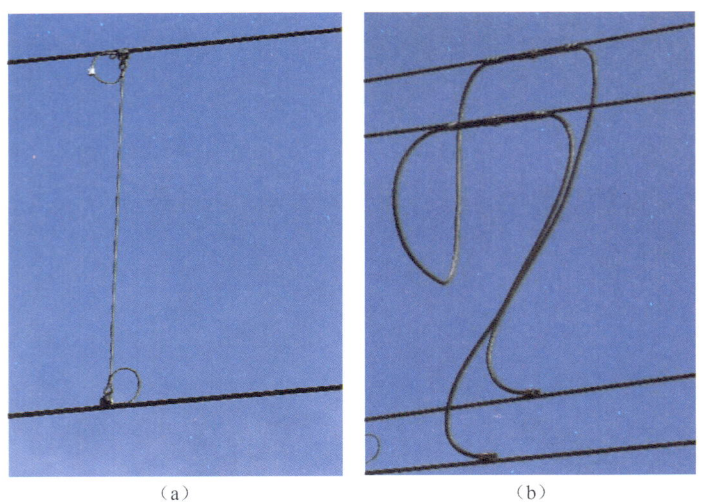

（a）　　（b）

图 1-4-24　整体吊弦、电连接示例图

(6)隔离开关及避雷器如图 1-4-25 所示。

图 1-4-25　隔离开关及避雷器示例图

(7)分段绝缘器如图 1-4-26 所示。

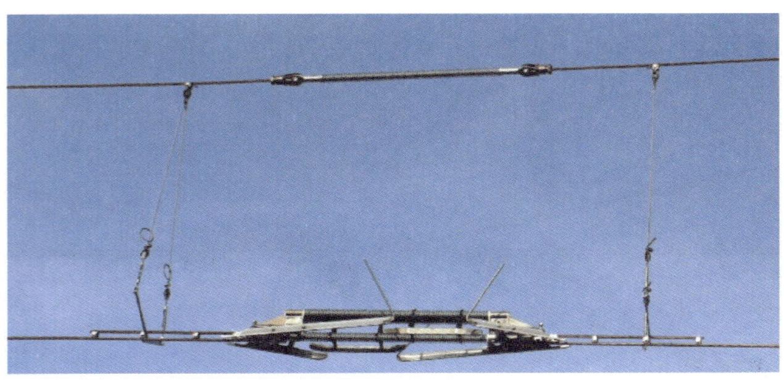

图 1-4-26　分段绝缘器示例图

3. 供电调度工程

供电调度工程包括设备安装及远动系统调试。

设备安装包括供电调度工作台、复视终端设备的安装、屏柜安装、接地及光电缆安装；调试包括调度所电调设备调试及调度所与现场被控设备间的调试(遥控、遥测、遥信、遥调、遥视)。

四、常见问题

(一)设计管理问题

1. 对现场牵引所的所址勘察不到位,存在所址位置不合理的问题。对现场污染源、现场的特殊气象及地质调查不细,导致接触网防风、防腐蚀、防寒、防异物、防雷、防污闪、防冻雨等措施不合理;对既有设施情况调查不到位,导致既有设置利用出现容量、设备不满足工程需要;对外部电源调查、与电力部门的配合不到位,导致在配电所共享牵引电源、牵引变电所外部电源电压等级、牵引变电所主接线等方面在实施阶段出现重大方案调整。

2. 设计深度不足,导致在初步设计批复中留下许多需要研究的问题。由于施工图设计与初步设计批复之间的时间较短,设计单位无法完成相关研究,导致施工图无法正常开展或仍然有问题无法解决无法确定技术方案,影响施工图的设计内容、深度及质量。

3. 违反规程规范

未得到相关批准,违反《铁路技术管理规程》和国铁集团文件规定,在牵引变电所、接触网接引特种变压器为非牵引负荷供电;不符合相关规程规范及文件规定,在接触网支柱上附挂通信泄漏电缆;高速铁路工程,隧道接触网采用后植锚栓固定不符合高逗铁路设计规范规定;客货共线 200 km/h 铁路,接触网采用的支柱类型、基础类型与相关规范不符;牵引变电所无道路或道路的标准不满足设计规范要求,有人值守的牵引所无生产生活设施。

4. 接触网与线路、桥梁、环保专业配合不细,接触网的补偿装置、隔离开关及操作机构箱与其他线路设置相互干扰,接触网隔离开关无检修作业平台或无法检修。

5. 牵引所缺少系统排水设计,导致电缆沟积水、场坪排水不畅。

6. 接触网工区设置不合理,导致维护抢修管理范围过大,不满足运营维修需要。

7. 既有线电气化改造或既有电气化增二线,既有接触网维持既有,导致无法满足运输需要。

8. 供电方案不合理:动车运用所和存车场供电方案不满足动车整备需要,高速铁路项目中的开闭所由上下行正线接引电源,导致开闭所在天窗点期间无法向其他负荷供电。

9. 设计缺乏枢纽的供电总体方案设计,供电方案缺乏总体规划和工期匹配理念,导致先开通的项目需要用后开通项目的牵引设施供电,增加了大量的电费、项目协调难度、电力部门配合难度。

10. 不按规定提供大临工程的施工图设计(包括过渡工程和临电工程)。

(二)接口管理问题

1. 接触网基础问题:顶面标高错误、螺栓材质不合格、未套丝,螺栓折断、歪斜,螺栓预埋外露不足或过长，螺栓间距错误、基础螺栓丝扣受损、螺栓锈蚀、基础限界超标，保护层厚度不够，未预留接地端子。隧道内预埋槽道质量不符合验收标准，槽道预埋尺寸错误，隧道顶未预留接地端子。车站雨棚预留接触网基础螺栓锈蚀，间距错误，焊接质量不满足要求。

2. 接触网下锚补偿装置与桥栏杆、声屏障安装冲突。

3. 接触网下锚补偿装置与CPⅢ桩位置冲突。

4. 隧道内吊柱或侧壁安装开关设备侵入建筑限界。

5. 不注意已架设接触网的成品保护，导致线索伤损。

6. 牵引变电电缆沟标高、沟深度错误，电缆沟积水或排水不畅浸泡电缆。

7. 变电所边坡护坡修筑不及时或不满足排水需要。

8. 变电所围墙地基下沉，一次设备基础下沉。

9. 隧道内分区所、AT所的渗漏水问题。

10. 隧道内AT所27.5 kV预埋过轨管施工错误。

（三）工程实施问题

1. 站前单位CPⅢ交桩滞后，影响接触网施工的测量预配等施工。

2. 进场原材料和电气设备的质量抽检不规范。

3. 接触网工厂化预配环节可追溯性不好，未实行实名制管理。

4. 接触网施工过程中未按温度曲线进行安装，附加线驰度过小，腕臂预偏不够，下锚补偿装置a、b值调试不满足要求。

5. 后置锚栓未进行拉拔力试验，缺少隐蔽工程记录。

6. 隧道口、站场咽喉区等地段，存在空气绝缘间隙不满足规范要求问题。

7. 接触网设备接地不规范，接地电阻不满足要求。

8. 接触网未经批准附挂通信漏缆。

9. 外部电源建设方面：牵引变电所四角坐标不能及时提供电力设计部门或所址位置发生变化后没有及时提交新的坐标位置；系统接入设计滞后；电源线路建设或间隔改造施工进度滞后，不能按预定节点工期提供两路电源；建设周期不同步，地方上级所建设规划时间不满足供电节点需求。

（四）静态验收问题

1. 站前预留接触网基础施工质量整改不到位。

2. 牵引所通所道路未完成，缺少生产生活用水。

3. 影响供电安全的树木砍伐不到位。

4. 供电工区建设和接触网作业车采购滞后。

5. 接触网补偿装置等与线路上的其他设施相互干扰。

6. 牵引所、变配电所、箱变的防洪、排水不合理。

7. 牵引所、变配电所的空调配置不符合要求。

8. 外部环境问题，如垃圾场、污染源等。

9. 上跨接触网的电力线路迁改滞后。

10. 供电设备质量和施工缺陷整改不彻底。

(五)动态验收问题

1. 少量接触网几何参数超标。
2. 牵引网短路试验中故障判别的误差超标。
3. 远动系统施工、调试滞后,尤其是箱变和综合工区电力设施,部分工点无法测试试验。

第二章　过程管控标准化

在四电工程建设管理中，建设单位对管理制度标准化、人员配备标准化、现场管理标准化、过程控制标准化提出明确要求；对技术标准、管理标准、作业标准等三大标准以及管理流程、作业流程等工作流程进行规范管理；组建标准化项目管理机构、建设标准化工地是标准化管理的有效载体；推广机械化、专业化、工厂化、信息化是标准化管理的支撑手段；保障质量、安全、工期、投资、环保和稳定的建设目标是标准化管理的基本任务。以上层级各有侧重、互相关联，从而构成了标准化管理的框架结构。

四电工程是以电流和信息的传输为纽带，经过安装、联结和调试，成为一个具备控制功能的整体，具备连贯性和不可分割性。从单个零部件的安装到整个系统的形成，是一个循序渐进和逐渐完善的过程，时间上贯穿首尾，空间上贯穿全线乃至其他线路，在建设过程中往往无法判定功能完整性，经过调试和验证后才能作出综合评价。

本章从四电工程建设全生命周期视角，对前期工作阶段、工程实施阶段、竣工验收阶段的重点工作任务进行描述；从建设单位的管理视角，对运营单位提前介入、风险管理、变更管理等进行专项介绍；从四电专业特色视角，对建设过程管控要点进行提炼。

第一节　管理基础

一、建设依据

建设全过程必须遵从国家相关法律、法规、规章、规范性文件等。

主要的相关法律、法规、规章有：《中华人民共和国铁路法》《中华人民共和国建筑法》《中华人民共和国职业病防治法》《中华人民共和国安全生产法》《中华人民共和国环境保护法》《中华人民共和国消防法》《建设工程质量管理条例》《铁路安全管理条例》《保障农民工工资支付条例》《保障中小企业款项支付条例》《建筑工程施工发包与承包违法行为认定查处管理办法》《建筑工人实名制管理办法（试行）》等。

主要的规范性文件有国家标准、行业标准、国铁企标、国家铁路局及国铁集团发布的文件、批复性文件等。

涉及的主要国家标准见表 2-1-1。

表 2-1-1　主要国家标准

序　号	名　　称	标准编号
1	工程测量标准	GB 50026—2020
2	铁路工程抗震设计规范	GB 50111—2006

续上表

序　号	名　　称	标准编号
3	电气装置安装工程接地装置施工及验收规范	GB 50169—2016
4	铁路工程基本术语标准	GB/T 50262—2013
5	建筑电气工程施工质量验收规范	GB 50303—2015
6	综合布线系统工程验收规范	GB/T 50312—2016
7	建筑物电子信息系统防雷技术规范	GB 50343—2012
8	建设工程计价设备材料划分标准	GB/T 50531—2009
9	施工企业安全生产管理规范	GB 50656—2011

涉及的主要铁道行业标准见表 2-1-2。

表 2-1-2　主要铁道行业标准

序　号	名　　称	标准编号
1	铁路通信设计规范	TB 10006—2016
2	铁路信号设计规范	TB 10007—2017
3	铁路电力设计规范	TB 10008—2015
4	铁路电力牵引供电设计规范	TB 10009—2016
5	铁路车辆运行安全监控系统设计规范	TB 10057—2021
6	铁路工程劳动安全与卫生设计规范	TB 10061—2019
7	铁路工程设计防火规范	TB 10063—2016
8	铁路数字移动通信系统(GSM-R)设计规范	TB 10088—2015
9	铁路防雷及接地工程技术规范	TB 10180—2016
10	铁路工程基本作业施工安全技术规程	TB 10301—2020
11	铁路通信、信号、信息工程施工安全技术规程	TB 10307—2020
12	铁路电力、电力牵引供电工程施工安全技术规程	TB 10308—2020
13	邻近铁路营业线施工安全监测技术规程	TB 10314—2021
14	铁路通信工程施工质量验收标准	TB 10418—2018
15	铁路信号工程施工质量验收标准	TB 10419—2018
16	铁路电力工程施工质量验收标准	TB 10420—2018
17	铁路电力牵引供电工程施工质量验收标准	TB 10421—2018
18	铁路数字移动通信系统(GSM-R)工程检测规程	TB 10430—2014
19	铁路图像通信工程检测规程	TB/T 10431—2019
20	铁路通信承载网工程检测规程	TB/T 10432—2023
21	铁路列车调度指挥系统及调度集中系统工程检测规程	TB/T 10435—2020
22	铁路计算机联锁工程检测规程	TB/T 10436—2021
23	铁路列车运行控制系统工程检测规程	TB/T 10437—2021
24	铁路工程环境保护设计规范	TB 10501—2016

续上表

序 号	名 称	标准编号
25	高速铁路工程测量规范	TB 10601—2009
26	高速铁路设计规范	TB 10621—2014
27	城际铁路设计规范	TB 10623—2014
28	高速铁路通信工程施工质量验收标准	TB 10755—2018
29	高速铁路信号工程施工质量验收标准	TB 10756—2018
30	高速铁路电力工程施工质量验收标准	TB 10757—2018
31	高速铁路电力牵引供电工程施工质量验收标准	TB 10758—2018
32	高速铁路工程静态验收技术规范	TB 10760—2021
33	高速铁路工程动态验收技术规范	TB 10761—2013
34	铁路工程工程量清单规范	TZJ 1006—2020

涉及的国铁集团企业标准见表 2-1-3。

表 2-1-3 国铁集团企业标准

序 号	名 称	发布文号/标准编号
1	铁路工程施工组织设计规范	Q/CR 9004—2018
2	铁路建设工程风险管理技术规范	Q/CR 9006—2014
3	铁路工程接口设计指南	Q/CR 9160—2022
4	铁路建设项目现场管理规范	Q/CR 9202—2015
5	铁路通信、信号、电力、电力牵引供电施工机械配置技术规程	Q/CR 9228—2015
6	铁路电力牵引供电及电力工程智能建造技术指南	Q/CR 9257—2023
7	铁路通信信号工程智能建造技术指南	Q/CR 9258—2023
8	高速铁路通信工程细部设计和工艺质量标准	Q/CR 9520—2018
9	高速铁路信号工程细部设计和工艺质量标准	Q/CR 9521—2018
10	高速铁路电力工程细部设计和工艺质量标准	Q/CR 9522—2018
11	高速铁路电力牵引供电工程细部设计和工艺质量标准	Q/CR 9523—2018
12	高速铁路通信工程施工技术规程	Q/CR 9606—2015
13	高速铁路信号工程施工技术规程	Q/CR 9607—2015
14	高速铁路电力工程施工技术规程	Q/CR 9608—2015
15	高速铁路电力牵引供电工程施工技术规程	Q/CR 9609—2015
16	铁路路基电缆槽	通路〔2010〕8401
17	铁路综合接地系统	通号〔2016〕9301
18	铁路信号标志(第二分册:高速铁路信号标志)	通线〔2016〕8425—Ⅱ

涉及的国家铁路局及国铁集团发布的主要文件见表 2-1-4。

表 2-1-4　国家铁路局及国铁集团发布的文件

序　号	名　　称	发布文号/标准编号
1	铁路信号设备雷电及电磁兼容综合防护实施指导意见	铁运〔2006〕26 号
2	站内轨道电路分路不良整治实施指导意见	运基信号〔2008〕504 号
3	关于铁路建设项目实施阶段材料价差调整的指导意见	铁建设〔2009〕46 号
4	关于加强施工单位资金流向监管的指导意见	铁财〔2011〕24 号
5	关于印发《电气化区段道岔交流转换设备外壳设置接地线测试报告评审意见》的通知	运电信号函〔2012〕145 号
6	高速铁路竣工验收办法	铁建设〔2012〕107 号
7	铁路建设项目变更设计管理办法	铁建设〔2012〕253 号
8	中国铁路总公司关于进一步加强《客专工程桥梁地段综合贯通地线防盗工作》的通知	铁总运〔2013〕64 号
9	中国铁路总公司关于深化铁路建设项目标准化管理的指导意见	铁总建设〔2013〕193 号
10	国家铁路局关于公布《铁路产品认证目录》的通知	国铁科法〔2014〕30 号
11	中国铁路总公司铁路专用产品认证管理办法	铁总科技〔2014〕135 号
12	列控数据管理暂行办法	铁总运〔2014〕246 号
13	铁路通信铁塔管理办法	铁总运〔2014〕270 号
14	铁路建设项目安全生产管理办法	铁总建设〔2014〕168 号
15	铁路建设项目标准化管理绩效考核实施办法	铁总建设〔2014〕280 号
16	铁路建设项目工程质量管理办法	铁总建设〔2014〕292 号
17	铁路 GSM-R 数据管理办法	铁运〔2015〕32 号
18	CTCS-2/3 级列控车载设备维护管理办法	铁总运〔2015〕57 号
19	远距离三相交流道岔表示故障研讨会议纪要	运电信号函〔2015〕443 号
20	中国铁路总公司铁路建设管理办法	铁总建设〔2015〕78 号
21	铁路建设项目施工作业指导书编制办法	铁总建设〔2015〕188 号
22	铁路信息系统运行维护管理办法	铁总运〔2016〕55 号
23	中国铁路总公司运输局关于做好《铁路数据通信网网络安全专项整治工作》的通知	运电通信函〔2016〕123 号
24	关于发布《设计时速 200 公里以上铁路区间线路视频监控设置》有关补充标准的通知	铁总建设〔2016〕18 号
25	铁路建设项目工程接口管理办法	铁总工管〔2016〕99 号
26	提前介入铁路建设项目管理工作的指导意见	铁总办〔2017〕320 号
27	铁路建设项目职业病防治工作指南	铁总办劳卫〔2017〕130 号
28	关于高铁转辙机防水罩有关事宜的通知	运电高信电〔2017〕1822 号
29	规范铁路建设项目施工企业作业队管理的指导意见	铁总建设〔2017〕24 号
30	铁路建设项目质量安全红线管理规定	铁总建设〔2017〕310 号

续上表

序　号	名　　称	发布文号/标准编号
31	铁路工程建设失信行为认定记录公布管理办法	国铁工程监〔2018〕76 号
32	中国铁路总公司铁路专用产品认证采信目录	铁总科信〔2018〕196 号
33	中国铁路总公司关于开展《ZPW-2000A 站内一体化轨道电路绝缘破损防护安全专项整治》工作的通知	铁总工电函〔2018〕346 号
34	中国铁路总公司关于做好高速铁路开通达标评定工作的通知	铁总建设〔2018〕57 号
35	铁路建设项目施工企业信用评价办法	铁总建设〔2018〕124 号
36	中国铁路总公司关于印发《铁路建设项目"四电"系统集成甲供物资目录》的通知	铁总物资〔2018〕91 号
37	国铁集团工电部关于《高铁信号防雷设施整治补强》的通知	工电通号电〔2019〕72 号
38	铁路建设项目施工专业分包管理办法	铁建设〔2019〕16 号
39	铁路建设项目技术交底管理办法	铁总建设〔2019〕72 号
40	中国铁路总公司建设管理部关于高速铁路建设项目开工标准化工作的通知	建建函〔2019〕29 号
41	铁路计量管理办法	国铁科法规〔2020〕60 号
42	国家铁路局关于发布《铁路工程标准施工招标资格预审文件》和《铁路工程标准施工招标文件》的公告	国铁工程监〔2020〕50 号
43	关于规范开展高速铁路项目依法开通工作的实施办法	铁办〔2020〕82 号
44	国铁集团关于印发《高速铁路"强基达标、提质增效"工程各系统标准》的通知	铁运〔2020〕130 号
45	国铁集团关于开展《高铁信号设备安全专项整治工作》的通知	工电通号函〔2020〕98 号
46	铁路建设项目安全风险管理办法	铁建设〔2020〕182 号
47	铁路营业线安全施工管理办法	国铁运输监〔2021〕31 号
48	国铁集团铁路营业线施工管理办法	铁调〔2021〕160 号
49	国铁集团工电部关于开展《信号机械室电缆接地、消防设施专项整治》的通知	工电通号电〔2021〕21 号
50	国铁集团工电部关于印发《列控系统网络安全管理指导意见》的通知	工电通号函〔2021〕24 号
51	国铁集团工电部关于开展《电缆成端阻燃材料电缆成端补强专项整治》的通知	工电通号函〔2021〕30 号
52	高速铁路联调联试及运行试验管理办法	铁工管〔2021〕119 号
53	国铁集团关于印发《铁路信号产品运用管理办法》的通知	铁工电〔2022〕41 号
54	铁路基本建设项目投资管理办法	铁发改〔2022〕123 号
55	铁路建设项目首件工程评估管理办法	铁办工管〔2022〕26 号
56	国铁集团工电部关于加强《铁路信号电源系统设备技术管理》的通知	工电通号电〔2022〕254 号
57	铁路建设项目竣工文件编制移交办法	铁建设〔2022〕7 号
58	铁路运输基础设备生产企业审批实施细则	国铁设备监规〔2023〕8 号
59	铁路通信铁塔管理办法	TG/TX 205—2014

涉及的主要批复性文件见表 2-1-5。

表 2-1-5　主要批复性文件

序　号	名　　称	序　号	名　　称
1	可行性研究报告	6	联调联试大纲
2	初步设计	7	静动态验收申请批复
3	施工图设计	8	环境影响评价
4	指导性施组	9	其他必要的专题批复文件
5	Ⅰ类变更		

二、管理机构

四电工程建设过程中，理清各相关行政主管机构对本建设项目参与管理、监督和指导的工作界面与内容，包括管辖物理界面和职责范围，以及各管理机构及其机构设置情况等，部分关联单位提供支持与配合或直接参与建设。

需对接的指导管理机构有：

1. 国家铁路局

监督、指导和支持工程建设，批复 GSM-R 通信系统无线电频率许可。

2. 国铁集团

监督、指导和管理工程建设。

3. 地方行政主管部门

主管征地拆迁、三电迁改、市政配套、消防验收、环水保监管验收、外部环境整治等工作。

4. 工程监督方

视项目可行性研究报告原批复单位不同，国家铁路局、国铁集团或地方政府指定区域工程监督方，对工程建设过程实施监督管理。

5. 运营单位

参与可研、初设、施工图及相关技术方案审查工作；负责提前介入、验收及运营工作。

6. 电网公司

组织牵引外电源建设。

7. 无线电管理机构

负责发放无线台站执照。

三、管理制度

标准化管理体系建设中，管理制度标准化是一项重要组成内容，建设单位通过对内部与参建单位提出要求，规范人员配备、现场管理、过程控制管理。管理制度的建立，按照国家铁路局、国铁集团、地方行政主管的要求和部署执行或者在上级文件的框架内，根据项目实际情况完善管理体系及制度。

（一）建设单位管理制度

以京津冀城际铁路投资有限公司的管理制度为例，其主要制度清单见表 2-1-6。

表 2-1-6　建设单位管理制度清单

序　号	制度名称	文　　号
行政管理		
1	制度管理办法	京津冀铁投管字〔2021〕13 号
2	公文处理办法	京津冀铁投管字〔2021〕16 号
3	印章管理办法	京津冀铁投管字〔2021〕14 号
4	办公用品管理办法	京津冀铁投战略字〔2021〕7 号
5	公务用车配备使用管理办法	京津冀铁物〔2021〕32 号
6	会议管理办法	京津冀铁综〔2021〕33 号
7	消防安全管理办法	京津冀铁综〔2021〕29 号
8	档案管理办法	京津冀铁综〔2021〕15 号
9	声影像档案形成与归档管理办法	京津冀铁投战略字〔2019〕6 号
10	铁路建设用地征地拆迁竣工文件地籍档案管理办法	京津冀铁投战略字〔2019〕6 号
11	三电迁改及综合管线改移工程竣工文件形成编制要求	京津冀铁投战略字〔2019〕6 号
12	竣工文件形成编制立卷归档管理办法	京津冀铁投战略字〔2019〕6 号
13	网络安全管理办法	京津冀铁综〔2021〕14 号
14	信息系统故障应急处置和调查处理实施细则	京津冀铁综〔2022〕46 号
15	维护稳定工作管理办法	京津冀铁综〔2022〕29 号
16	突发事件应急预案	京津冀铁综〔2022〕30 号
17	保密管理办法	京津冀铁投综管〔2016〕5 号
18	信息管理办法	京津冀铁投综管〔2016〕7 号
19	法律事务管理办法	京津冀铁法〔2021〕1 号
20	合同管理实施办法	京津冀铁法〔2021〕2 号
21	法律纠纷案件管理办法	京津冀铁法〔2021〕8 号
人力资源管理		
22	劳动合同管理办法	京津冀铁投管字〔2021〕11 号
23	组织绩效考核办法	京津冀铁人〔2022〕20 号
24	员工绩效考核办法	京津冀铁人〔2022〕21 号
25	工资管理办法	京津冀铁人〔2022〕9 号
26	教育培训管理办法	京津冀铁人〔2022〕24 号
27	劳动用工管理办法	京津冀铁人〔2022〕23 号
28	“管理”和“技术”双序列管理办法	京津冀铁投战略字〔2020〕16 号
29	铁路建设管理人员责任追究办法	京津冀铁人〔2021〕12 号
30	考勤管理办法	京津冀铁人〔2022〕22 号
计划财务(投资融资)管理		
31	财务管理规定	京津冀铁投计财〔2016〕3 号
32	财务预算管理规定	京津冀铁投计财〔2016〕2 号

续上表

序　号	制度名称	文　　号
计划财务（投资融资）管理		
33	会计核算办法	京津冀铁投计财〔2016〕4 号
34	货币资金管理办法	京津冀铁投计财〔2016〕6 号
35	发票及收据管理办法	京津冀铁投计财〔2016〕10 号
36	费用报销管理办法	京津冀铁财〔2021〕3 号
37	差旅费管理办法	京津冀铁投管字〔2021〕9 号
38	业务招待费管理办法	京津冀铁投管字〔2021〕12 号
39	账户管理办法	京津冀铁财〔2022〕35 号
40	科研经费管理办法	京津冀铁财〔2022〕43 号
41	铁路建设项目计划统计管理办法	京津冀铁投管字〔2021〕15 号
42	铁路建设项目招标投标管理办法	京津冀铁财〔2023〕19 号
43	非招标方式采购管理办法	京津冀铁投管字〔2021〕8 号
44	招标代理机构备选库管理和选定办法	京津冀铁财〔2023〕20 号
45	投资管理办法	京津冀铁投融资〔2016〕1 号
46	融资管理办法	京津冀铁投融资〔2016〕2 号
47	资金风险预警管理办法	京津冀铁投融字〔2021〕3 号
发展规划管理（设计管理）		
48	转发《铁路建设项目勘察设计管理办法》	京津冀铁投规字〔2021〕17 号
49	转发国铁集团《铁路线路、车站、桥渡隧名称管理办法》	京津冀铁投运字〔2021〕1 号
50	转发国铁集团《中国国家铁路集团有限公司委托运输管理办法》	京津冀铁投运字〔2021〕2 号
51	转发中国国家铁路集团有限公司《高速铁路联调联试及运行试验管理办法》	京津冀铁规〔2021〕7 号
52	转发中国铁路北京局集团有限公司《高速铁路联调联试及运行试验实施细则》	京津冀铁规〔2021〕9 号
53	科研管理办法	京津冀铁规〔2022〕5 号
工程管理		
54	转发中国铁路总公司《铁路建设管理办法》	京津冀铁投工字〔2021〕15 号
55	施工组织设计管理办法	京津冀铁工〔2022〕70 号
56	转发中国铁路总公司《铁路建设项目施工图审核管理办法》	京津冀铁投工字〔2021〕23 号
57	转发《铁路建设项目标准化管理绩效考评实施办法》	京津冀铁投工字〔2021〕19 号
58	转发《铁路建设工程调度管理办法》	京津冀铁投工字〔2021〕29 号
59	转发中国铁路总公司《铁路建设项目工程接口管理办法》	京津冀铁投工字〔2021〕16 号
60	转发国铁集团《铁路建设项目施工图审核评价办法》	京津冀铁工〔2023〕21 号
61	铁路建设项目变更设计管理办法	京津冀铁工〔2022〕75 号
62	转发中国铁路总公司《铁路建设项目勘察设计单位施工图评价办法》	京津冀铁投工字〔2020〕38 号
63	铁路建设项目首件工程评估实施细则	京津冀铁工〔2022〕74 号

续上表

序　号	制度名称	文　　号
工程管理		
64	铁路工程管理平台管理办法	京津冀铁投工字〔2017〕18 号
65	转发中国铁路总公司《铁路建设项目施工企业信用评价办法》	京津冀铁投工字〔2020〕38 号
66	铁路建设工程技术管理办法	京津冀铁投工程(2016)2 号
67	铁路建设项目文物保护管理办法	京津冀铁投工程〔2016〕10 号
68	铁路建设项目接口预留工程验收移交管理程序	京津冀铁投工字〔2018〕21 号
69	铁路建设工程征地拆迁管理办法	京津冀铁投工字〔2019〕11 号
70	铁路建设项目开工报告管理办法	京津冀铁工〔2022〕71 号
71	铁路建设项目重大施工技术方案审查管理办法	京津冀铁工〔2022〕72 号
72	铁路建设项目专家治理制度	京津冀铁工〔2022〕73 号
物资设备管理		
73	物资设备管理办法	京津冀铁物〔2021〕10 号
74	甲供物资设备采购计划管理实施细则	京津冀铁物〔2021〕11 号
75	甲供物资设备采购供应实施细则	京津冀铁物〔2021〕12 号
76	物资供应商信用评价管理办法	京津冀铁物〔2021〕13 号
77	通用物资采购管理办法	京津冀铁物〔2022〕19 号
78	转发中国国家铁路集团有限公司《物资管理办法》	京津冀铁投物字〔2021〕2 号
79	转发中国国家铁路集团有限公司《物资采购管理办法》	京津冀铁投物字〔2021〕2 号
80	转发国铁集团《甲供物资采购计划管理办法》	京津冀铁投物字〔2021〕2 号
81	转发中国铁路总公司《铁路建设物资采购供应管理办法》	京津冀铁投物字〔2021〕2 号
82	转发中国铁路总公司《管理甲供物资采购供应实施细则》	京津冀铁投物字〔2021〕2 号
83	转发中国铁路总公司《铁路物资目录管理办法》	京津冀铁投物字〔2021〕2 号
84	转发中国铁路总公司《铁路建设项目甲供物资目录》	京津冀铁投物字〔2021〕2 号
85	转发中国铁路总公司《铁路运营物资采购管理目录》	京津冀铁投物字〔2021〕2 号
86	转发中国国家铁路集团有限公司《产品质量抽查管理办法》	京津冀铁投物字〔2021〕6 号
87	转发国铁集团《国铁企业物资管理监督检查办法》	京津冀铁投物字〔2021〕2 号
88	转发国铁集团《铁路局集团公司物资管理绩效评价办法》	京津冀铁投物字〔2021〕2 号
89	转发中国铁路总公司《物资供应商信用评价管理办法》	京津冀铁投物字〔2021〕2 号
90	转发国铁集团《铁路物资信息系统管理办法》	京津冀铁物〔2021〕21 号
91	转发国铁集团《铁路物资调剂管理办法》	京津冀铁投物字〔2021〕2 号
92	转发国铁集团《铁路物资标准化采购文件》	京津冀铁物〔2022〕16 号
93	转发中国国家铁路集团有限公司《物资廉洁风险防控管理办法》	京津冀铁物〔2023〕15 号
安全质量管理		
94	铁路建设项目安全生产管理办法	京津冀铁投战略字〔2021〕2 号
95	铁路建设项目生产安全事故应急预案	京津冀铁安〔2021〕41 号
96	安全生产责任制规定	京津冀铁安〔2021〕10 号

续上表

序　号	制度名称	文　　号
安全质量管理		
97	安全生产委员会工作规则	京津冀铁投战略字〔2021〕2 号
98	铁路建设工程安全风险管理及隐患问题排查治理双重预防实施暂行办法	京津冀铁投战略字〔2021〕2 号
99	转发中国铁路北京局集团有限公司《营业线施工安全管理实施细则》	京津冀铁安〔2021〕56 号
100	铁路建设项目质量安全红线管理办法	京津冀铁投战略字〔2021〕2 号
101	铁路建设项目环境保护、水土保持管理办法	京津冀铁安〔2021〕11 号
102	铁路建设项目工程质量第三方检测管理办法	京津冀铁投安字〔2021〕59 号
103	转发中国铁路总公司《铁路建设项目监理工作管理办法》	京津冀铁投安字〔2021〕45 号
104	转发中国铁路总公司《铁路建设项目监理企业信用评价办法》	京津冀铁投工字〔2020〕38 号
105	安全质量行为日常考核处理办法	京津冀铁投安质〔2017〕4 号
106	铁路建设失职行为追究管理办法	京津冀铁安〔2022〕7 号
108	铁路建设项目工程质量管理办法	京津冀铁安〔2022〕34 号
109	铁路建设项目工程线施工安全管理办法	京津冀铁安〔2022〕35 号
110	转发中国国家铁路集团有限公司《铁路建设项目质量安全内部监督管理办法》	京津冀铁安〔2022〕42 号
111	管理人员安全风险工点包保办法	京津冀铁安〔2022〕72 号
112	铁路建设工程"三全"检查制度	京津冀铁安〔2022〕72 号
113	转发国铁集团《铁路护路巡防管理办法》	京津冀铁安〔2022〕112 号
经营开发管理		
114	土地综合开发实施管理办法	京津冀铁经〔2021〕1 号
115	土地资产占用管理办法	京津冀铁经〔2021〕2 号
116	城际铁路多经资源管理办法	京津冀铁投开发〔2016〕3 号

(二)参建单位管理制度

参建单位以施工单位的管理制度为例，对管理制度标准化进行要求，主要包含质量、安全环保、技术、综合、物资设备、计财、科技创新、进度、征拆等方面，在实施中做到严格执行，确保体系运转良好。

1. 质量管理

质量管理的主要制度清单见表 2-1-7。

表 2-1-7　质量管理制度清单

序　号	制度名称	序　号	制度名称
1	质量责任制度	5	质量实名制制度
2	质量安全红线管理实施制度	6	隐蔽工程检查制度
3	首件定标制度	7	质量例会制度
4	首件工程评估制度	8	施工检验制度

续上表

序　号	制度名称	序　号	制度名称
9	质量检查申报签认制度	17	质量回访保修制度
10	产品(成品)保护制度	18	工程创优制度
11	不合格控制及预防制度	19	质量奖惩制度
12	验收交接制度	20	施工工艺流程设计试验制度
13	质量事故报告和调查处理制度	21	设备开箱检验制度
14	工程(产品)质量问题管理制度	22	工程项目问题库管理办法
15	质量损失管理制度	23	接触网预配车间工作制度
16	质量管理小组活动管理办法		

2. 安全环保管理

安全环保管理的主要制度清单见表 2-1-8。

表 2-1-8　安全环保管理制度清单

序　号	制度名称	序　号	制度名称
1	安全生产责任制	14	施工用电安全管理制度
2	安全生产风险分级管控和重大危险源管理制度	15	事故灾难应急管理制度
3	安全教育培训制度	16	意外伤害保险制度
4	安全技术交底制度	17	安全生产事故报告和调查处理制度
5	特种设备及特种作业人员安全管理制度	18	职业病防治管理制度
6	环境保护管理制度	19	安全例会制度
7	安全生产检查制度	20	安全奖惩制度
8	危险岗位书面告知制度	21	安全生产资金投入管理制度
9	“三同时”“五同时”制度	22	安全事故隐患排查治理管理制度
10	铁路营业线施工安全管理制度	23	劳动防护用品管理制度
11	消防管理制度	24	安全标志使用管理制度
12	铁路工程线施工安全管理制度	25	安全生产标准化自评管理制度
13	道路交通安全管理制度	26	特殊季节特殊环境施工安全管理制度

3. 技术管理

技术管理的主要制度清单见表 2-1-9。

表 2-1-9　技术管理制度清单

序　号	制度名称	序　号	制度名称
1	项目实施策划管理制度	5	施工调查制度
2	施工组织设计及专项方案编制审核审批制度	6	工程测量制度
3	集成设计管理制度	7	施工图核对制度
4	施工技术标准管理制度	8	施工技术交底制度

续上表

序　号	制度名称	序　号	制度名称
9	开工报告申请制度	17	牵引供电冷滑热滑实验制度
10	作业指导书编制制度	18	牵引变电所受电开通管理制度
11	危险性较大的分部分项工程安全管理制度	19	营业线施工开通管理制度
12	变更设计管理制度	20	联调联试施工组织管理制度
13	过渡工程管理制度	21	联调联试期间安全管理制度
14	接口管理制度	22	工程技术资料管理制度
15	工程调度管理制度	23	工程技术总结制度
16	系统集成项目联调联试管理制度	24	内业资料管理制度

4. 综合管理

综合管理的主要制度清单见表 2-1-10。

表 2-1-10　综合管理制度清单

序　号	制度名称	序　号	制度名称
1	部门及岗位职责	14	车辆管理制度
2	工程例会制度	15	重大事项请示报告制度
3	日志制度	16	文明施工制度
4	架子队管理制度	17	文物保护制度
5	施工现场临时设施管理制度	18	保密工作制度
6	作业队管理制度	19	文档管理制度
7	项目分包管理制度	20	印章管理制度
8	劳务分包现场管理制度	21	宣传报道工作制度
9	分包企业考核评价制度	22	廉政建设管理制度
10	固定资产管理制度	23	项目信息化工作管理制度
11	培训制度	24	工程保险管理制度
12	食堂宿舍管理制度	25	信用评价管理制度
13	考核制度		

5. 物资设备管理

物资设备管理的主要制度清单见表 2-1-11。

表 2-1-11　物资设备管理制度清单

序　号	制度名称	序　号	制度名称
1	设备基础管理制度	5	自轮运转设备管理制度
2	设备采购管理制度	6	物资采购管理制度
3	设备租赁管理制度	7	材料进场验收检验制度
4	机械设备进场管理制度	8	物资储存搬运及发放管理制度

续上表

序　号	制度名称	序　号	制度名称
9	物资内业及信息化管理制度	13	试验检测管理制度
10	物资消耗核算管理制度	14	施工场所安全检查检验仪器工具配备管理制度
11	供应商信用评价管理制度	15	废旧物资剩余材料管理制度
12	商品混凝土使用管理制度		

6. 计财管理

计财管理的主要制度清单见表 2-1-12。

表 2-1-12　计财管理制度清单

序　号	制度名称	序　号	制度名称
1	财务管理制度	5	支付管理制度
2	合同管理制度	6	变更索赔管理制度
3	责任成本管理制度	7	农民工工资支付管理制度
4	工程项目对外价款结算管理制度		

7. 科技创新管理

科技创新管理的主要制度为科技创新管理制度。

8. 进度管理

进度管理的主要制度为工程进度管理制度和工期管理制度。

9. 征拆管理

征拆管理的主要制度为征地拆迁管理制度。

四、建设目标

建设单位开展标准化管理，制定建设管理目标，具体包括总体目标、工期目标、质量目标、安全目标、投资完成目标、环境保护目标和创新目标等。

五、工程范围

1. 里程划分

建设项目审核批复后，应首先明确工程项目的行政省、铁路局集团公司、相邻建设单位的各专业工程分界点设计里程、工作内容、包含的专业等。

2. 管理界面划分

参与建设各方的界面有：铁路公司与下设建设管理机构的管理界面；业主单位与代建单位的分工界面；四电、土建与房建专业设计院分工界面；不同的参与各方监督单位、审批单位、建设单位、咨询单位、设计单位、监理单位、施工单位、第三方检测单位、验收单位、运营单位、征拆主体单位、外部接口配合单位的职责界面等。

六、机构配置

根据《关于建设单位进一步加强铁路建设项目前期工作的意见》（铁总建设〔2014〕320

号)要求,建设单位应按批准编制配齐配强建设管理人员。人员配置和相关职责应符合《国铁集团关于改革规范国铁控股合资铁路公司机构设置及人员编制的实施意见》(铁劳卫〔2021〕93号)、《国铁集团党组办公室关于国铁集团重点监管的铁路公司(建设)领导人员岗位职责和内设机构主要职责的指导意见》(铁办劳卫函〔2021〕133号)的规定。

(一)建设单位

建设单位是建设项目的组织实施机构,按照批准的建设规模、技术标准、建设工期和投资,组织工程项目建设,实现项目建设目标,对质量、安全、工期、投资、环保、稳定等全面负责。

机构配置要求在可行性研究报告批复后,建设单位人员应全部到位,全面负责初步设计及外部协调工作。主要工作职责与内容如下:

1. 办理:可行性研究、初步设计批复前置要件,开工手续,资金拨付与结算,资产移交或维管交接,文件归档和档案移交等。

2. 筹集:建设资金。

3. 编制:指导性施工组织设计,建设期内滚动投资计划和年度投资计划等。

4. 组织:施工图设计,设计交底,甲供物资招标,首件工程实施和评估,安全、质量检查,营业线施工安全培训,考核和信用评价等。

5. 审查:施工图、变更设计、实施性施工组织设计、技术规格书、作业指导书、专项施工方案和工艺标准等。

6. 委托:施工图审核、第三方检测、第三方审价等。

7. 协调:相关各方关系,解决现场问题。

8. 配合:提前介入、静动态验收、安全评估、初步验收、正式验收等。

(二)勘察设计单位

勘察设计单位是勘察设计质量的责任主体,必须依法进行建设工程勘察设计,严格执行工程建设强制性标准。

机构配置要求按合同约定组建设计团队和现场设计配合机构和人员。

主要工作职责与内容如下:

1. 组织:地质勘探、现场调查检验审核等。

2. 编制:施工图设计文件、甲供物资技术规格书、列控工程数据表、变更设计文件、质量问题整改方案、临时过渡方案等。

3. 参加:指导性施组编制、施工定测、重点工程检查、重大方案研究、设计交底、技术交底、关键接口、现场配合等。

4. 配合:事故调查、系统调试和竣工验收等。

(三)施工图审核单位

职责与主要工作:按照合同约定,审核施工图设计原则、设计方案、工程量清单、施工图预算、Ⅰ类及Ⅱ类变更设计等,开展现场核对,编制施工图审核报告,配合建设单位开展施工图审核报告审查等。

(四)监理单位

监理单位依照法律、行政法规及设计文件和有关的标准规范,依据合同约定开展工程质量、安全、投资、环保等建设管理监督。

机构配置要求按照合同约定和“监理项目部—监理组”管理模式组建现场监理机构，配备具有良好职业道德、专业技术水平、组织协调能力、独立解决现场问题能力的专业监理工程师及其他监理人员。

主要工作职责与内容如下：

1. 审核：设计文件、施工复测、实施性施组、开工报告、工艺试验、专项施工方案、验工计价、工程数量、变更设计文件等。

2. 编写：监理规划、监理实施细则、监理总结等。

3. 组织：检验批、分项、分部、单位工程质量检查验收，问题整改等。

4. 检查：物资设备进场、关键工序、施工质量、安全体系运行、施工行为、隐蔽工程质量、影像资料等。

5. 参加：技术交底、安全交底、工程协调会等。

6. 签发：开复工令、监理通知单等。

（五）施工单位

施工单位是施工质量和安全的责任主体，必须执行国家有关质量、安全、环境保护等法律法规，接受相关部门依法进行的监督、检查。

机构配置要求按照合同约定，组建现场管理机构，配备优秀的项目经理、项目管理人员、工程技术人员、施工作业队伍和机械设备。

主要工作职责与内容如下：

1. 组织：施工图核对、施工调查、逐级交底、工程实施等。

2. 编制：实施性施工组织设计、自购物资技术规格书、作业指导书、专项施工方案、管理制度、保护方案、防护措施、竣工资料等。

3. 落实：责任制、交底到一线、现场文明施工、质量安全管理等。

4. 配合：设计交底、检查、验收等。

（六）第三方检测单位

具有专业检测资质，受建设单位委托对专项施工内容进行独立检测，并出具专业的检测报告，如通信铁塔检测、通信系统功能性能检测等。

第二节　前期工作

本节所述前期工作包含立项决策和勘察设计两个阶段。

立项决策阶段，依据中长期铁路网和铁路建设规划，对拟建项目进行预可行性研究，编制项目建议书；根据批准的项目建议书，在初测基础上进行可行性研究，编制可行性研究报告。项目建议书和可行性研究报告按规定报批。

勘察设计阶段，根据批准的可行性研究报告，在定测基础上开展初步设计。初步设计经审查批准后，开展施工图设计和审核工作。

一、总体要求

建设单位应组织完成如下工作：

1. 组织或参与项目立项决策、初步设计等，组织初步设计文件初审。

2. 应积极组织办理用地预审、环境评价、水土保持、文物调查、建设规划许可、地震安全、压覆矿、防洪评估、通航论证、节能评估、综合开发方案研究等前期工作，加快推进项目进程。

3. 组织设计单位编制施工组织方案意见和施工组织设计意见。

4. 以已批复的可行性研究报告、初步设计确定的技术标准和建设规模为依据，重点审查：

(1)设计方案点线能力是否匹配、运输组织是否先进合理、设备选用配置是否合理、既有设备是否得到合理利用、新建工程与既有设备是否协调、接口及综合管线布置是否合理有效、运输安全措施是否得当、接轨站设计方案是否合理、过渡工程是否合理、工程概算计算是否有错误或遗漏等；

(2)设计文件组成内容是否齐全，深度是否符合编制规定，是否执行上阶段批复意见。

5. 组织完成施工图设计和审核工作，完善施工图审核报告。

6. 施工图设计完成后，运营单位进行施工图预审，形成运营单位预审意见；建设单位向工管中心报送施工图审核报告时，应附运营单位施工图审核意见，并说明意见的处理情况。

7. 协调取得国铁集团对施工图的批复，组织相关单位闭合批复意见，核备施工图预算。

二、管控要点

建设单位应重点关注如下工作：

1. 对房屋规模和标准、通信信号、电力及牵引供电设备选用等进行优化，保证设备匹配、量价匹配，确保设备选用符合规范、相关技术条件以及当地气象条件和环保要求。

2. 督促设计单位加强对既有系统设备、设施现状调查，设计文件中应明确利旧、升级、接入、改造等方案以及本工程与既有或相关工程的关系，确保新建项目与既有系统或相关工程匹配，互联互通。

3. 四电房屋场坪选址、标高、排水设计的合理性，并开展现场核对。

4. 设计单位完成闭塞分区长度设计，完成检算。

5. 运输、电务、供电等部门确定调度、临时限速和 RBC 系统的管辖范围。

6. 稳定外部电源接引方案，与属地电力公司签订意向协议。

7. 在初步设计批复后及时向电力部门报装用电申请，并同步委托有资质单位开展接入系统设计，评审通过后及时委托有资质单位开展电能质量评估。

8. 电力供电原则、线路及远动系统设置合理。

9. 电力牵引供电方案比选、所址分布、电力调度所设置及设备选用合理。

10. 四电设施地质条件良好、无重大拆迁、便于接引通所道路。

11. 接触网电分相设计合理。

12. 四电系统间接口设计合理无错漏。

第三节　工程实施

工程实施阶段，按规定组织工程招标投标、编制开工报告。开工报告批准后，依据批准的建设规模、技术标准、建设工期和投资，按照施工图和施工组织设计文件组织建设。

一、编写指导性施工组织设计

指导性施工组织设计是指导项目建设的纲领性文件，应以保证工程质量和安全为前提，以优化工期、资源配置和投资效益为目标，结合工程实际，体现先进水平，对工程建设进行“全项目、全过程、全要素、全目标”规划与组织，一经批准，即作为项目建设管理的重要依据。

指导性施组编制应以批准的设计文件为基础，遵循质量可靠、安全第一、技术先进、经济合理、确保工期的原则，合理划分标段，进一步细化、优化和落实施工方案、资源配置方案，做好施工与设计的结合，站前与站后及各专业工程间的衔接，为建设项目组织实施提供指导，为实现建设目标提供保障。

指导性施工组织设计由建设单位组织编制，勘察设计单位配合。引入铁路枢纽的建设项目，应在充分征求运营单位相关部门意见的基础上编制。

（一）编制内容

1. 编制依据、编制范围及项目概况。

2. 工程概况。

3. 建设项目所在地区特征。

4. 施工组织安排。

5. 大型临时设施、过渡工程及取弃土场设置方案。

6. 控制工程及重难点工(包括高风险工程)施工方案。

7. 施工方案。

8. 资源配置方案。

9. 信息化。

10. 管理措施。

11. 施工组织图表，包括附表、附图、附件。

（二）编制步骤

指导性施工组织设计充分考虑工程接口、安全生产、质量、风险管控等要素，在批复初步设计阶段施工组织意见的基础上，结合项目特点，从均衡分配劳动力、物资、机械设备、资金投入等方面进行技术经济比较后编制，指导性施工组织设计编制步骤如图 2-3-1 所示。

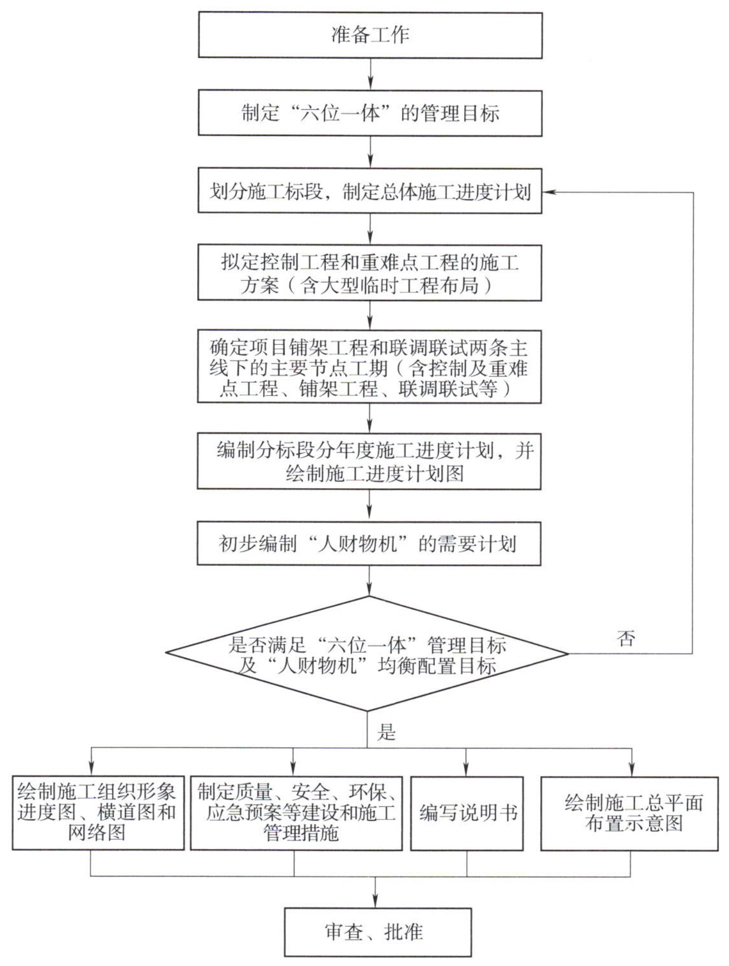

图 2-3-1　指导性施工组织设计主要编制步骤

（三）审批流程

高速铁路或客运专线项目、投资 100 亿元以上或规模 100 km 以上的新建项目、规模超过 200 km 及以上的营业线改(扩)建项目、对全路运输产生重要影响的项目及其他需要特别关注的项目，由铁路公司或铁路局集团公司负责初审，工管中心组织审批。其他建设项目由铁路公司或铁路局集团公司审批并报工管中心核备。

工程招标时，建设单位将批准的指导性施组纳入招标文件。

（四）管控要点

1. 指导性施组中应细化接口管理要求，对接口完成节点有动态管控措施，满足四电施工需要。接触网基础应结合路基及梁体制作同步完成。沿线过轨及沟、槽、管、孔等接口预留应随路基、桥梁、隧道等主体工程同步完成。

2. 指导性施工组织设计中应明确对四电工程机械化、工厂化、专业化、信息化具体要求。

3. 联调联试及运行试验节点是统筹安排站后配套工程及各子系统调试的控制线，要确保四电工程工期不能触碰联调联试线。

4. 进度计划应突出关键线路上的工程和重难点工程，明确架梁（含附属）、铺轨、四电设备用房、站房（含站台、雨棚）、动车所、四电室内外、验收（含联调联试）等重要节点的开竣工日期。

5. 指导性施组应根据现场实际情况进行动态调整。当工程客观因素发生变化时，及时发现问题，分析原因，拟定改进措施或修订方案，以实现建设目标。客观因素主要指：方案发生重大变化；总工期、重要节点工期发生较大变化；实际工程进度与施工组织设计中的进度安排严重不符；机械设备、物资、劳动力供求发生较大变化；其他因素引起施工组织设计需要进行调整。

6. 续建项目施组设计执行情况由建设单位编制相关资料，包括施组执行报告、剩余工程指导性施组等文件，每年定期报工管中心，由工管中心按照"一年两次、各有侧重"原则组织审查，形成正式审查报告报国铁集团。

二、工程招标

（一）前置条件

四电工程建设项目符合国家工程建设项目招标范围和规模标准规定要求的，必须依法招标。招标前置条件见表 2-3-1。

表 2-3-1　招标前置条件表

招标项目	前置条件	依　据
四电工程建设项目施工招标	建设单位（或项目管理机构）依法成立	施工、监理招标，资质、业绩等条件设定须严格按照国铁集团发布的《铁路建设项目施工和监理招标投标实施细则》相关要求执行
	有相应资金或者资金来源已经落实	
	施工图已审核合格	
	施工图预算已经核备或批准	
	指导性施工组织设计已经编制完毕	
四电施工监理招标	建设单位（或项目管理机构）依法成立	
	建设项目初步设计文件已经批准	
	有相应资金或资金来源已经落实	
	指导性施工组织设计已经编制完成	
甲供设备招标	建设单位（或项目管理机构）依法成立	四电工程甲供物资设备采购招标包件划分及资质、业绩等设定按国铁集团相关制度、办法、细则、通知等要求执行
	按照国家有关规定应当履行项目审批、核准或者备案手续的，已经审批、核准或者备案	
	有相应资金或者资金来源已经落实	
	能够提出货物的使用与技术要求，技术规格书审查完毕	

（二）标段划分

1. 新建高速铁路施工招标

高速铁路四电工程应当采用强电、弱电分开集成方式招标，以全线技术标准、制式、设备接口统一为原则，结合项目具体情况，综合考虑线路长度、联调联试段落、运营管理等因素合理划分标段。

由一家建设单位管理的项目，原则上按强电、弱电各划分为一个标段，线路长度大于500 km的，强电、弱电可分别划分为两个标段。跨铁路局集团公司项目也可按管界划分标段。

铁路枢纽“四电”工程宜与相关高速铁路的强、弱电系统集成联合招标；四电工程配套房屋一般划入站前工程施工标段。未采用联合招标的，应保证枢纽与接入高速铁路实现互联互通。涉及分段建设的项目，与站前工程按整体路桥隧物理段落里程分界不同，宜参照以下原则划分管理界面：

(1)在站内分段

为保证车站 CTC 系统和联锁系统的完整性，减少接口，一般以车站一侧进站信号机分界。

(2)在区间分段

信号工程在区间的设备都是以整体区间计算并联成系统，列车与地面、车载设备、邻站以及调试中心设备通过区间系统设备进行信息和数据交换，达到控制行车的目的。所以应保证区间闭塞分区完整性，是行车安全的保障。

信号闭塞设备，列控中心、信号集中监测等系统一般以信号集中区来划分管理界面。同时，区间闭塞设备与相邻车站、中继站、临站和局调度中心相关，应考虑闭塞分区控制归属。

接触网工程应以锚段关节起落锚段为分界点。

(3)可按运营单位管辖分界或省界分段。

2. 新建高速铁路监理招标

四电工程监理招标可划入站前工程多个监理标段，也可集中划入其中 1 个站前监理标段。

(三)招标流程

四电工程招投标各方必须严格按照国家、地方行业招标投标法规和办法组织开展招标投标工作。四电工程招投标流程如图 2-3-2 所示。

三、开工标准化

建设单位应按照铁路建设项目标准化管理要求，树立质量核心意识，结合项目实际，认真对照开工标准化内容，建立健全管理制度，规范建设管理流程，落实建设管理责任，加强工程质量安全和技术管理，强化现场人员、物资和机械设备配置，全面推进开工标准化工作，为创建精品工程打下坚实的基础。

(一)开工标准化管理

标段开工标准化管理内容包括管理制度、人员配置、机械设备物资（材料）、工地布置、技术管理、信息化、建设用地、环水保等。

1. 管理制度

施工、监理单位按照项目实际和建设单位要求，建立质量安全、技术管理、风险管理、设备及物资、征地拆迁、环水保、教育培训、职业健康、应急预案、信息化、考核奖惩等管理制度，制度内容全面，报审手续完备。

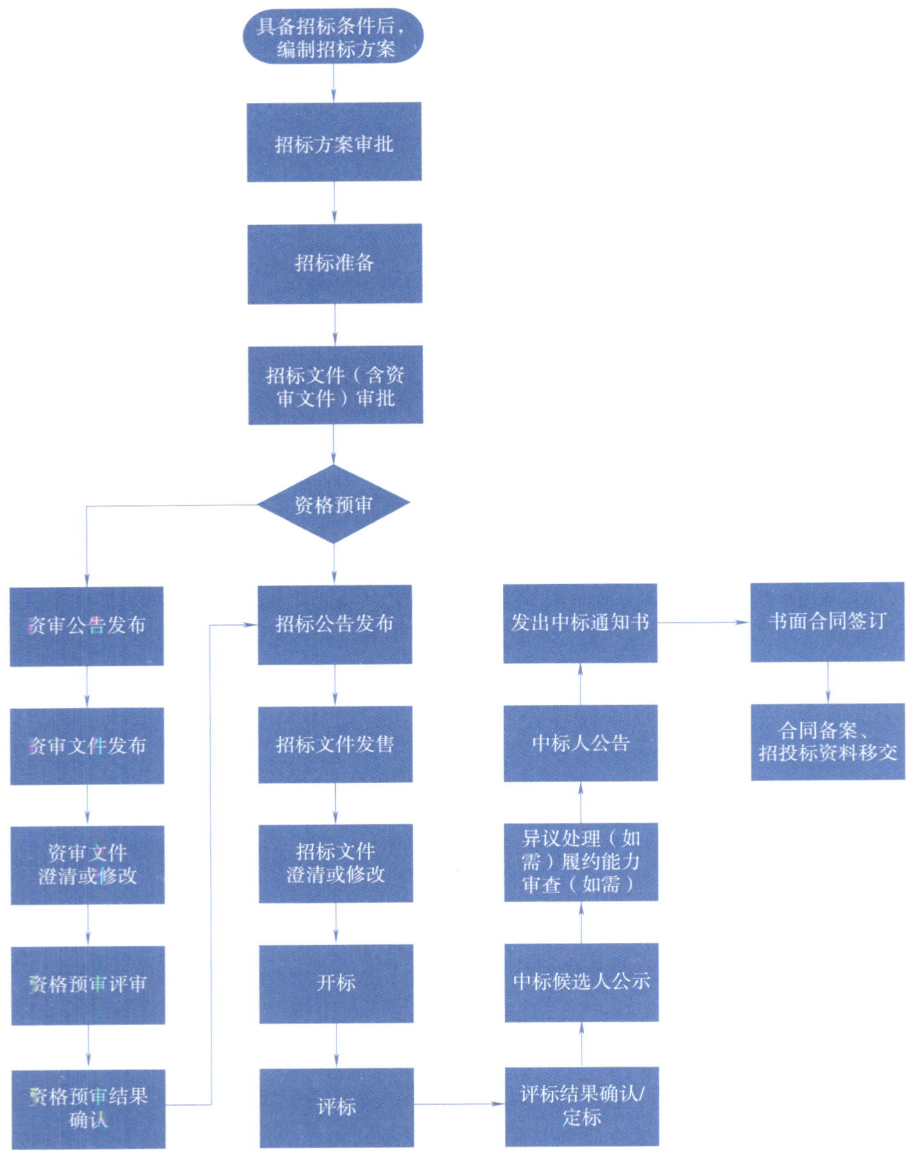

图 2-3-2　四电工程招投标流程

2. 人员配置

(1)管理机构。施工、监理单位按照投标承诺和承发包合同规定，设置满足项目建设需要的现场项目管理机构。

(2)人员配备。施工、监理单位现场主要管理人员和专业技术人员的资格和数量应满足合同规定和现场实际需要。

(3)人员培训。上岗人员已经安全和技术培训考试合格，特殊工种人员持有有效的特种作业资格证。

3. 机械设备

主要机械设备、施工机具配备符合投标承诺、施工组织设计文件要求；主要大型设备完成采购合同签订，并明确进场计划；进场设备报验手续完备，满足标段工程开工需要。

4. 物资（材料）

物资采购计划、采购形式、招标文件等资料编制完成并上报建设单位物资管理部门审查同意，主要物资按建设单位物资管理部门审查意见已招标，合同已签订，主要物资（材料）满足施组要求，报验手续完备，物资（材料）应满足标段工程连续施工需要，开工需要的主要物资检验已开展。

5. 工地布置

（1）办公区和生活区

施工、监理项目部应按照建设单位批复意见建成，布局合理，功能分区明确，办公、生活区分开设置，满足办公及生活需要。

（2）材料加工场

材料加工场应设置围墙或围栏，实行封闭管理，合理设置材料储存区、加工区、成品区（半成品）等。

（3）预配车间

为实现四电专业主要材料工厂化预配功能，施工单位应采用工厂化预配技术、机械装备和专业工器具，实现过程信息共享，质量信息可追溯，提高工程工艺质量和生产效率。

四电专业材料工厂化预配主要包括但不限于腕臂预配、吊弦及弹性吊索预配、拉线预配、母线预配、软横跨及硬横梁吊索预配、设备引线预配及设备接地线预配、隧道洞室设备、室内外设备、布线配线、信号箱盒预配等。

（4）材料、设备存放场地

物资材料应按品种、规格等分类分区存放，存放场地通风良好，满足防潮、防雨、防腐等条件，并设置标识牌。

（5）库房

按照《铁路建设项目现场管理规范》（Q/CR 9202—2015）规定设置，应配备消防设施、器材，醒目位置悬挂安全警示标识，收发台账、管理制度、验收标准齐全，库房应安排专人管理。

（6）施工便道（便桥）

站前单位提供的便道（便桥）平纵断面和结构安全满足设计要求，路面宽度、承载能力应满足大型施工机械重载车辆通行需要。

（7）现场“四通一平”

“四通一平”一般是指施工现场要通水、通电、通路、通信通，施工场地要平整，便于四电工程施工准备后期进行测量、布局、施工。

6. 技术管理

（1）实施性施工组织设计

施工单位根据指导性施工组织设计和《铁路工程施工组织设计规范》（Q/CR 9004—2018）要求，编制实施性施工组织设计，建设单位在收到监理单位报送的实施性施工组织设计及审核意见后，应在5个工作日内完成审查并提出审批意见。

实施性施工组织设计应在标段工程全面开工前完成审批，未经审查批准不得开工。重点审查：总工期及各专业阶段工期、施工组织方案、重难点工程施工技术方案和进度计划，主要管理人员和工程技术人员的配备数量和资质，机械设备配置数量，材料采购供应计划，保障质量、安全、环水保、进度的措施以及指导性施组中相关要求的落实情况，确保满足指导性施工组织设计和施工管理的实际需要。

(2)监理规划

监理单位依据合同文件、监理大纲、设计文件等，编制完成监理规划。编制完成后，必须经监理单位技术负责人审核批准，并应在召开第一次工地会议前报送建设单位，完成报批手续。

(3)技术交底

施工技术交底是工程项目技术管理的重要环节，施工单位结合设计技术交底内容，按照《中国铁路总公司铁路建设项目技术交底管理办法》(铁总建设〔2019〕72 号)要求，组织做好三级施工技术交底，交底内容、安全技术要求明确，交底记录齐全。根据施工任务的划分，技术交底包括测量桩交接、施工图纸、技术规范、施工进度计划、施工方案、质量要求和安全注意事项，技术交底要求准确、详细。

(4)施工图核对

完成现场施工调查以及施工图核对工作。主要内容包括：

①施工场地调查。调查施工场地地形地貌地势、场地拆迁平整度及排水设施状况、地表障碍物及架空线路、地下管道等构筑物的分布情况及产权人，掌握现场的第一手资料，施工安排和布置时结合现场调查综合考虑各种因素的不利影响并进行必要的防护。

②施工条件调查。对工程施工条件的调查，掌握当地气象、水文、给水、供电、通信、排水、道路及铁路、公路、水运交通运输、取土弃碴等施工条件，以及各种建筑构件、材料和工程物资的供应情况。

③周边环境调查。调查工程现场周边建筑设施、村庄、当地道路交通人流等情况，施工安排时充分考虑给沿线群众带来的不便和干扰，把施工对环境的影响降到最低限度。

④施工现场核对。一般由建设单位组织或委托监理单位组织，对设计图纸和有关文件进行现场核对，掌握水准点和坐标点的准确位置，了解既有设施及平面、高程等有关技术参数。对电缆沟槽、综合接地、接触网立柱基础、过轨管线、隧道内与四电相关的预埋槽道等接口工程进行检查、核对。

⑤既有设备调查。建设单位应组织设计、施工、监理、运营等单位对既有设备设施进行详细调查，确保设计方案合理，满足接入、改造等需求。

(5)施工定复测

建设单位应根据设计单位提供的图纸等资料，组织设计、监理、运营单位对信号点、分割点进行现场定测，若存在与施工图不符或者位置不准确的，应向设计单位反馈，及时调整信号布点，以免影响后续列控数据和 LKJ 数据准确性。

(6)作业指导书

按照《铁路建设项目施工作业指导书编制办法》(铁总建设〔2015〕188 号)要求，施工单位编制完成施工作业指导书，并完成报批手续。

(7)施工方案

四电专业根据专业特点,施工单位编写本工程专项施工方案。方案编制内容包括但不限于以下内容:编制依据,工程概况及施工特点,重难点工程(四电接口、通信工程、信号工程、接触网工程、牵引变电所工程、信息工程、送电开通、邻近营业线及营业线改造工程等),施工组织安排,临时工程和过渡工程,施工方案,资源配置,信息化、施工组织管理措施(质量保证措施、安全保证措施、文明施工、环保措施、应急预案及措施等),施工组织图表等。

7. 信息化

建立信息化终端系统,与建设单位铁路工程管理平台互联互通,实现统一管理、数据同步传输、自动预警、可视监控、应急通信等功能。

8. 建设用地

(1)临时用地。临时用地已取得相关部门批复。

(2)永久用地。建设用地已取得相关部门批复。

9. 环水保

(1)取、弃土场。取、弃土场土地协议已根据批复意见签订。

(2)施工现场。环水保与主体工程做到"三同时",环水保专项方案已编制完成并经审批。需办理补充水保报批手续的,应取得行政主管部门审批文件。

(二)审批程序

监理单位按照开工标准化要求进行自检,自检合格后,由建设单位进行检查和审核,审核合格后,监理单位方可开展对施工单位开工标准化工作的检查与审核。

施工单位对标段开工标准化情况进行自检,自检合格后报监理单位,监理单位检查和审核合格后报建设单位。建设单位组织对施工单位标段开工标准化情况进行检查和审核,合格后由建设单位批准开工。

标段开工标准化评估表中的评估项目全部达到评估标准时审核合格,有一项未达到评估标准时,审核不合格。未通过审核时,不得开工。

四、首件评估

四电工程建设应发挥样板引路的作用,以质量达标为目的、以规范作业流程为主线,侧重于工艺工法统一完善,可有效提高工程质量安全管理水平,实现工程施工质量的全过程控制目标。

(一)总体原则

1. 铁路建设项目首件工程评估可分为建设项目首件工程评估和施工标段首件工程评估。建设项目首件工程是指代表建设项目全线工程特点的首件工程,施工标段首件工程是指施工标段内由施工单位实施的首件工程。

2. 四电首件工程评估按专业工程组织开展,主要有通信、信号、电力、牵引变电所、接触网。

3. 首件工程实施应当采用技术先进、成熟可靠的新技术、新工艺、新设备和新材料,积极推动工厂化、机械化、专业化、信息化,推广应用智能建造技术。推进标准化管理向工艺、工序延伸,向机械配套化、工厂智能化、专业管理化拓展。

4. 首件工程实施应当统一施工工艺及标准，按照国铁集团及细部设计和工艺质量标准有关规定开展施工工艺质量评定。

(二)工作职责

1. 国铁集团工程管理中心

指导四电工程首件评估工作。

2. 建设单位

成立工作组组织开展首件工程评估，制定《首件评估实施细则》；选取评估段落或工点，明确实施时机；编制《首件工程实施计划》，纳入指导性施工组织设计；组织设计交底，审批首件工程施工方案、作业指导书和监理实施细则，推广评估成果。

3. 设计单位

结合建设单位总体安排，编制设计交底文件，做好现场配合，参加评估，提出现场施工工艺及工程实体质量符合设计的意见，根据评估意见完善设计。

4. 施工单位

编制首件工程施工组织方案和作业指导书，开展标段首件工程评估；在建设单位组织下开展项目首件评估；根据评估意见完善施工组织方案和作业指导书，并做好在本标段的推广应用；编写首件工程施工总结(包含关键工序的影像材料)。

5. 监理单位

审核首件工程施工方案、施工作业指导书，编制监理实施细则；选取并组织开展标段首件工程评估，做好首件工程检验批验收和各项检查记录，确认整改问题落实情况，监督评估成果的推广应用。

(三)实施步骤

1. 首件选取

应选取全线开工最早且具有代表性的施工段落或工点，从工艺技术和管理的角度起到试验先行、样板引路的示范作用。

2. 评估流程

(1)建设单位结合指导性施工组织设计、首件工程实施计划及工程特点，选定首件工程并按计划组织实施。

(2)施工单位编制首件工程施工组织方案、施工作业指导书，经监理单位审核后报建设单位审批。监理单位编制首件工程监理实施细则，报建设单位审批。

(3)施工、监理单位分别按照批准文件组织首件工程实施，经施工单位自验、监理单位初验合格后，由施工单位向建设单位提交首件工程评估申请。

(4)建设单位组织对首件工程进行评估，并根据现场验收、资料检查结果得出评估结论和意见，形成评估报告。

(5)首件工程评估通过后，建设单位结合评估结论和意见，组织完善并审批发布作业指导书和监理实施细则等，制定推广应用方案，在全线同类工程中推广应用。

(6)首件工程评估未通过时，建设单位应当组织分析，按照评估意见进行整改，整改后重新评估。

首件评估流程如图 2-3-3 所示。

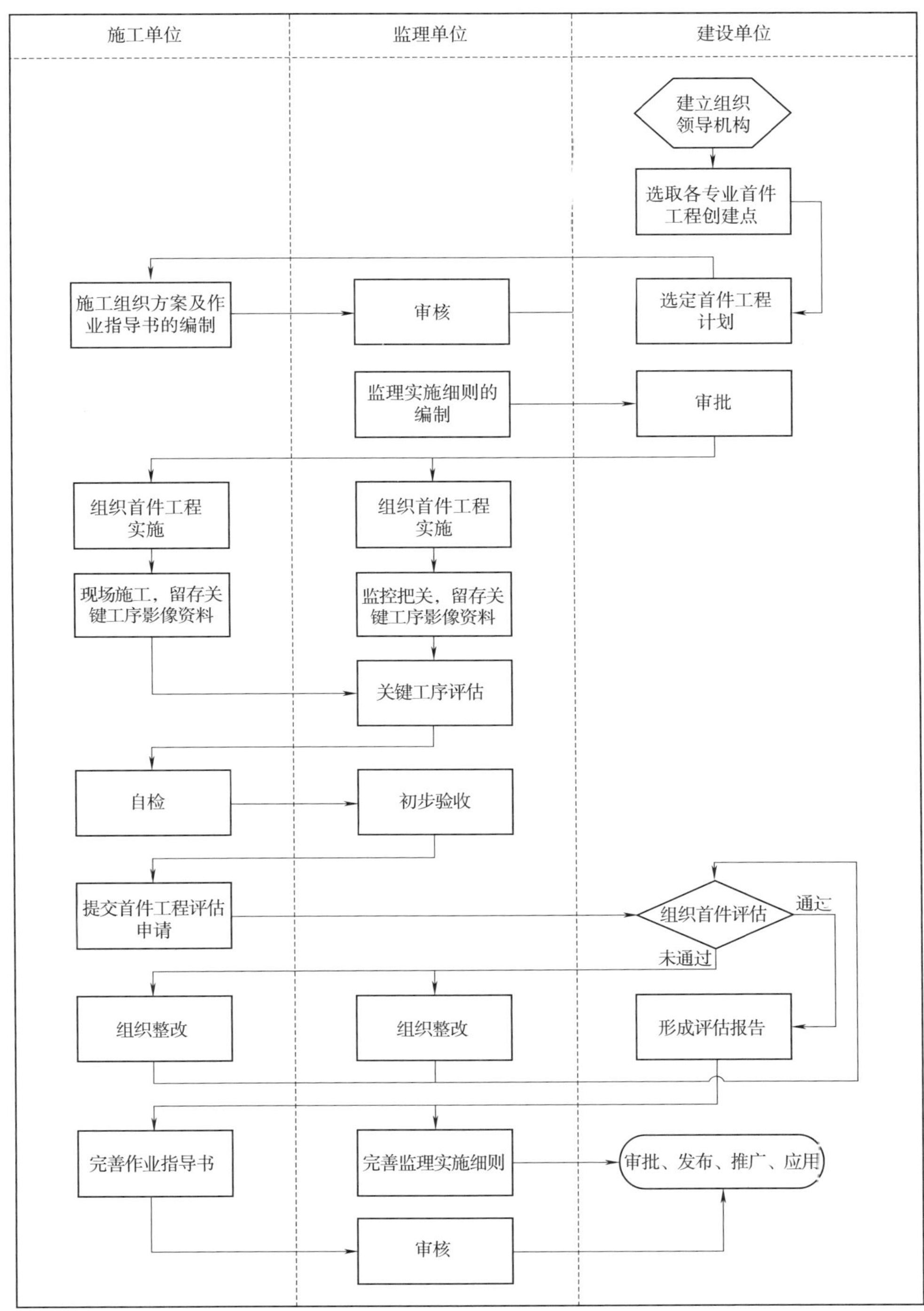

图 2-3-3　首件评估流程

3. 评估内容

评估内容包括标准化管理、资源配置、质量记录和实体质量等(参见《铁路建设项目首件工程评估管理办法》)。首件工程关键工序评估项目见表 2-3-2。首件工程评估内容(实施计划表、评估申请表、标准化管理综合检查评估表、资源配置检查评估表、质量记录和实体质量检查评估表）详见表 2-3-3 至表 2-3-7（列 A 类项点为主控项目，列 B 类项点为一般项目）。

表 2-3-2　首件工程关键工序评估项目

序号	专　业	选取原则	关键工序
1	通信	车站独立信号楼或区间基站；三个及以上车站时，选择车站独立信号楼	主要设备、材料进场检验，接地与防雷施工，机房及院落内设备安装、室内布线及配线，通信铁塔基础和组立安装，光电缆引入（场坪及房屋配套、光电缆分歧引入防护措施等作为重点内控接口）等
2	信号	车站独立信号楼或信号中继站；新建三个及以上车站时，选择车站独立信号楼；有条件时将转辙机、轨道电路、信号机、应答器安装等纳入	主要设备、材料进场检验，室内设备安装，室内布线及配线，电缆引入（强弱电电缆隔离防护、桥隧等过渡段电缆槽顺接、无砟轨道过轨预留等作为重点内控接口）等；轨旁设备安装（信号机、信号标志牌、轨道电路、应答器、箱盒、补偿电容等）；接地与防雷系统
3	电力	10 kV 及以上电力变（配）电所	主要设备、材料进场检验，设备基础施工，接地与防雷施工，变压器、互感器、断路器、隔离开关、熔断器、高压开关柜、无功补偿装置、接地装置等高压电气设备安装，电缆敷设、电缆附件制作与安装；屏、柜及二次配线，交直流电源装置、综合自动化装置、安全监控装置等的安装
4	牵引变电	牵引变电所，条件不具备时可选分区所	主要设备、材料进场检验，接地与防雷施工，变压器、互感器、高压开关柜、隔离开关、断路器等高压设备安装，电缆敷设、电缆附件制作与安装；屏、柜及二次配线，交直流电源装置、综合自动化系统、辅助监控系统等的安装
5	接触网	至少 1 个锚段，条件具备时将分相、设备安装和道岔等纳入	支柱或吊柱安装，腕臂及定位装置安装，下锚补偿装置安装，承力索、接触线架设，整体吊弦及弹性吊索安装，中心锚结安装，电连接线安装，隔离开关、避雷器安装，附加线架设，接触网悬挂调整等

表 2-3-3　首件工程实施计划表

<table>
<tr><th>类　别</th><th colspan="2">内　容</th></tr>
<tr><td>项目概况</td><td colspan="2">1. 项目名称
2. 项目开竣工时间及主要工期安排
3. 项目主要工程数量
4. 项目主要技术标准
5. 工程参建各方（设计、施工、监理等）
（如需要可增加内容）</td></tr>
<tr><td rowspan="7">首件工程评估安排</td><td>首件项目（专业或分部工程）</td><td>评估安排（首件工点、主要评估内容、评估时间等）</td></tr>
<tr><td></td><td></td></tr>
<tr><td></td><td></td></tr>
<tr><td></td><td></td></tr>
<tr><td></td><td></td></tr>
<tr><td></td><td></td></tr>
<tr><td></td><td></td></tr>
<tr><td colspan="3">备注</td></tr>
</table>

表 2-3-4　首件工程评估申请表

<table>
<tr><td>首件工程类型/名称</td><td colspan="3"></td></tr>
<tr><td>起止里程及规模</td><td colspan="2"></td><td>所属标段</td><td></td></tr>
<tr><td>首件工程选取、完成情况综述</td><td colspan="3"></td></tr>
<tr><td>开工日期</td><td></td><td>施工单位</td><td></td></tr>
<tr><td>完工日期</td><td></td><td>监理单位</td><td></td></tr>
<tr><td>申请评估时间</td><td></td><td>项目公司</td><td></td></tr>
<tr><td colspan="4">京津冀铁路公司：
我单位已根据国铁集团铁路建设项目首件工程评估管理办法和京津冀铁路公司首件工程评估实施细则的有关规定，组织完成了________首件工程施工及初步评估，现申请对首件进行评估，首件工程初评材料详见附件。

初评负责人：
（公章）：　　　　日期：</td></tr>
<tr><td colspan="4">评估意见：

评估负责人：
（公章）：　　　　日期：</td></tr>
</table>

表 2-3-5　首件工程标准化管理综合检查评估表

检查项目		要　　求	管理类别评估意见	检查情况
项目公司	1. 安全、质量、技术、物资等标准化管理制度	齐全完备	B	
	2. 指导性施工组织设计	齐全完备，已统筹考虑首件工程实施	B	
	3. 首件工程评估管理实施细则	已编制完善	A	
	4. 首件评估工作组	成立并按要求开展工作	A	
	5. 高速铁路施工工艺质量评定	按要求开展工作	B	
施工单位	6. 安全、质量、技术、设备、物资和标准化管理等制度	齐全完备	B	
	7. 施工设计图纸、规范、验标、技术条件等技术文件	齐全完备	B	
	8. 实施性施工组织设计	齐全完备，通过监理和建设单位审批	B	
	9. 施工作业指导书	编制并满足要求	A	
	10. 交底及培训	按要求完成	A	

续上表

检查项目		要　　求	管理类别评估意见	检查情况
施工单位	11. BIM 建模优化钢筋安装、混凝土振捣工艺		A	
	12. 连续梁线形监测信息化		B	
	13. 文明施工、环水保管理	符合相关要求	A	
监理单位	14. 监理实施细则	齐全完备	A	
	15. 施工方案、作业指导书审核	完成	A	
	16. 专业监理人员	符合监理实施细则和监理合同要求，满足现场需要	B	
设计单位	17. 设计技术交底	满足施工需要	A	
	18. 施工图	满足施工需要	A	
	19. 设计配合情况	满足现场需要	A	

注：首件评估应贯彻执行国铁集团和公司精品工程相关要求，并根据首件工程具体施工内容和实际情况对检查项目进行细化调整、补充完善。

表 2-3-6　首件工程资源配置检查评估表

序号	检查项目	检查方法	检查标准或要求	管理类别	检察意见	备注
1	机械、设备、工装、工器具及其他工装设备等	现场核查	符合相关规定及作业指导书要求	A	符合/不符合要求	
2	原材料进场	现场核查	符合相关规定及作业指导书要求	A	符合/不符合要求	
3	试验、检测设施和人员	现场核查	符合相关规定及作业指导书要求	A	符合/不符合要求	
4	技术管理人员	现场核查	符合相关规定及作业指导书要求	A	符合/不符合要求	
5	作业人员、特种作业人员	现场核查	符合相关规定及作业指导书要求	B	符合/不符合要求	
6	信息化应用（平台、终端应用等）	现场核查	符合相关规定及要求	B	符合/不符合要求	
7	新技术、新工艺、新设备、新材料的应用	现场核查	符合相关规定及要求	B	符合/不符合要求	

注：首件评估应贯彻执行国铁集团和公司精品工程相关要求，并根据首件工程具体施工内容和实际情况对检查项目进行细化调整、补充完善。

4. 评估标准

首件工程评估应当依据现行标准、规范和设计文件等进行，当出现下列情况之一时，评估不通过：

(1)出现 A 类项点不满足要求；

(2)B 类项点超过 20%（含）不满足要求。

表 2-3-7　首件工程质量记录和实体质量检查评估表（通信示例）

序号	检查项目		检查方法	检查标准或要求	管理类别	检查意见	备注
一、质量记录							
1	检验批资料		查看资料	签认齐全、资料完整，满足验标要求	B	符合/不符合要求	
2	施工记录		查看资料	记录及时，内容完整	B	符合/不符合要求	
3	监理日志		查看资料	记录及时，内容完整	B	符合/不符合要求	
4	试验检测报告等		查看资料	试验检测及时，检验项目齐全，结论符合要求	A	符合/不符合要求	
5	施工前交接验收记录		查看资料	完成，符合相关要求	A	符合/不符合要求	
6	工程测量记录、平行观测记录等		查看资料	符合相关规定	A	符合/不符合要求	
7	工艺性试验报告、型式试验报告等		查看资料	完成，结论符合要求	A	符合/不符合要求	
8	工程实体自验记录		查看资料	齐全、满足精度要求	B	符合/不符合要求	
二、实体质量							
9	设备材料进场	机柜（架）和设备进场	施工单位、监理单位全部检验	对照设计文件和订货合同检查实物和质量证明文件	B	符合/不符合要求	
10		光电缆及配套器材进场			B	符合/不符合要求	
11		天线杆（塔）材料进场			B	符合/不符合要求	
12	设备房屋及基础施工	基础浇筑	施工单位全检，监理单位按规定检验或抽检	应符合设计、验标和国铁集团其他相关技术标准的要求。基站房屋基础周围应设有环形地网，环形地网应与综合接地端子或贯通地线连接，环形地网的接地电阻不大于 1 Ω。基站房屋四角与环形地网连接	B	符合/不符合要求	
13		电缆井、各种预留管、孔	施工单位全检，监理单位按规定检验或抽检	应符合设计、验标和国铁集团其他相关技术标准的要求。引入机房的电力电缆，与通信信号电缆引入孔分开	B	符合/不符合要求	
14		机房安装	施工单位全检，监理单位按规定检验或抽检	应符合设计、验标和国铁集团其他相关技术标准的要求	B	符合/不符合要求	
15		防雷及电磁兼容措施	施工单位全检，监理单位按规定检验或抽检	应符合设计、验标和国铁集团其他相关标准的要求	B	符合/不符合要求	

续上表

序号	检查项目		检查方法	检查标准或要求	管理类别	检查意见	备注
二、实体质量							
16	杆塔基础	混凝土的强度等级、所用原材料的规格	施工单位全部检查;监理单位见证检验	符合《铁路混凝土工程施工质量验收标准》TB 10424的有关规定	B	符合/不符合要求	
17		基础施工	施工单位全部检查;监理单位见证检验	a. 钢筋绑扎的方式、间距与钢筋笼和预埋螺栓的安放位置符合设计要求; b. 基础顶面平整,塔靴与基础面紧密贴合,水平误差不大于 3 mm; c. 地脚螺栓露出基础顶面长度符合铁塔安装要求。螺栓应垂直、不变形。多边形铁塔的各对应基础螺栓中心间距允许偏差不大于 3 mm	A	符合/不符合要求	
18	杆塔组立安装	铁塔安装;天线加挂支柱高度、方位、平台位置尺寸及爬梯的设置方式	施工单位全部检查;监理单位见证检验。其中螺栓紧固的检查宜在塔身上、中、下三部分抽验;用经纬仪测量检查高度和垂直度	a. 铁塔塔靴与基础预埋螺栓连接牢固,铁塔全部连接螺栓均应做防松处理; b. 自立式铁塔塔身各横截面应成相似多边形,同一横截面上对角线或边的长度偏差不应大于 5 mm; c. 所有焊接部位牢固,无虚焊、漏焊等缺陷; d. 铁塔塔身与基础连接螺栓采取防盗措施	A	符合/不符合要求	
19	通信设备及配线	机柜(架)安装	施工单位、监理单位全部检查	a. 满足设计、验收标准要求; b. 重点检查机柜(架)稳定牢固,子架或机盘整齐一致,接触良好,金属机柜(架)、走线架、槽道各段之间应保持连接良好,接地可靠	B	符合/不符合要求	
20		子架或机盘安装	施工单位全部检查、监理单位抽检 20%		B	符合/不符合要求	
21		配线电缆、光跳线	a. 施工单位全部检查、监理单位抽检 20%; b. 用万用表、光对号器等检查断线、混线; c. 用 500 V 兆欧表测量绝缘电阻,用串音衰减测试器或振荡器,用电平表测量串音衰减	a. 满足设计、验收标准要求; b. 配线电缆、光跳线的芯线应无错线、断线或混线,中间不得有接头; c. 绝缘电阻:音频配电线电缆不小于 50 MΩ,同轴配线电缆不小于 1 000 MΩ; d. 近端串音衰减:音频配电线电缆不小于 78 dB	A	符合/不符合要求	
22		交、直流配电设备进出线	施工单位、监理单位全部检查	进出线配电开关及保护装置的数量、规格应符合设计要求	A	符合/不符合要求	
23		交直流电源柜及电气触点、接线等	施工单位全部检查;监理单位见证检验	交直流电源柜各单元应插接良好,电气触点应接触可靠、连接紧密;输入电源的相线和零线不得接错,其零线不得虚接或断开	A	符合/不符合要求	

续上表

序号	检查项目		检查方法	检查标准或要求	管理类别	检查意见	备注
二、实体质量							
24	光缆敷设引入	光缆敷设	施工单位全部检查；监理单位抽检 20%	符合设计和验收标准要求	B	符合/不符合要求	
25		光缆引入	施工单位全部检查；监理单位见证检验	光缆引入室内时，应在引入井或室内上机架前做绝缘节，室内、室外金属护层及金属加强芯应断开，并彼此绝缘；光缆引入室内终端应在光配线架或光终端盒上	B	符合/不符合要求	
26	天线馈线安装	天线安装	施工单位全部检查；监理单位见证检验。用指南针、天线倾角仪测量检查	a. 天线的安装高度、方向、安装方式应符合设计要求； b. 天线馈电点应朝下，护套顶端应与支架主杆顶部齐平或略高出支架主杆顶部； c. 跳线与天线接头处应制作滴水弯，并进行防水密封处理	A	符合/不符合要求	
27		馈线安装	施工单位全部检查；监理单位见证检验	a. 天线、馈线连接及引入处应做防水处理； b. 进入室内引入口应采取防火封堵措施； c. 馈线敷设路由合理，最小弯曲半径符合验收标准的规定； d. 馈线无中间接头，馈线布放、引入平顺牢固	B	符合/不符合要求	
28		天馈线系统的电压驻波比	施工单位全部检查；监理单位见证检验。用驻波比测试仪测量检查	天馈线系统的电压驻波比应不大于 1.5	A	符合/不符合要求	
29		馈线防雷	施工单位全部检查；监理单位见证检验。用万用表、接地电阻测试仪测量检查	a. 馈线进入机房与设备连接前应安装馈线避雷器，接地端子应就近引接到接地线上； b. 馈线在室外部分的外防护层应有不少于 3 点的外防护层接地连接，外防护层的接地位置应在天线与馈线连接处，馈线引入机房应在馈线洞外处，所有垂直拐水平处都应进行外防护层接地	A	符合/不符合要求	

续上表

序号	检查项目		检查方法	检查标准或要求	管理类别	检查意见	备注
二、实体质量							
30	接地防雷系统	设备地线	施工单位全部检查；监理单位见证检验	符合设计和验收标准要求	B	符合/不符合要求	
31		地线盘(箱)、接地铜排的安装	施工单位全部检查；监理单位见证检验	a. 接地铺排和螺栓结合紧密、导电性能良好； b. 接地铜排端子分配符合设计要求； c. 地线盘(箱)端子应连接紧密	B	符合/不符合要求	
32		通信设备雷电综合防护	施工单位全部检查；监理单位见证检验。用万用表、接地电阻测试仪测量检查	符合设计和验收标准要求	B	符合/不符合要求	

注：1. 首件评估时，可根据首件工程具体施工内容和实际情况对检查项目进行细化调整、补充完善。

2. 查看资料涉及隐蔽工程的须同时提供影像材料。

3. 管理类别确定原则：每个检查项目可根据施工质量验收标准将主控项目列为A类项点，一般项目列为B类项点。

5. 评估资料

建设单位建立评估台账和资料库，整理归纳有关工程推进、问题处理、会议纪要及评估结论意见等资料，并形成首件工程评估总结。其中，建设项目首件工程评估资料应当作为静态验收内资料验收组成部分。

6. 成果推广

首件评估通过后，建设单位组织完善作业指导书，抓好首件成果在全线同类工程推广应用，形成标准化质量控制体系，指导后续项目建设。

五、施工管理

在施工阶段，建设单位通过组织督促参建单位建立和执行以技术标准、管理标准和作业标准为主要内容的标准体系，遵循一定的标准和规范进行管理。

（一）流程管理

施工管理是在制定技术标准、管理标准、作业标准三大标准的基础上，规范工艺标准，确定管理流程、作业流程，通过工作流程管理，进行规范现场实施安装的过程。

1. 通信工程工作内容主要包括通信线路敷设、通信设备安装和系统调试三部分，宜采用现场定测、光电缆敷设、铁塔施工、室内外设备安装、系统调试的流程进行管理。通信信号机房设备施工工艺流程如图 2-3-4 所示。

2. 信号工程工作内容主要包括电缆敷设、轨旁设备安装、室内设备安装、联锁模拟实验、送电全系统调试等，宜采用现场定测、电缆敷设、室内外设备安装、单项调试、系统调试的流程进行管理。信号电缆施工工艺流程如图 2-3-5 所示。

3. 电力工程工作内容主要包括 10 kV 配电所施工、外电源施工、电缆线路施工、低压配电、电力远动系统设备安装调试。宜采用高低压电缆定测、电缆敷设、设备安装、一二次接线、耐压试验、送电、调试的流程进行管理。

4. 电力牵引供电工程工作内容分为牵引变电专业和接触网专业。其中，牵引变电专业主要包括牵引变电所、分区所、AT 所、网开关站相关设备安装调试；接触网专业主要包括支柱组立、吊柱、硬横梁、底座与肩架及腕臂安装、附加线架设、承力索与接触线架设、高速接触网精调等。接触网工程安装流程如图 2-3-6 所示。

（二）质量管理

1. 明确质量控制目标

四电工程质量控制目标应与全线总体质量管理目标相匹配，参照四电工程实际情况提出具体目标。

2. 健全质量保证体系

为达到质量目标，建设单位须督促各参建单位建立相应的质量管理机构，全面负责质量控制，并负责健全质量保证体系，督促正常运行。

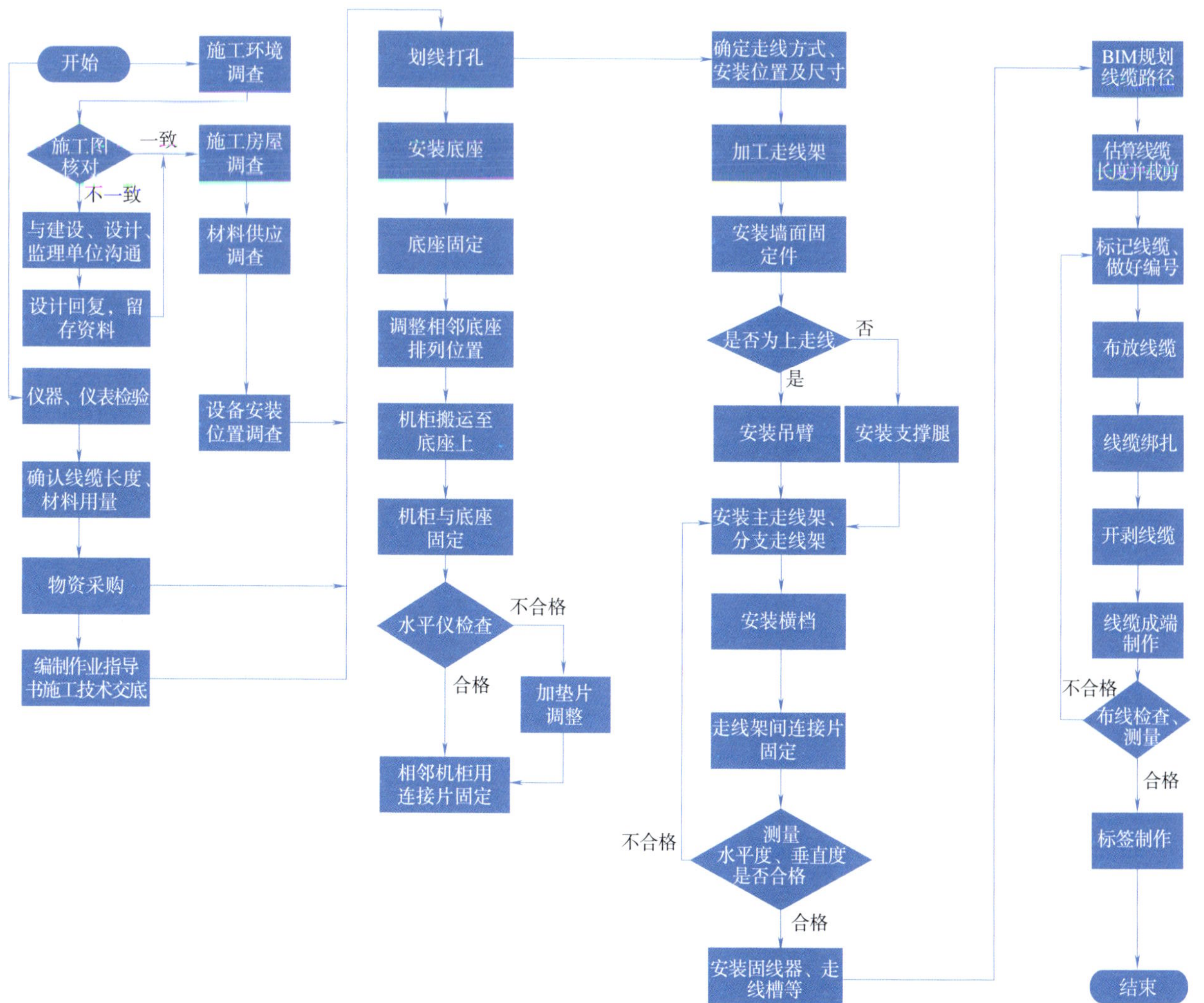

图 2-3-4　通信信号机房设备施工工艺流程示例

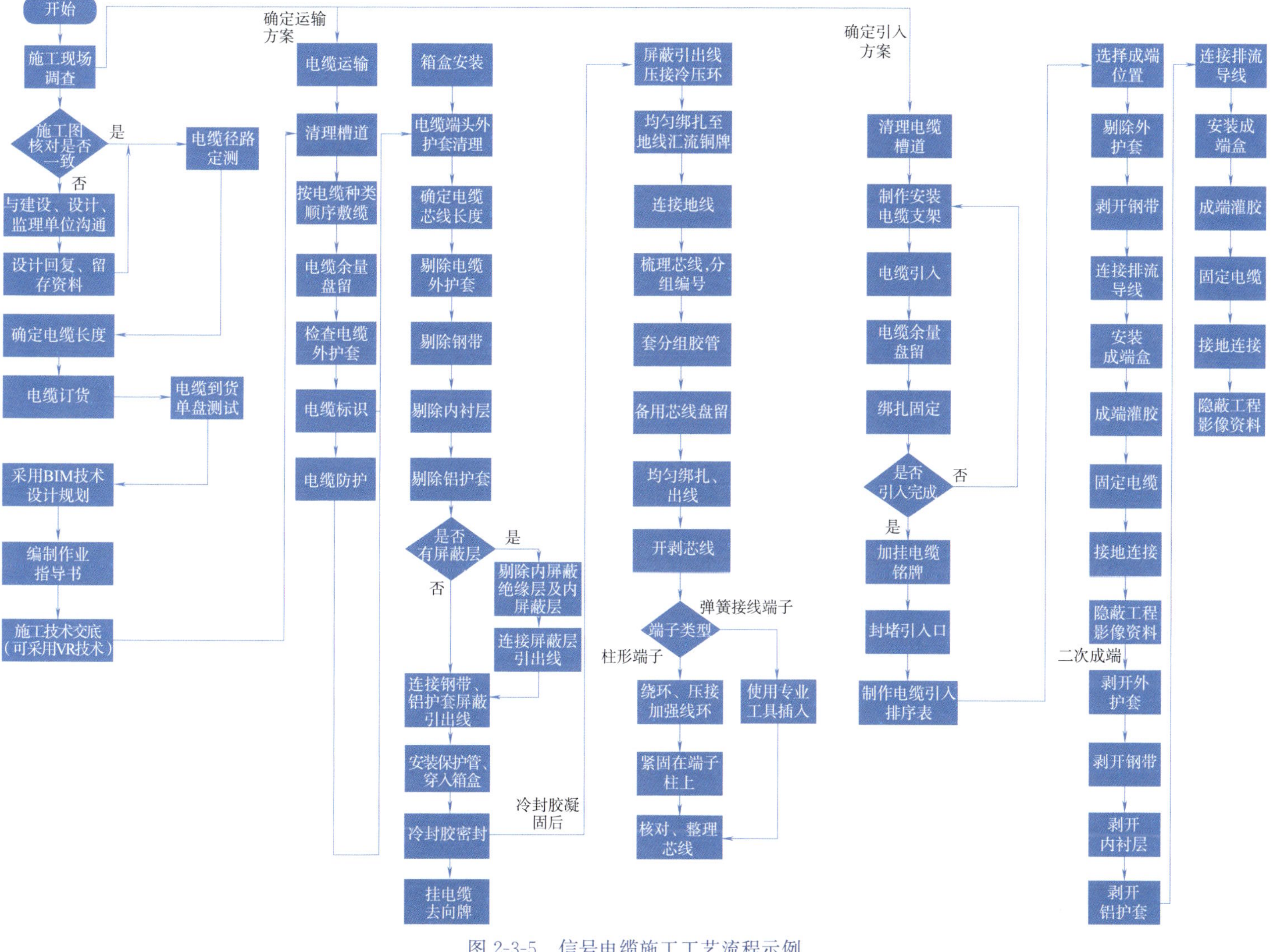

图 2-3-5　信号电缆施工工艺流程示例

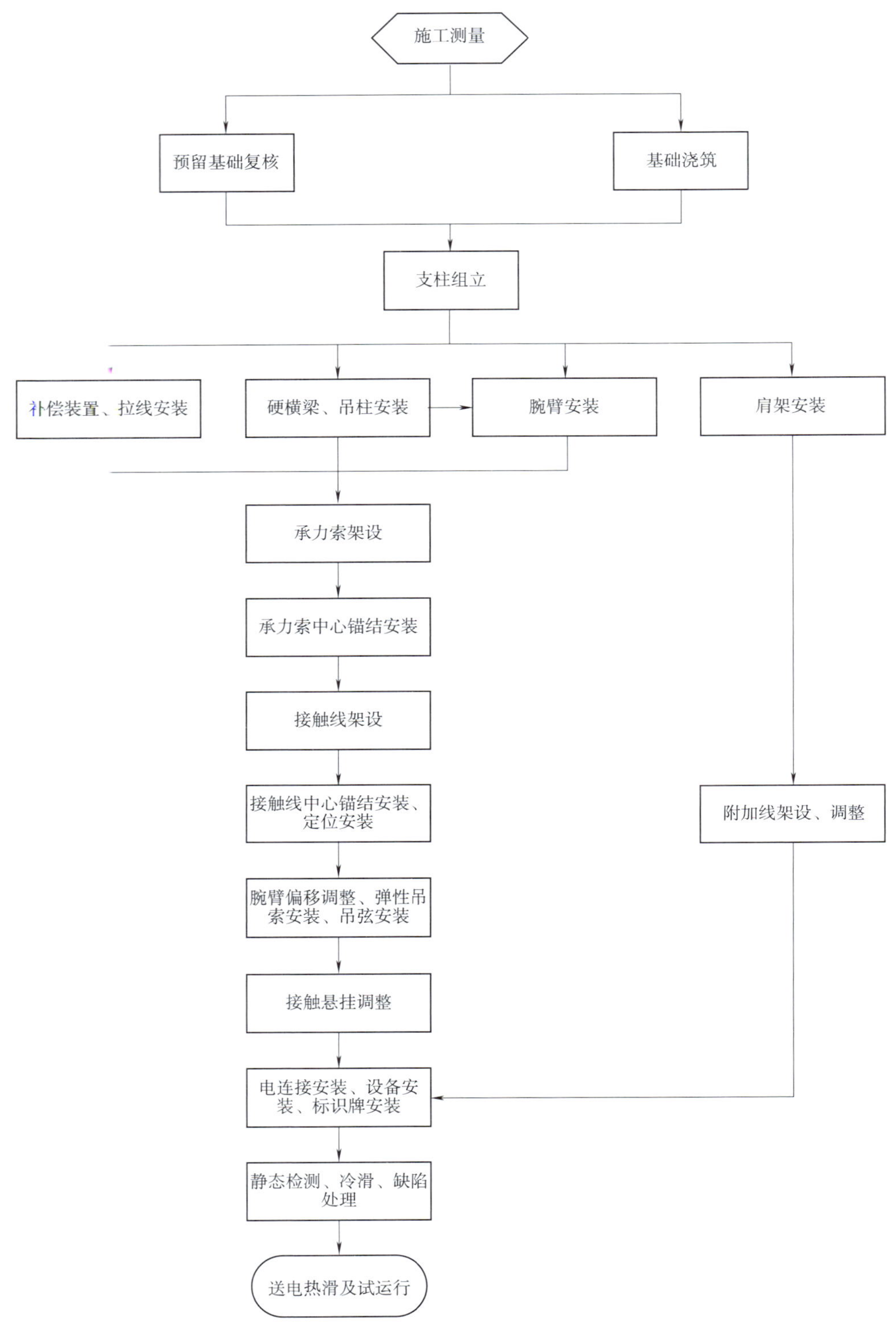

图 2-3-6　电力牵引供电系统（接触网工程）安装流程

（三）安全管理

1. 明确安全生产目标

按照“安全第一、预防为主、综合治理”的原则确定安全生产目标。

2. 建立健全安全生产责任体系

各参建单位建立健全安全生产责任体系，逐级落实安全生产责任，使安全生产责任制度化，做到全员参加、全面管理。

3. 强化安全生产检查

定期开展安全生产检查。重点检查内容包括：

(1)安全生产体系运行情况；

(2)安全专项方案执行落实情况；

(3)现场重大危险源、风险源识别控制情况；

(4)现场执行安全作业标准情况；

(5)现场特种设备及大型机具管理情况；

(6)安全台账及安全交底等技术资料管理实施情况；

(7)检查人员对现场检查中发现的安全问题，提出整改要求和整改时限。

（四）进度管理

1. 明确工期进度目标

根据指导性施组安排，结合现场工程实际情况，制定实施性施组，明确节点进度目标。

2. 关键进度节点

(1)电缆槽、锯齿孔、电缆井移交节点；

(2)钢轨铺设及锁定完成节点；

(3)四电用房交付节点；

(4)电力外电源送电节点；

(5)电力全线贯通线送电节点；

(6)接触网送电节点；

(7)通信专业为信号和SCADA提供通道节点；

(8)SCADA调试完成节点；

(9)联锁试验完成节点；

(10)运营里程及允许速度批复节点，运营里程批复及列控数据发布流程如图2-3-7所示；

(11)列控基础数据发布、列控软件生产及仿真节点；

(12)调度中心接入节点。

（五）生态环保管理

1. 明确环保管理目标

环境保护目标应不低于工程总体环境保护目标，符合国家及地方有关环境保护要求，做到环保设施与本体工程施工“同时设计，同时施工，同时交付”。

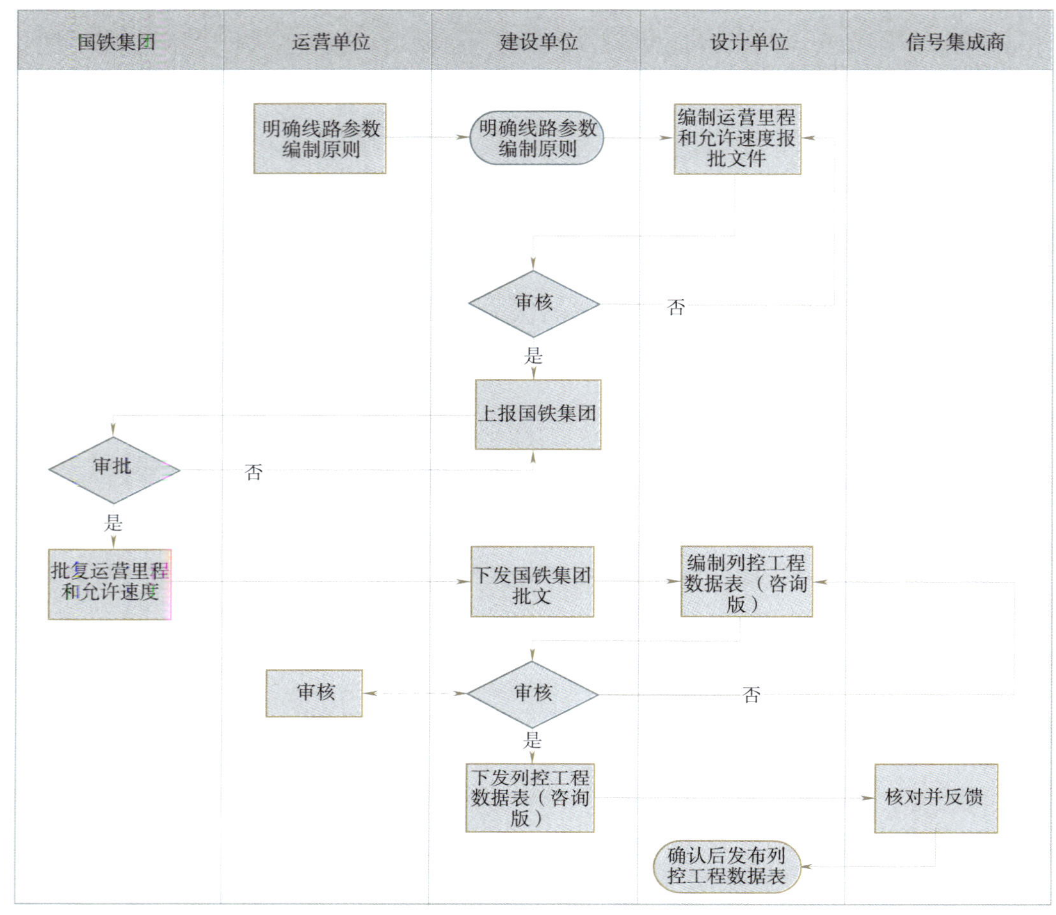

图 2-3-7　运营里程批复及列控数据发布流程

2. 健全环保管理体系

构建建设、监理、设计、施工各方齐抓共管的环保控制体系。及时建立与地方各级环保主管部门沟通机制，主动接受监督检查。

（六）科技创新管理

按照工程创优总体规划、精品工程要求，结合项目实际积极开展科技创新工作，不断提升科技引领能力和科技赋能能力，推动铁路建设高质量发展。

（七）技术档案管理

1. 明确管理目标

建设项目内业资料和档案的形成、收集和整理工作应与主体工程同步进行，做到系统、完整、真实、准确，确保具有有效的查考利用和完备的追溯功能。

2. 健全管理体系

配备专人管理内业资料、档案，形成、积累、整理所有资料并完成档案移交，对竣工文件的完整性、一致性、准确性、有效性、规范性负责。

(八)投资管理

1. 明确投资目标

确保完成建设期四电工程各年度投资计划,严格把总投资控制在批准的概算范围内。

2. 投资控制

牢固树立新发展理念,落实高质量发展要求。实行投资控制与质量、安全、工期、依法建设一体化管理,落实全过程、全方位管理要求,严格按照批准的建设规模、技术标准、总概算组织建设,以批准(调整)的总概算额度作为投资控制的最大限额,通过施工图优化、招标投标、合同管理、变更设计、验工计价等主要管理手段,全面做好投资控制工作。

(九)文明施工管理

1. 明确目标

四电工程施工应做到现场布局合理,施工组织有序,材料堆码整齐,设备停放有序,标识标志醒目,环境整洁干净,实现施工现场标准化、规范化管理。

2. 健全管理体系

构建由建设单位统一管理、监理单位日常监督、施工单位具体落实的文明施工管理控制体系。施工单位必须按照文明工地创建活动的有关规定,健全内部管理控制体系。通过管段的日常检查和公司组织的定期检查,对全线文明施工进行综合考评和奖励。文明施工要求如图 2-3-8 所示。

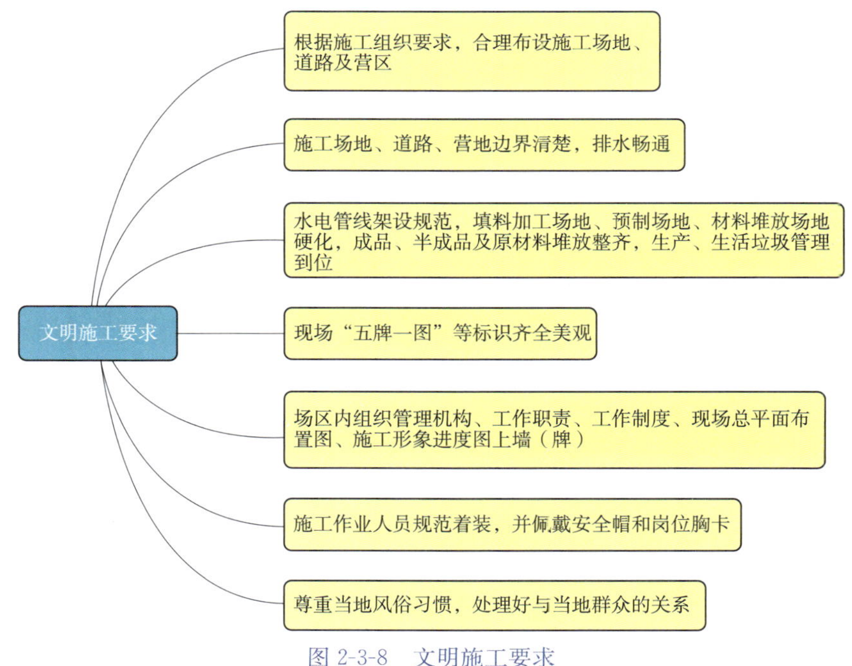

图 2-3-8　文明施工要求

六、系统调试

系统调试主要包括单项调试、子系统调试、系统联调三个阶段,验证各系统功能及接口是否满足系统设计指标要求，优化各系统的状态和性能，为高速铁路联调联试打下良好基础。

（一）分工和职责

1. 建设单位组织参建单位依据专业间分工界面按时提供各类资源，明确既有线接入方案。

2. 设计单位按供图计划提供调试阶段技术方案文件及变更方案。

3. 施工单位根据施工组织计划，按期完成本专业系统调试。

4. 运营单位提前介入现场调试全过程，配合既有线接入调试。

（二）通信系统调试

对现场通信设备进行单项调试、子系统调试、系统联调，验证系统功能及接口是否符合设计和相关标准的要求。

1. 单项调试

主要包括传输网、数据网、接入网、GSM-R、综合视频监控、电源、电源与动力环境监控、会议电视、应急通信等子系统设备的安装检查和导通试验。在确认外部条件及施工满足要求的前提下，对设备加电启用，配置相关参数及数据，并对设备功能、性能、冗余切换等进行试验，确认满足设计及各项规范要求。

单项调试前置条件包括设备安装和配线完成，电源稳定可靠，设备接地良好，机房环境符合要求，通信通道稳定可靠。

2. 子系统调试

在单项调试完成的基础上，对通信各系统间功能、性能进行调试，验证通信系统具备完整功能、性能，具备进行静态验收条件。

3. 系统联调

在通信各子系统调试完成的基础上，由传输及数据通信网为信号、电力供电及牵引供电系统、客运服务系统、灾害监测系统等系统提供通信通道；由 GSM-R 承载列控数据、CTC 数据；通过系统联调承载验证通信系统通道传输质量、稳定性。

4. 管理要点

（1）施工单位在接入网系统、电话交换系统调试前，应与设备供应商、设计单位、运营管理单位进行调查和对接，编制施工方案报审后再实施，调试完毕后应进行呼叫功能测试。

（2）电磁环境测试与清除频率干扰是无线网络优化工作的前提条件，若发现干扰信号，在干扰地点进行定点测试确认，采用最大保持方法锁定干扰并解析出干扰源的相关信息，以便当地无线电管理委员会进行清频。无线电管理委员会完成清频工作后，再次进行电磁环境测试，最终确认干扰清除情况。

（3）传输系统调试时，需设备光口收光、发光功率进行测试，调至与设备匹配范围内。

（4）全部基站完成开通调试后，为保障联调工作顺利进行，有必要利用低速轨道车进行初步网优，为后续联调联试期间高速网络优化提供良好基础。

（三）信号系统调试

对现场信号设备进行单项调试、模拟试验、子系统调试、系统联调，验证系统功能及接口是否符合设计和相关标准的要求。

1. 单项调试

主要包括信号机、转辙设备、轨道电路、联锁、列控、CTC、信号集中监测等系统信号设备的安装检查和导通试验。在确认外部条件及施工满足要求的前提下，对设备加电启用，配置相关参数及数据，并对设备功能、性能进行试验，确认满足设计及各项规范要求。

调试前置条件包括设备安装和配线完成，电源稳定可靠，设备接地良好，机房环境符合要求，通信通道稳定可靠。

2. 信号模拟试验

信号工程通常先行安排室内模拟试验，验证分线盘以内的室内配线及联锁关系正确。

模拟试验前置条件包括室内设备配线、导通试验应完成，电力送电及信号电源调试完毕。

3. 子系统调试

单项调试完成后，在确认外部条件满足要求的前提下，利用光纤、传输或数据网通道，调试设备接入中心设备或网管系统，配置相关数据及参数，并对信号各个系统功能、性能进行调试、试验。

主要包括 CTC、计算机联锁、列控地面设备、信号集中监测等子系统各项功能符合要求，通过系统反映的信息与现场一致，远程控制准确无误，报警及时正确。

4. 系统联调

各子系统调试完毕后，利用临时或新建调度台，进行系统间接口调试，测试信号系统整体性功能。

5. 管理要点

(1)在单项调试前，各专业按照施组计划，如期交付与信号专业接口内容，房屋建筑专业如期交付信号系统设备用房；电力专业如期提供信号专业设备用电；通信专业如期提供信号专业通信通道。保持电源稳定可靠，设备接地良好，机房环境符合要求，通信通道稳定可靠。

(2)系统联调是测试验证各子系统间接口功能、接口数据正常的重要环节，要统筹协调推进各子系统软件试验、子系统调试时间，各子系统同步进行系统联调，验证信号系统整体功能满足设计要求。

(3)系统调试需进行通道中断切换试验，并对通道上下行及标识与施工图纸进行确认，保证通道使用及组网正确；系统调试期间需核对各子系统软件版本及接口数据版本，保证接口正确，系统整体性功能良好。

(四)电力系统调试

高速铁路电力系统调试主要包含 35 kV 变电所、10 kV 配电所、通号 10/0.4 kV 变电所、车站 10/0.4 kV 变电所、箱式变电站及区间电力系统等内容，调试分为设备单体调试、系统调试及远动调试，通过调试，使电力设备性能达到设计和相关标准要求。

1. 单项调试

按照电力专业的单位工程划分，在当地控制模式下，对 35 kV 变电所、10 kV 配电所、通号 10/0.4 kV 变电所、车站 10/0.4 kV 变电所、箱式变电站及区间电力系统的开关控制、开关分合状态、模拟回路、调压器控制器等开展遥控、遥信、遥测、遥调的调试工作。

2. 系统调试

对变配电所、箱变开展各单元系统调试，具体含一次回路、二次回路、保护测控模块试验等，同时依据已经审核批准的点表进行远动调试，一般按照遥控、遥信、遥测顺序进行，最终需相关人员验收确认。

3. 系统联调

利用临时或新建调度台，在调度中心和各被控站之间进行系统联调，施工调试人员和调度中心配合人员协同开展工作，根据已经审核批准的点表按照遥控、遥信、遥测的顺序进行调试，由相关人员验收确认。具体调试包含通道调试、调度中心对箱式变电站等 RTU 远动调试、调度中心对变配电所联调。

4. 管理要点

建设单位要强化施工图纸审核，重点审核接口方案及系统兼容性。主要包括：子系统设备、远动终端设备、调度台设备、现场受控设备位置、通信通道及数据交换方式，远动终端设备与现场受控设备的逻辑关系（联动、闭锁等），电力远动系统与变配电所综自、RTU 和原调度台调度系统的兼容性及通信规约等内容。

（1）建设单位组织施工单位根据调试需求提报仪器设备使用计划，编制调试大纲，制定在调试工作过程中确保系统安全运行的技术措施。

（2）调度台设备安装及调试、系统联调应按照营业线管理办法编制施工方案和调试方案，通过铁路局集团公司建设部和施工办、设备运营单位、建设单位、监理单位的审批。调度台设备调试、系统联调前，建设单位组织施工单位提前上报设备远动调试计划。

（3）远动终端、调度台设备、远动系统之间应相互兼容；既有线改造时，新接入的远动系统应和原远动系统兼容。建设单位组织施工单位、监理单位、设备厂家、运营单位参加设备技术联络会，确定各设备之间接口类型。

（五）电力牵引供电系统调试

高速铁路电力牵引供电系统调试主要包含牵引变电所、分区所、开闭所、AT 所、接触网开关站及接触网等系统的单体调试、传动调试、远动调试，调试分为设备单项调试、系统调试、系统联调，使牵引供电专业设备性能达到设计和相关标准要求。

1. 单项调试

牵引变电所、分区所、开闭所、AT 所、接触网开关站及接触网等系统的单项试验、系统调试、系统联调。

对牵引所亭内牵引变压器、断路器、隔离开关、互感器、避雷器、高压柜、交直流盘、网隔开盘与综自系统进行单项调试，含当地控制、就近控制、远方控制调试，同时开展后台综自系统遥控、遥信、遥测、摇调的调试工作。

2. 系统调试

牵引供电系统调试包括牵引变电子系统调试、接触网子系统检测。

（1）牵引变电子系统试验

试验的前提是所内所有施工项目全部完工，且单体试验均已完成，各电器设备的可调整部位的设置符合设计要求，交直流盘工作正常，二次回路绝缘耐压试验合格。传动试验可分为直流传动和交流传动两大类。牵引变电所及分区所、开闭所整组传动试验、变电设备整组传动试验是检验各工序的施工质量，是保证系统工程顺利开通的关键。

(2)接触网子系统检测

接触网安装检测项目主要有支柱安装检测、腕臂装配检测、硬横梁安装检测、接触悬挂调整检查、接触网静态数据检测、附加悬挂调整检查、接地装置接地电阻测试等。

3. 冷、热滑试验

冷滑试验是指在接触网不带电的情况下,通过受电弓的滑行,对接触网进行动态检查,主要检查受电弓包络线、导线有无弯曲等,为接触网送电、热滑等消除安全隐患。

热滑试验是指在接触网带电情况下,通过电力机车运行,对接触网进行动态检查,确认接触网与受电弓的弓网关系,检测受流网压等参数,确认相关设施设备达到联调联试条件。

4. 系统联调

以SCADA系统功能为基础,在主站与被控站间进行功能试验,以及主站端对被控站保护装置定值调整、召唤等。一般按照遥控、遥信、遥测顺序,根据已审批的点表进行远动调试,需要调度中心与施工调试人员协同开展,最终进行验收确认。

调试包括通道状态检查确认、调度中心对牵引所亭、调度中心对网开关联调等。

5. 管理要点

建设单位要强化施工图纸审核,重点审核接口方案及系统兼容性。主要包括:现场子系统设备、远动终端设备、调度台设备、现场受控设备、通信通道及数据交换方式,远动终端设备与现场受控设备的逻辑关系(联动、闭锁等),牵引供电远动系统与所亭综自、辅助监控及原调度台调度系统的兼容性及通信规约等内容。

(1)建设单位组织施工单位根据调试需求提报仪器设备使用计划,编制调试大纲,制定在调试工作过程中确保系统安全运行的技术措施。

(2)高度重视一些特殊试验项目实验单位资质,如瓦斯继电器、变压器油和SF6的理化分析、牵引变压器的高压耐压试验、局放试验、220 kV GIS耐压等项目。

(3)调度台设备安装及调试、系统联调应按照营业线管理办法编制施工方案和调试方案,通过铁路局集团公司建设部和施工办、设备运营单位、建设单位、监理单位的审批。调度台设备调试、系统联调前,施工单位应按照调度所相关规定,提前上报设备远动调试计划。

(4)远动终端、调度台设备、远动系统之间应相互兼容;既有线改造时,新接入的远动系统应与原远动系统兼容。建设单位组织施工单位、监理单位、设备厂家、运营单位参加设备技术联络会,确定各设备之间接口类型。

七、管控要点

(一)综合管理

工程实施阶段建设单位应重点完成如下工作:

1. 及时与地方政府签订征地拆迁协议,协调地方政府提供建设、临时用地。

2. 组织开展设计交底、技术交底和施工图现场调查。

3. 组织设计单位编制甲供物资设备技术规格书,并组织审查;依法组织开展物资采购,保证物资供应,做好物资进场检验;及时组织运营等单位召开设计联络会,明确物资设备外观颜色、尺寸、工艺及有关技术条件等。

4. 组织铁路局集团公司工务、电务、运输、机务、调度等部门进行信号平面布置图审查,确定站场线路的布置和接发车方向;确定信号楼的位置和集中联锁区的范围;确定信号机、道岔的名称编号和设置位置;确定轨道电路区段划分;确定股道有效的长度和道岔的类型。

5. 根据现场需求,组织设计、审核单位按节点目标完成信号施工图深化设计、审核。

6. 组织施工单位编制施工工艺标准手册和作业指导书,并组织审查;邀请国铁集团指导首件工程评估,统一施工工艺标准。

7. 督促施工单位按照施组节点及早开展四电房屋建设,为室内设备安装创造条件。

8. 及时协调解决接口问题,组织站前、四电单位做好工序安排,办理工序和接口交接手续,同时加强对光电缆、设备设施的成品保护,确保主体工程有序推进。

9. 及时组织设计、运营等单位研究确定通信各子系统接入既有铁路局集团公司中心专项技术方案(包括传输、数据网、有线调度、GSM-R 系统等);研究确定 CTC、集中监测、远动等系统接入既有铁路局集团公司中心和营业线改造专项施工方案。

10. 及时组织开展 GSM-R 编号方案、无线电台执照报批;完成 IP 地址和通道申请;组织开展电磁环境测试、清频等工作。

11. 组织开展列控基础数据现场复核,发布列控基础数据;督促设计单位完成列控工程数据的编制;盯控设备厂商完成信号系统软件编制;协调电务部门开展软件仿真和现场试验。

12. 组织施工单位、相关设备厂家配合工务、电务部门开展道岔工电联调。

13. 成立工程线施工管理机构,制定工程线施工安全管理细则。

14. 牵引变电所、变配电所投产前,应及时与电力部门签订供用电合同,协调铁路运营单位与电力公司签订调度协议。

15. 结合现场需求及时办理各项变更设计。

16. 组织施工单位完成整体四电工程建设和系统调试。

17. 组织第三方检测单位完成通信各子系统功能质量检测和检测报告。

(二)数据管理

1. LKJ 基础数据管理

LKJ 是一个铁路管理的综合数据信息表,包括线路名称表、车站表、股道表、道岔表、坡道表、曲线表、正线起讫里程表、正线线路允许速度表、到发线线路允许速度表、本车站的配线图。

(1)工务类基础数据:包括线路名称、正线起讫里程(注:运营里程系)、线路允许速度、线路坡度、特殊的桥梁隧道信息、里程长短链、道岔信息、异物侵限、车站名称等数据。

(2)电务类基础数据:包括列车信号机、轨道电路绝缘节及分割点公里标、轨道电路长度、轨道电路制式及载频、级间转换公里标、RBC 切换点公里标、列控顶棚速度等。

(3)牵引供电类基础数据:正、反向运行分相区断电标志牌公里标。

(4)允许速度:线路超高方案稳定后,就可以编制,提交铁路局集团公司审核。

(5)运营里程:与精测网工作进展相关,线路基本成型和桥、隧完工,调坡后,开展 CPⅢ精测网复测。

LKJ 数据表施工单位先对每一工点(如站场)复测,从两头(如外方道岔)同时向站中心测量,只有合拢后才算正确,报铁路局集团公司工务、电务、供电复核签认盖章。

2. 信号列控数据编制管理

列控数据首先由设计院内部会审(线路、站场、牵电、信号)后,建设单位组织设计、运营、施工单位会审。

列控基础数据是动车安全运行控制的基础，必须确保准确无误。

列控基础数据是信号列控、联锁、调度等各子系统软件的基础，包括工务类基础数据、电务类基础数据、牵引供电类基础数据等。

列控数据重点核对事项：(1)调谐区跨桥(隧道)、路基过渡段；(2)调谐区跨有砟和无砟地段；(3)调谐区位于分相区内；(4)调谐区与钢轨伸缩调节器冲突；(5)长短链设置；(6)坡度变化；(7)轨道区段长度与实际不一致；(8)两条线的坐标接不上；(9)进路信息表中进路长度与实际不符等。

第四节　竣工验收

竣工验收是指高速铁路按设计要求建成后，由验收机构对其进行检查评价的过程，主要包括静态验收、动态验收、初步验收、安全评估和正式验收5个阶段。

竣工验收采用先期验收、专家检查、政府验收的组织方式。先期验收包括铁路局集团公司和建设单位组织的静态验收和动态验收；专家检查包括对静态验收、动态验收结果进行评审，为初步验收、正式验收提供专家意见；政府验收主要是正式验收。

一、验收依据

验收依据包括有关法律、法规、经批准的可行性研究报告、经批准的初步设计(含变更设计)文件、审核合格的施工图、设备技术说明书、设计规范、工程施工质量验收标准等。验收依据及内容见表2-4-1。

表2-4-1　竣工验收依据和主要工作内容

序号	阶　段	依　　据	主要工作内容
1	静态验收	《高速铁路竣工验收办法》 《高速铁路工程静态验收技术规范》	检查确认工程按设计完成、设备安装调试完毕，且质量合格
2	动态验收	《高速铁路竣工验收办法》 《高速铁路工程动态验收技术规范》 《高速铁路联调联试及运行试验管理办法》	1. 静态验收合格后，通过联调联试、动态检测对列车运行状态下工程质量全面检查和确认。 2. 通过运行试验对整体系统在正常和非正常运行条件下的检验行车组织、客运服务以及应急救援
3	初步验收	《高速铁路竣工验收办法》	动态验收合格后，确认工程建设、静动态验收情况
4	安全评估	《高速铁路竣工验收办法》 《新建铁路项目运营安全评估办法》	初步验收合格后，且已解决影响运营安全的问题，检查评价安全管理、设备设施、规章制度、人员素质等是否具备安全运营条件
5	正式验收	《高速铁路竣工验收办法》	在开通初期运营一年以上，由国家主管部门组织对建设项目整体情况进行检查和评价

二、静态验收

静态验收是指对建设项目的工程按设计完成且质量合格、设备安装调试完毕且质量合格进行检查确认的过程，在施工单位自检合格、监理单位确认的基础上进行。

(一)验收组织

静态验收由铁路局集团公司组织，建设单位配合，各参建单位参加验收。铁路局集团公司是验收主体，铁路局集团公司处室负责人任组长，建设单位部门负责人为副组长，铁路局集团公司处室人员，以及勘察设计、施工、监理单位现场或专业负责人参加，对通信、信号、电力、牵引供电等专业进行验收。

(二)验收流程

静态验收流程如图 2-4-1 所示。

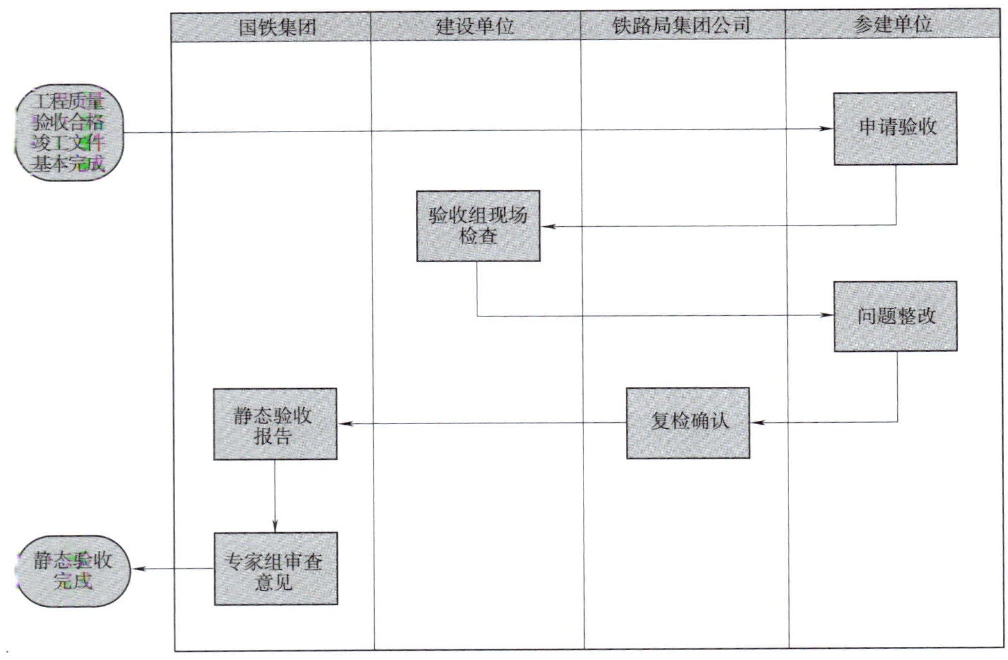

图 2-4-1　静态验收流程

(三)验收条件

1. 通信工程

(1)光电缆接续完毕，检查合格；

(2)设备安装、调试完成，检查合格，设备运行正常；

(3)通信工程各子系统通过测试，检查合格，系统运行正常；

(4)全线电磁环境清频工作完成。

2. 信号工程

(1)轨道电路码序测试工作完成，载频、码序和信号显示正确；

(2)列控中心、RBC、LEU、应答器、安全信息网络设备按照相关规定完成单体调试、导通试验(含列控数据)等,并与相关系统的接口检查合格;

(3)LKJ 基础数据资料齐全;

(4)联锁系统已按相关规定完成信号联锁试验,联锁关系准确无误,具备开通条件,与相关系统的接口检查合格;

(5)CTC 系统实现中心设备与各车站设备的自动控制、列车运行状态显示等功能,并按照相关规定完成功能试验,与相关系统的接口检查合格;

(6)信号集中监测系统按照相关规定完成功能试验。

3. 电力工程

(1)电力系统所有设备安装、电缆接续完毕,单体试验、子系统调试完成,电气设备完成交接试验,各项功能指标和安全措施符合设计及相关规范要求,电力系统达到受电条件;

(2)供电调度系统所有设备安装、电缆接续完毕,各功能项目已完成调试,相关指标符合设计及相关规范要求;

(3)具备外部电源接入条件。

4. 电力牵引供电工程

(1)牵引供变电系统的所有设备安装、电缆接续完毕,单体试验、子系统调试完成,电气设备完成交接试验,各项功能指标和安全措施符合设计及相关规范要求。变电所达到受电条件;供电调度系统所有设备安装、电缆接续完毕,各功能项目已完成调试,相关指标符合设计及相关规范要求;具备外部电源接入条件。

(2)接触网系统完成所有安装、架设和调整工作,完成冷滑试验,达到设计及相关规范要求,各项安全措施符合设计及相关规范要求。接触网达到受电条件。

5. 各专业接口应具备的条件

(1)各专业的供电已符合设计要求;

(2)各专业静态验收合格,系统设备已正常工作,系统设备的各项指标和功能满足设计要求和相关技术标准的规定;

(3)接口关系正确,匹配关系良好,满足相关专业之间的技术要求并符合有关技术标准的规定;

(4)设备房屋环境、机房空调达到技术要求,通信通道具备并满足技术条件;

(5)各所亭、基站、中继站等通行道路基本建成,具备抢修车辆安全通行条件。

(四)检查内容

静态验收的内容包括内业检查和外业检查两部分。内业检查应对内业资料的完整性、全面性进行检查,并对有关内业资料进行重点抽查;外业检查应包括观感质量检查、主要功能和实体质量抽查等,并符合相应专业标准的要求。静态验收主要功能和实体质量抽查的项目、数量应有可操作性,应根据内业检查的观感质量结果确定。

四电静态验收根据《高速铁路通信工程施工质量验收标准》(TB 10755—2018)、《高速铁路信号工程施工质量验收标准》(TB 10756—2018)、《高速铁路电力工程施工质量验收标准》(TB 10757—2018)、《高速铁路电力牵引供电工程施工质量验收标准》(TB 10758—2018)以及《高速铁路工程静态验收技术规范》(TB 10760—2021)中四电相关内容进行检查验收。

三、动态验收

动态验收是指通过联调联试、动态检测对列车运行状态下工程质量检查和确认，并通过列车运行试验对整体系统在正常和非正常运行条件下的行车组织、客运服务以及应急救援等进行检验的过程。动态验收阶段线路由铁路局集团公司按运营线路管理。

动态验收开始前，与运营单位、铁科院集团公司签订相关委托协议；组织铁科院集团公司完成联调联试、动态检测和运行试验大纲编制，并取得国铁集团批复。

(一)验收组织

动态验收由铁路局集团公司组织、建设单位配合，在静态验收合格后进行。铁路局集团公司是验收主体，由铁路局集团公司负责人为组长，建设单位、检测单位负责人为副组长，铁路局集团公司和建设单位处室(部门)负责人、检测单位部门负责人参加的动态验收领导小组，负责动态验收工作。各参建单位配合验收工作，对发现的问题进行闭环整改。

(二)验收流程

动态验收流程如图 2-4-2 所示。

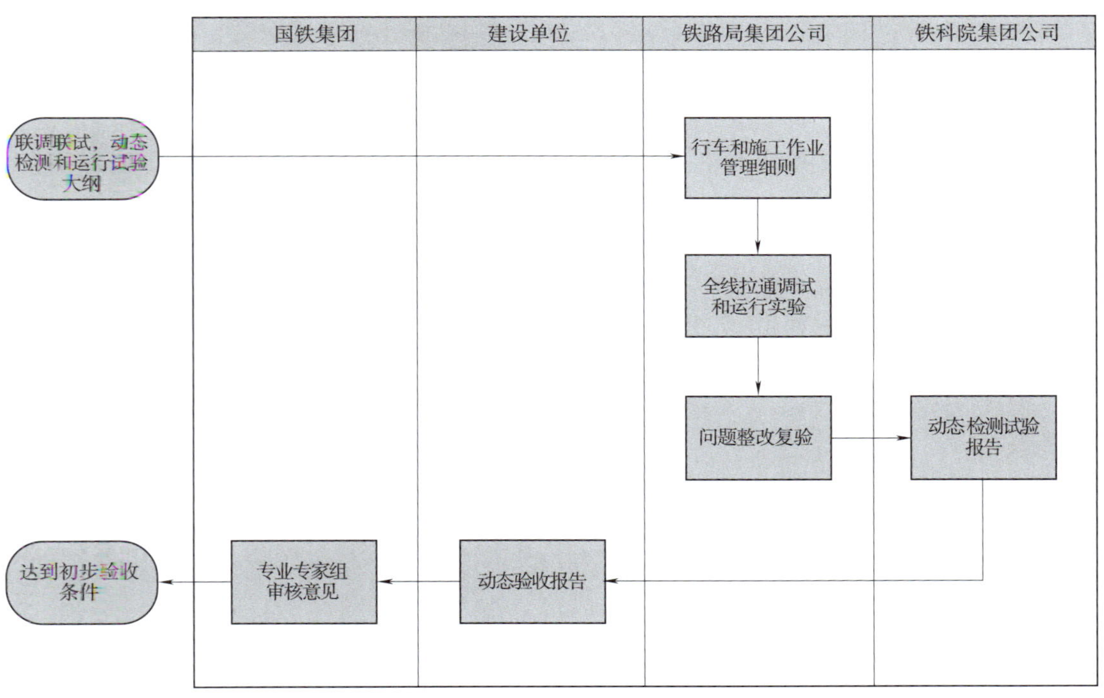

图 2-4-2　动态验收流程

(三)验收条件

1. 各专业涉及联调联试的竣工资料和牵引供电、电力、通信、信号系统技术文件、运用维护手册齐全，完成系统检测、调试和集成测试，并提供测试报告。

2. 各专业影响联调联试行车安全的工程，沿线影响行车安全的外部环境问题整治全部完成。

3. 轨道表面无可动物体，有砟轨道道床状态参数、道床断面满足标准要求。

4. 正线、到发线轨道精调完成，具备接发试验列车条件；正线钢轨原则上完成预打磨和全线母材、焊缝的探伤检查。

5. 道岔工电联调完成，正常运转。

6. 线路标志及信号标志按规定全部安装完毕。

7. 区间和车站站台、雨棚、天桥等设备设施，满足铁路建筑限界标准要求。

8. 防护栅栏，桥梁防护栏杆，作业门、通道门(含桥梁救援通道、隧道辅助通道门等)，声(风)屏障，站台门，以及其他安全防护设备设施按设计施工安装完毕，作业门、通道门钥匙移交铁路局集团公司设备管理单位。建设单位治安安全防范工作方案、安全防护制度制定完毕，安保人员到位。

9. 站场内和区间线路光、电缆沟槽全部贯通，光、电缆入槽，盖板覆盖。

10. 车站联调联试范围内和区间路基地段两侧防护栅栏内、桥梁上、隧道内，路料、垃圾、机具已彻底清理。

11. 站场及隧道清洗除尘完成，表面尘土质量不大于 15 g/m^2。

12. 牵引供电系统满足联调联试负荷需求。接触网按设计要求安装调整到位，完成绝缘清扫和冷热滑检验检测。牵引供电系统满足联调联试负荷需求。接触网按设计要求安装调整到位，完成绝缘清扫和冷热滑检验检测。

13. 调度通信等行车相关各通信子系统完成调试，具备信号安全数据网通信条件。GSM-R 电磁环境干扰清频、频率申请、初步网优工作基本完成，满足列控及调度集中系统调试条件。

14. 信号安全数据网工作正常、稳定。列控中心和轨道电路载频、码序正确，工作稳定。列控工程数据和软件版本稳定。车站联锁试验完成，联锁关系正确。CTC 系统具备列车进路办理和运行显示等功能。信号集中监测系统功能正常。信号系统集成试验完成并形成报告。

15. LKJ 基础数据、CIR 线路数据已发布并做好换装准备。

16. 接轨站信号软件正式换装和验证是联调联试的重要组成部分，也是新线建设的重难点。其中联锁试验只能在天窗点进行，实施难度大、风险高。建设单位应高度重视、超前谋划，组织制定列控软件编制、仿真测试、天窗点试验及动态验证等专项施组，重点盯控落实。

17. 临时调度台组建完成，办公设备到位，具备工作条件。各车站行车室，通信、信号、电力等设备用房按设计完成施工，室内工作环境、防雷及接地等符合设计文件及相关标准要求，具备使用条件。

18. 新建生产、生活用房基本完成，水、电、卫生等设施满足生产生活基本需要。

19. 新建动车组运用所、存车场投入使用，具备综合检测列车和其他检测测试动车组停放整备和二级及以下检修能力。未新建动车组运用所、存车场的线路，可利用既有动车组运用所、存车场完成相关作业。

20. 枢纽内衔接营业线的联络线和动车组出入库线轨道、接触网、通信、信号等具备试验列车正常运行条件。

21. 工务、供电、电务工程和房建工程的站台、雨棚、天桥、独立四电设备用房等工程，静态验收报告通过国铁集团专业专家组审查，专家组审查意见确认具备动态验收条件。铁路局集团公司牵头确认其他专业不存在影响联调联试安全开展的问题。

（四）检查内容

采用高速试验列车对路基、桥梁、隧道、轨道、道岔、通信、信号、供变电、接触网、动车组、调度指挥、客运服务等子系统的功能、接口匹配、运行安全、运输能力、系统技术进行调试、安全验证和评估，使之达到设计要求，并对全线的各系统进行调试，优化各系统的状态和性能。

四电工程动态验收主要内容见表 2-4-2。

表 2-4-2　四电工程动态验收主要内容

序　号	专　　业	检测项目
1	通信	GSM-R 系统场强覆盖、GSM-R 系统服务质量调度通信功能、列车无线车次号校核信息传送系统功能、调度命令信息无线传送系统功能、应急通信系统功能和综合视频监控系统功能等
2	信号	列车运行控制系统功能，联锁系统、调度集中（CTC）系统的相关功能，列车自动运行系统（ATO）的相关功能，信号轨旁设施状态等
3	电力牵引供电	1. 牵引供电：供变电系统主电路运行性能指标、供变电设施运行的安全性检测和功能检验，专项检测项目主要包括接触网人工短路检测。 2. 接触网：接触网几何参数、接触线平顺性指标、弓网受流参数等。 3. 远动系统：牵引供电远动系统、电力远动系统。 4. 分相装置：动车组过分相 ATP 控制方式、磁缸控制方式的断电和合电的里程位置、主断路器动作状态及网压变化、动车组过分相时的速度损失和时间损失检测
4	综合接地	列车通过时的钢轨、轨旁设施电位、钢轨电流、PW 线或架空回流线电流、贯通地线电流等，贯通地线接入处的接地电阻，接触网人工短路时钢轨电位、钢轨电流和贯通地线电流
5	电磁兼容	动车组运行条件下对外部的电磁辐射

四、初步验收

初步验收是在正式竣工验收前举行的一次工程初验，相当于工程竣工之前所做的准备工作，此次的工程验收参与人员与正式的工程验收一样，包括质监、安监、建管、档案、监理、设计、地勘以及施工等部门。其主要目的是让工程验收人员先对工程进行检查评估，并将问题形成整改意见，施工单位可依据整改意见与有关规定进行整改，便于提高正式工程验收的通过率。

建设项目跨越两个及以上铁路局集团公司的，国铁集团可以委托铁路局集团公司对建设项目的单位工程先行组织初步验收，初步验收报告报国铁集团备案。

（一）验收组织

初步验收由国铁集团初步验收委员会组织，在动态验收合格后进行。初步验收委员会由国铁集团、有关业务部门负责人、质量监督机构负责人、验收专家组及专业验收组正副组长，建设单位、运营单位负责人以及其他专家组成。

（二）验收流程

初步验收流程如图 2-4-3 所示。

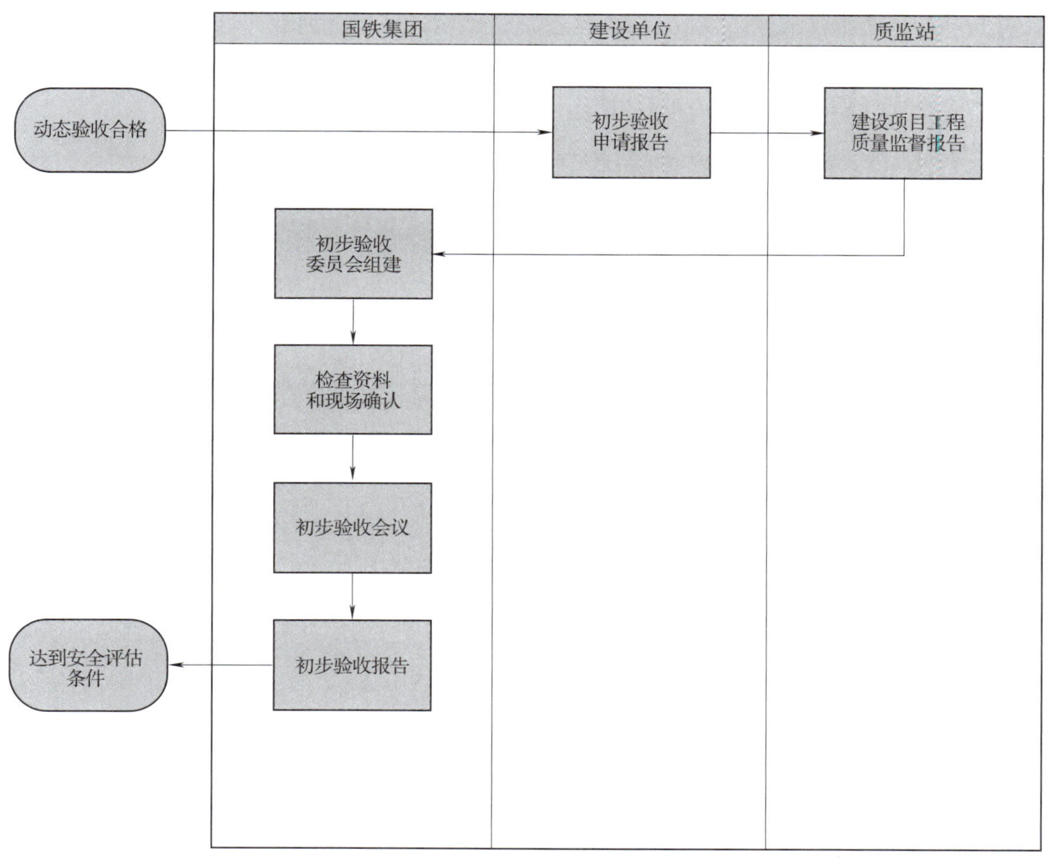

图 2-4-3　初步验收流程

（三）验收条件

1. 静态验收、动态验收合格。
2. 环境保护设施、水土保持设施经主管部门检查认可。
3. 劳动、安全、卫生及消防设施经相关部门检查认可。
4. 竣工文件按规定编制达到档案验收标准。

（四）检查内容

1. 检查工程是否按《铁路技术管理规程》、设计规范、批准的设计文件（包括批准的修改初步设计、变更设计)建成,配套辅助项目是否与主体工程同步建成。

2. 检查工程质量是否符合国家和国铁集团颁布的工程施工质量验收标准。

3. 检查建设程序执行情况和变更设计管理情况。

4. 检查工程设备配套及设备安装、调试情况,主要设备联调联试及试运转情况,以及国外引进设备合同完成情况。

5. 检查概算执行情况,材料、设备购置是否合理,工程其他支出是否符合规定,审查财务竣工决算情况。

6. 检查动态检测、试运行情况,是否具备临管运营或运营条件。

7. 检查环保、水保、劳动、安全、卫生、消防等设施是否按批准的设计文件建成并合格,地质灾害整治及建筑抗震设防是否符合规定。

8. 检查工程竣工文件编制完成情况,建设项目批准文件、设计文件、施工过程管理文件及招投标文件、监理文件、竣工文件等资料是否齐全、准确,并按规定归档。

9. 检查建设用地权属来源是否合法,面积是否准确,界址是否清楚,手续是否齐全。

10. 审计、检查、监察等发现问题的整改情况。

五、安全评估

安全评估的目的是贯彻“安全第一、预防为主、综合治理”的方针,依法落实国铁集团安全管理职责,在新建铁路初步验收合格后、试运营前,通过国铁集团组织的安全评估,确认其是否具备开通安全运营的条件,提出开通运营(临管运营、试运营)的安全评估意见。

(一)评估组织

安全评估由国铁集团负责组织,有关部门组成安全评估组。

安全评估时,根据需要可分成车务、客运、货运、机务(含供电)、工务、电务、车辆、信息、规章制度、劳动安全、治安消防、安全管理、综合等若干专业小组进行评估。

(二)评估流程

安全评估流程如图 2-4-4 所示。

(三)评估条件

1. 基础工程设备设施经初步验收合格,达到安全运营的标准。

2. 初步验收中存在的影响运营安全的问题全部得到解决。

3. 运营(临管运营、试运营)的各项准备工作已经完成。

4. 铁路局集团公司组织的安全预评估合格。

(四)检查内容

1. 新建铁路安全管理、设备设施、规章制度、人员素质等是否符合《中华人民共和国安全生产法》《中华人民共和国铁路法》《铁路安全管理条例》《铁路交通事故应急救援和调查处理条例》《铁路技术管理规程》《铁路交通事故调查处理规则》等要求。

2. 安全管理机构是否健全完备,安全管理人员是否齐全到位,安全管理和检查考核制度等办法是否建立健全,职工技术业务培训、考试和人员素质是否达标。

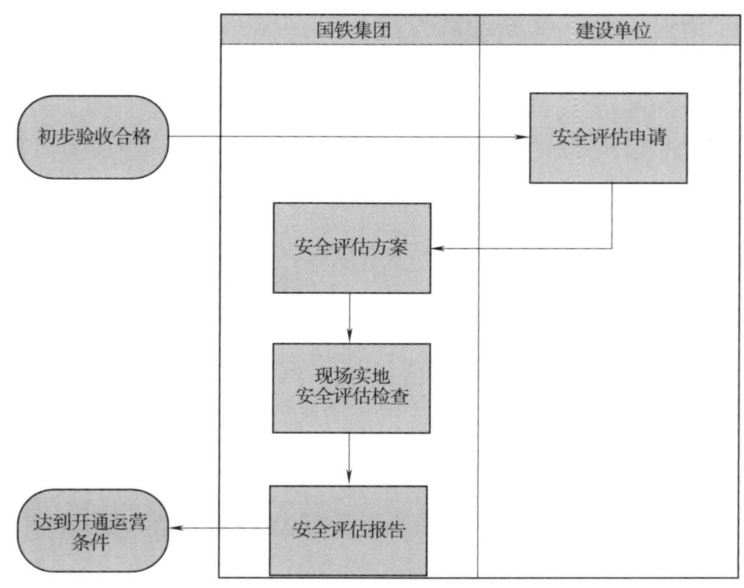

图 2-4-4　安全评估流程

3. 运输组织、行车组织办法、设备管理制度、技术标准和作业标准等规章制度是否建立健全，各项制度、办法、标准是否符合现场安全要求。

4. 固定设备、移动设备、安全设施、客货运服务设备设施和信息系统等主要行车设备设施是否满足运营安全需要。

5. 路外安全、道口安全、看守监护人员等管理制度是否建立健全，防护设备设施是否齐全有效，路外安全宣传机构、宣传队伍和铁路沿线宣传等工作是否到位。

6. 劳动安全管理、劳动防护用品等是否到位。

7. 治安消防机构、装备器材、工作制度以及线路巡护、长大桥隧守护等是否满足安全需要。

8. 各种突发事件应急预案是否建立健全。

9. 其他满足运营安全的条件是否具备。

六、正式验收

正式验收是在开通初期运营一年以上由国家主管部门或委托国铁集团组织对建设项目整体情况进行检查和评价的过程。

(一)验收组织

正式验收由正式验收委员会组织，在初期运营一年后进行；正式验收委员会由国家主管部门或国铁集团按相关规定成立。验收委员会一般由国家发展和改革委员会、工业和信息化部、公安部、财政部、自然资源部、生态环境部、水利部、国家档案局、国家铁路局、中国国际工程咨询公司以及国家铁路局地区铁路监督管理局、建设单位等组成。验收委员会组成可根据建设项目情况适当调整。

验收委员会设主任委员 1 名，国家发展和改革委员会组织验收的，验收委员会主任由国家发展和改革委员会人员担任；委托国家铁路局等组织验收的，验收委员会主任由国家铁路局等部门人员担任；验收委员会副主任委员 2～3 名，由国家发展和改革委员会、国家铁路局等部门人员担任；验收委员会委员由国家验收委员会组成部门人员担任。

验收组织部门应对建设单位提出的验收工作安排进行审查，建设单位按照审查后的验收工作安排做好配合工作。

（二）验收流程

铁路建设项目正式验收一般按下列程序进行：

1. 召开验收委员会第一次会议。验收委员会主任主持，宣布铁路建设项目国家验收委员会组成、验收范围、验收程序和验收要求，根据项目情况和部门职责确定验收分组；集中听取建设项目建设及国家验收准备情况、初期运营情况汇报。

2. 现场检查。验收委员会赴现场进行检查，查看建设情况，检查环保、水保、消防、档案等专项验收整改情况。

3. 分组查看验收资料。验收委员会分组审查建设单位提供的验收资料。

4. 召开验收委员会第二次会议。验收委员会主任主持，对建设项目进行总体评价，讨论并决定是否通过"国家验收证书"，对存在问题在验收证书中载明并责成建设单位整改，验收委员会成员在审定通过的"国家验收证书"上签字。对影响国家验收正常进行的问题，验收委员会应研究提出处理意见，必要时可中止验收。

5. 验收结束后，验收组织部门组织印制"国家验收证书"，其中正本四份，由国家发展和改革委员会、国家铁路局、建设单位保管；副本若干，分发验收委员会成员单位，以及与建设单位签订勘察设计、施工、监理合同的参建单位。

（三）验收条件

1. 批准可行性研究报告（含补充报告）确定的工程全部建成且质量合格。

2. 初步验收合格且初期运营一年以上（初期运营满 5 年应申报国家验收），状态良好，发现问题整改完毕。

3. 环境保护、水土保持、消防、档案等专项验收经相应行政主管部门验收合格。

4. 建设用地手续齐全并领取国有土地使用证，铁路线路安全保护区标桩设立完毕。

5. 铁路与道路立体交叉设施及其附属安全设施已移交完毕。

6. 竣工决算已经社会中介机构审计或经项目管理部门内审，无遗留问题。

7. 档案移交工作已经完成。

（四）验收内容

主要对建设依据、工程概况、验收范围、建设经过、开通及初期运营情况、建设投资情况、验收经过、验收结论和有关要求等内容进行验收。

七、配合运维

铁路开通运营后，建设单位与设备管理单位配合做好运输安全保障、日常运输组织、运营能耗管理、运输设备设施、环保、质量、财务、经营开发及土地资源利用等管理工作。配合运维如图 2-4-5 所示。

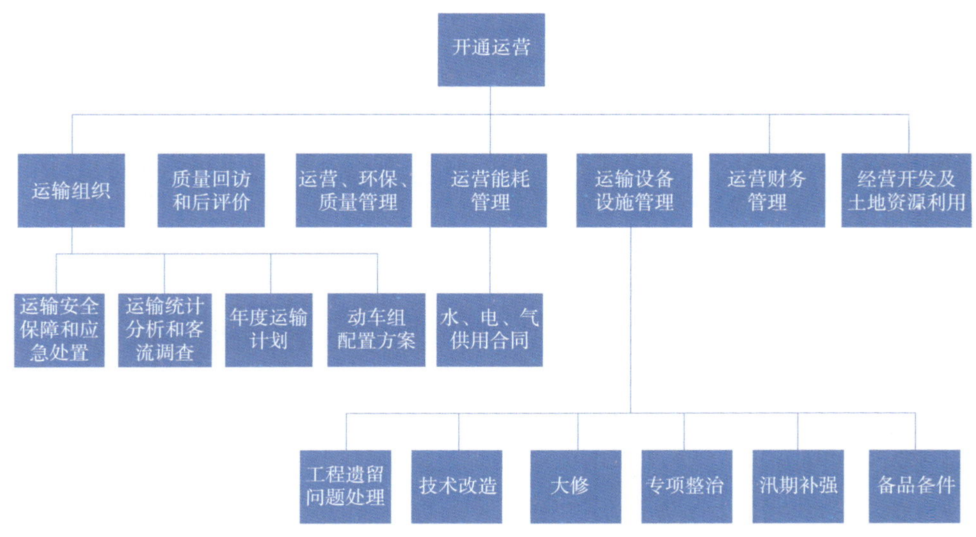

图 2-4-5 配合运维示意图

第五节 提前介入

提前介入铁路建设项目管理工作，是充分发挥铁路企业的综合优势，推进铁路建设与运营一体化管理的客观要求，建设单位要深刻理解做好提前介入工作的重要意义，提高思想认识，各司其职、协同推进，形成强大合力。

提前介入工作根据《提前介入铁路建设项目管理工作的指导意见》（铁总办〔2017〕320号）及属地铁路局集团公司关于提前预介入的管理办法和规定执行。建设单位要高度重视并积极配合提前介入工作，及时研究处理提前介入意见建议，有效消除质量安全隐患。铁路局集团公司和建设单位要建立提前介入机制、明确提前介入内容、落实提前介入责任、开展提前介入考核，抓好节点把控，强化过程控制，彻底整改提前介入发现的问题，确保开通运营前质量达标，为建设项目顺利开通、安全运营奠定坚实基础。

一、组织机构

提前介入工作首先成立领导小组、明确责任划分。

（一）领导小组

在施工图设计开始前，建设单位会同铁路局集团公司成立领导小组，由铁路局集团公司、建设单位主要负责人任组长，铁路局集团公司相关分管负责人、建设单位其他负责人任副组长，铁路局集团公司相关业务部室负责人、建设单位相关部门负责人任组员。

领导小组主要工作职责为：

1. 制定提前介入工作总体方案。

2. 研究解决提前介入工作的重大问题。

3. 决定提前介入工作的考核事项等。

(二)工作组

领导小组下设电务、供电等专业提前介入工作组(以下简称工作组),主要工作职责为:

1. 制定本系统介入方案并组织实施,审核站段提前介入方案。

2. 检查、督促、指导站段开展提前介入工作,收集、整理资料,报告重大事项,提出问题解决建议。

3. 召开对接会工作重点事项,研究解决重大问题。

(三)工作小组

铁路局集团公司相关站段成立提前介入工作小组(以下简称工作小组),由单位主要负责人牵头负责提前介入工作并指派一名副职领导专门负责具体实施工作。

(四)介入人员

主要工作职责为:

1. 贯彻执行工程建设有关法律法规、技术规范及国铁集团有关规定,督促建设相关单位消除质量问题和安全隐患,确保运营安全。

2. 掌握设计标准、验标标准和维修标准。通过提前介入,发现建设项目设计及建设过程中存在的问题。

3. 在施工图阶段,提出完善和优化设计的意见建议。在工程实施阶段,掌握各专业的质量情况和问题整改情况;掌握工程进度和技术装备质量状况。

4. 按照提前介入方案,开展现场把关、随机抽查、巡检提示等多种方式的检查。

5. 填写检查记录,建立问题台账、留存影像资料,反馈发现问题,逐条跟踪整改情况,并及时反馈工作组。

二、工作内容

(一)设计阶段

重点审查初步设计批复意见落实情况,围绕工程措施、结构安全、施工方案、运营需求参加施工图审核及优化,从源头防止设计漏项和缺陷,提高设计质量。各专业审核重点内容为:

电务方面:审核光电缆径路、综合接地系统、桥上电缆槽、电务设备房屋、综合防雷、区间铁塔、供电线引入和线缆物理隔离措施等。

供电方面:审核牵引变电所平面布置、枢纽及主要站场接触网平面布置方案,接触网主要结构形式,设备用房布局,生产生活设施配置,重点部位的接口方案,高海拔、大风、长大隧道等特殊区段的布置方案等。

(二)实施阶段

1. 介入时间

电务方面:室内在机房房建主体工程结束后设备安装及布线前介入,室外在四电工程开工前介入。

供电方面:在接触网基础及隧道内接触网预埋槽道施工开始时进行单项施工介入,在供电各专业施工开始后开展全面介入。

2. 工作内容

电务方面：参加审查主要物资设备技术规格书，对工程上道设备、器材的技术规格、标准提出意见建议；参加确认设备进场条件、检验设备进场质量；参加确定专业工艺工法、施工标准和工程首件定标工作；检查中继站、基站及站前工程沟槽管线预留位置，房建防雷及综合接地系统、隐蔽工程质量，室内外设备安装及调试情况。

供电方面：参加审查主要物资设备技术规格书，参加牵引供电和电力设备（含零部件）质量抽检及进场质量检验；检查重要接口工程的实体质量，检查供变电系统安装调试、电力供电系统安装调试、接触网系统安装调整、远动系统调试等工作质量。

（三）达标评定

高速铁路运行试验开始一周后，铁路局集团公司应从运营维护角度，按照工程建设验收标准和运营维修标准，组织开展开通达标评定工作，对工程质量达不到验收标准的，由建设单位组织施工单位进行整改；对于达到验收标准，但达不到维修标准的，按运营委托协议，铁路局集团公司组织维修站段进行整改，确保项目开通前全面达标，满足高速铁路高品质、高安全、高稳定的运营要求。

三、工作机制

1. 建设单位配合铁路局集团公司研究提前介入总体方案和各阶段实施方案。

2. 建设单位应主动为介入人员介绍建设情况、提供施工组织安排、工程进展情况、设计资料、变更设计资料、验收标准等工程相关技术资料，提供必要的工作和生活条件。

3. 施工图阶段，形成铁路局集团公司施工图审核意见。

4. 工程实施阶段，按照编制的年度工作计划进行，年度工作计划应根据施工组织设计调整情况动态调整。

5. 建设单位和铁路局集团公司共同建立问题整改销号制度，及时研究处理介入人员提出的意见建议，纳入问题库管理，建设单位组织施工单位整改，逐项销号。

四、工作要点

1. 建设单位应组织参建单位学习提前介入相关文件要求，使参建人员清楚配合提前介入工作的程序、意义和重要性。

2. 建设单位应成立配合提前介入工作组，施工单位成立配合工作小组，明确提前介入相关工作职责及内容，并选派责任心强、懂业务的管理和技术人员配合工作，记录发现的问题，研究优化方案，监督问题整改。

3. 检查当日录入问题库，明确整改方法和整改期限。

4. 建设单位定期组织提前介入工作例会，通报剩余工程、典型问题、整改销号进度，对后期提前介入工作进行安排，对复杂问题提出整改建议，设计单位制定整改方案。

5. 建设单位应建立配合提前介入工作奖惩机制，充分调动监理、施工单位配合提前介入工作的积极性，激励施工单位及时整改销号。

6. 运营单位应指定专人负责问题库管理，问题销号须进行书面签认。

第六节　变 更 管 理

变更设计是指铁路工程建设项目施工图审核合格后至工程初步验收合格后半年以内变更设计的活动。施工图阶段需要对初步设计批复的重大内容调整的，包括施工图预算超出初步设计批复总概算的，比照Ⅰ类变更设计程序报初步设计审查部门批准。变更设计应符合国家和国铁集团建设、管理程序，科学合理、实事求是，按照先批准、后实施，先设计、后施工的原则依法合规开展，确保工程安全质量。

一、变更分类

变更设计分类如图 2-6-1 所示。

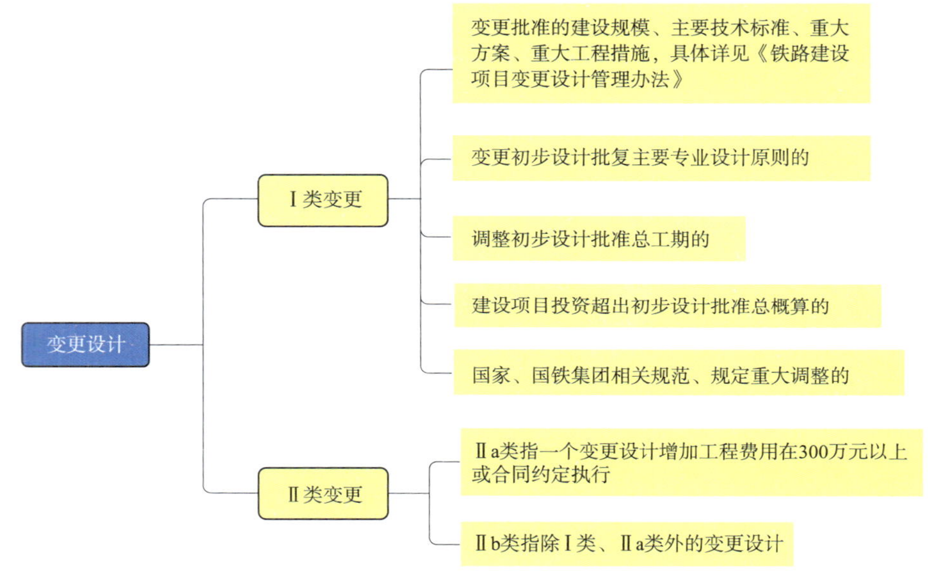

图 2-6-1　变更设计分类

二、变更特点

高速铁路四电工程变更设计具有特殊性，主要体现在以下方面：

（一）新标准、新规范引起

由于高速铁路四电工程标准规范更新，引起的变更设计。例如：由于颁布《铁路信号集中监测系统技术条件》（Q/CR 442—2020），车站和铁路局集团公司中心须按照最新版信号集中监测系统建设；由于颁布《铁路通信综合网络管理系统技术条件》（Q/CR 852—2021），通信增加综合网络管理系统；由于颁布《铁路通信网络安全技术要求　第 4 部分：综合视频监控系统》（Q/CR 783.4—2021），增加通信综合视频监控系统网络安全。

(二)运营维护需求引起

为满足运营维护便利、故障处理需求,铁路局集团公司提出的功能补强、标准提高、新产品新设备使用引起的四电工程变更设计。例如:通信、信号干线光缆增加光缆监测系统、车站运转室增设相邻线路所道岔融雪远程控制终端、新增 CTC 综合维护平台、车站咽喉区视频优化等变更设计。

(三)外部条件变化引起

由于设计方案与项目实施时期外部条件变化、地方要求等因素引起变更设计,如站房面积调整引起的四电系统变更。

三、变更流程

(一)Ⅰ类变更设计

由提议单位提出变更理由和技术经济比较资料报建设单位。建设单位组织有关单位分析、研究提出初审意见,报初步设计审查部门审批,批复后勘察设计单位按批复意见完成变更设计。Ⅰ类变更设计具体流程如图 2-6-2 所示。

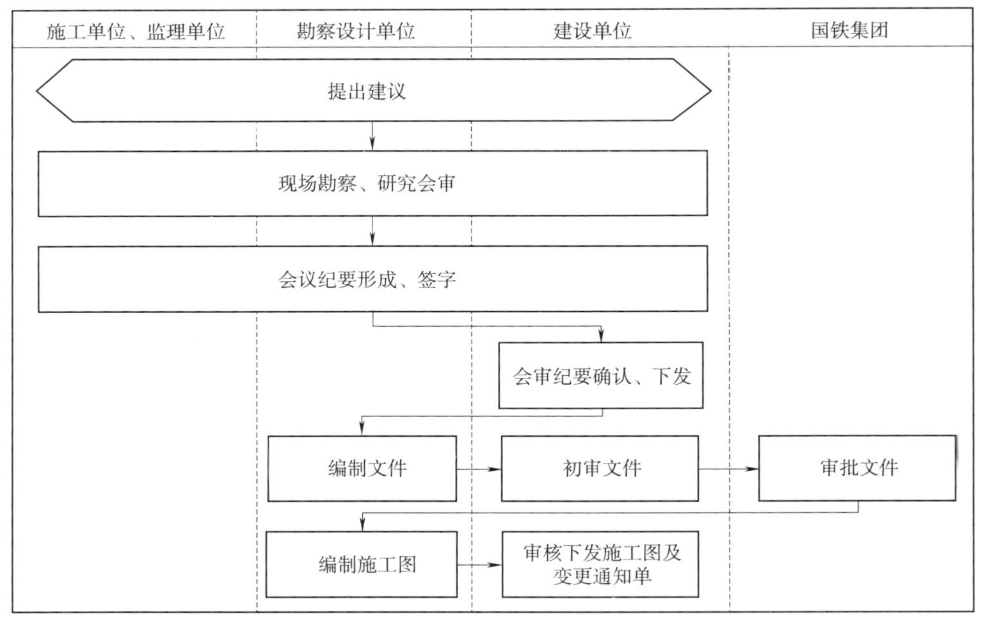

图 2-6-2　Ⅰ类变更设计流程

(二)Ⅱ类变更设计

由提议单位提出变更理由和技术经济比较资料报建设单位,建设单位组织勘察设计、监理、施工单位及有关方面分析、研究,确定变更设计原因、责任单位、技术方案、费用及费用处理方案,由勘察设计单位进行变更设计。设计文件经建设单位审查批准后实施。Ⅱ类变更设计流程如图 2-6-3 所示。

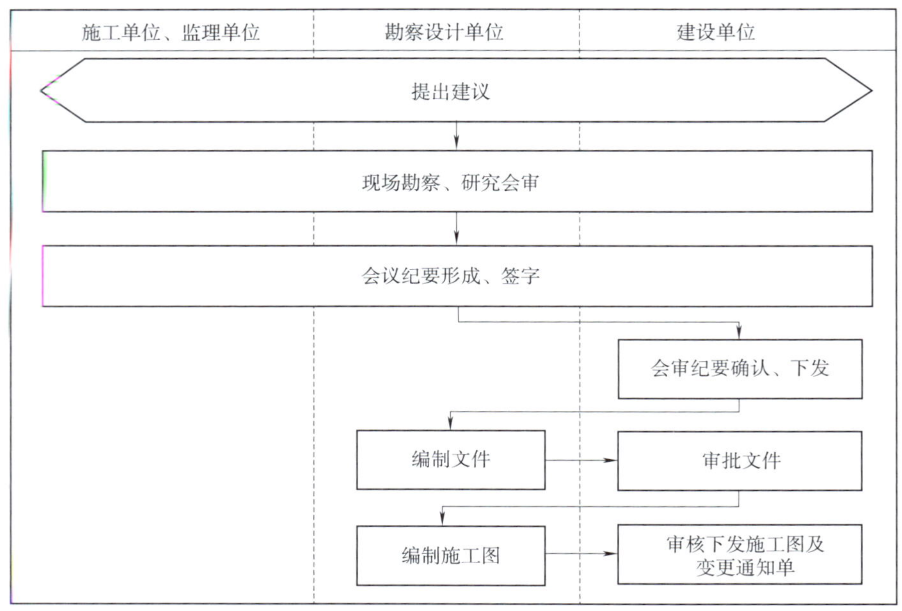

图 2-6-3　Ⅱ类变更设计流程

四、管控措施

（一）管理要点

1. 制定变更设计管理制度，明确变更流程，加强组织管理。

2. 在施工图设计、预审阶段应充分征求运营单位意见，将合理建议纳入施工图设计，减少变更数量。

3. 建立标准采废管理台账，及时将新标准、新规范纳入设计文件。

4. 施工图批复后，运营单位提出的关于提高标准、运营补强等事宜须充分研究，履行决策程序后，依法合规开展变更设计。

（二）建立标准采废管理制度

建设单位及时组织，认真研究国铁集团新标准、规范、通知等文件，梳理新文件与原设计变化情况及实施时机。设计单位要充分分析投资费用变化及实施方案对比，减少废弃和返工，优化方案减少投资和改进创新技术节约费用，提供合理化建议。对于必须立刻执行的，应及时组织参建单位按变更程序办理，降低后期实施难度。

建立标准采废台账，对于在建、新建、改建项目，建立分析对照。建设单位应研判执行难度，造成大量已完工程废弃或设备已到货安装的，应及时与国铁集团相关主管部门进行沟通对接确定实施方案。尚未实施工程或设备未采购招标的，应执行新文件要求及时履行变更程序实施。

（三）变更费用处理

Ⅰ类变更设计概算由设计单位按初步设计批复的概算编制原则编制，并对工程数量和费用进行增减对照，经建设单位初审后按规定报送国铁集团审批，严格执行国铁集团批复意见。

Ⅱ类变更设计引起的工程费用增减由设计单位按施工承包合同约定和初步设计批复的概算编制原则编制，不另计取勘察设计费。Ⅱa、Ⅱb类变更责任单位及费用处理按照批准单位明确的意见办理。

因责任原因引起的变更设计相关费用由责任方承担，不得使用风险包干费。非责任原因引起的变更设计：Ⅱ类变更设计增减工程费用通过验工计价纳入风险包干费用处理；原则上风险包干费包干使用。

在初步设计批复概算范围内，由于环保要求增加的工程和为保证运营安全而增加的补强工程，以及国铁集团相关部门和运营单位提出确有需要超工程范围、提高标准的项目可作为新增工程按Ⅱa类变更设计程序办理，相应调整合同费用；工程相关方（地方政府）要求增加的工程，且符合《铁路基本建设项目投资管理办法》（铁发改〔2022〕123号）第三十条相关规定的，按规定履行决策程序后，可作为新增工程按Ⅱa类变更设计程序办理，相应调整合同费用。

五、处理示例

对于各类变更，可参考以下原则处理：

1. 规范、标准强制性要求的，以及属于运营单位企业验收标准的予以执行。

2. 符合发展趋势、新技术、新标准、上道使用许可，技术较为成熟，其他项目运用较广泛的予以采纳。

3. 对于提升工程品质、保障运输安全、缓解维管压力等起到较大作用的予以采纳。

4. 结合以上情况，工程投资增加不显著，同时不影响现场建设实施（工期）的予以酌情考虑。

5. 其他需求导致投资增加较大，必要性不强的，与需求方进行沟通解释并达成基本一致意见后酌情考虑。

（一）新标准、新规范引起变更

新标准、新规范变更设计示例见表2-6-1。

表2-6-1　新标准、新规范变更设计示例

专　业	变更类别	变更名称	变更原因或依据	变更方案
综合	标准政策变化	股道系统分割方案调整	《国家铁路局关于发布铁道行业标准的公告（工程建设标准2021年第3批）》（国铁科法〔2021〕24号）对《城际铁路设计规范》进行了修订	车站到发线股道及非贯通正线股道出站信号机、发车进路信号机至站台端部区域应设置防护区段
信号	标准政策变化	列控系统增加网络安全等级保护设备	《列控系统网络安全管理指导意见》（工电通号函〔2021〕61号）	信号工程列控系统增加网络安全等级保护设备
四电	标准政策变化	信号集中监测系统采用2020版	《铁路信号集中监测系统技术条件》（Q/CR 442—2020）	信号工程信号集中监测站机采用2020版

续上表

专　业	变更类别	变更名称	变更原因或依据	变更方案
通信	标准政策变化	一体化综合视频监控系统变更设计	《关于在2022年部分计划开通高铁项目中实施一体化综合视频监控系统相关事项的通知》(工管站后函〔2022〕7号)	设置一体化综合视频监控系统,视频编码格式调整为H.265;视频存储时间车站重点区域为90 d
通信	标准政策变化	区间视频补强	《铁路区间线路视频监控设置标准》(铁建设〔2022〕93号)	桥梁救援疏散通道上入口处各设置1台红外定焦枪机,合计19台
通信	标准政策变化	综合网管系统标准提升变更	《铁路通信综合网络管理系统技术条件》(Q/CR 852—2021)	综合网管系统按照《铁路通信综合网络管理系统技术条件》(Q/CR 852—2021)中涉及的技术标准执行
通信	标准政策变化	综合视频监控系统网络安全防护标准提升变更	《铁路通信网络安全技术要求　第4部分:综合视频监控系统》(Q/CR 783.4—2021)	综合视频监控系统按照《铁路通信网络安全技术要求　第4部分:综合视频监控系统》(Q/CR 783.4—2021)中涉及的技术标准执行
通信	标准政策变化	承载网网络安全防护标准提升变更	《铁路通信网络安全技术要求　第2部分:承载网》(Q/CR 783.2—2020)	承载网按照《铁路通信网络安全技术要求　第2部分:承载网》(Q/CR 783.2—2020)中涉及的技术标准执行

(二)运营维护需求引起变更

运营维护需求变更设计示例见表2-6-2。

表2-6-2　运营维护需求变更设计示例

专　业	变更类别	变更名称	变更原因	变更方案
通信	功能补强及标准提高	数据网业务质量智能感知系统	数据通信网应具备入侵检查、入侵防御、流量监测、业务质量智能分析等网络安全防护及监测功能	新增接入北京局集团公司调度所数据网业务质量智能感知系统
通信、信号	功能补强及标准提高	通信、信号干线光缆设置光缆监测系统	根据《铁路通信维护规则》关于监控监测系统相关规定,为实现自动、实时监测通信、信号光缆运用状态,准确定位光缆障碍点,以保障设备安全稳定运行	通信、信号干线光缆新增光缆监测系统
通信	功能补强及标准提高	新增GSM-R网络数据监测及C3超时故障综合智能分析系统	根据《高速铁路"强基达标、提质增效"工程各系统标准》(铁总运〔2017〕115号)中关于GSM-R运行数据综合分析设备的相关要求,扩容既有GSM-R网络数据监测及综合智能分析系统,结合空口监测数据、接口监测数据、网络性能数据等,自动分析C3无线超时故障,辅助进行网络优化	新增C3无线超时故障综合智能分析功能,并相应扩容GSM-R网络数据监测及综合智能分析相关系统

续上表

专 业	变更类别	变更名称	变更原因	变更方案
四电	功能补强及标准提高	新增 CTC 综合维护平台	为实现对 CTC 中心服务器、路由器、交换机、车站自律机、终端以及应用程序等系统管理	设置 CTC 综合维护平台
信号	功能补强及标准提高	信号专业蓄电池组增设在线均衡监测系统	实现对蓄电池组内阻、电流、容量等参数进行实时在线监测，发现问题及时处置，同时可延长电池使用寿命，保证了蓄电池组的良好运行	各站所增加蓄电池组增设在线均衡监测系统
四电	功能补强及标准提高	通信铁塔由四柱钢管铁塔变更为单元组合式铁塔	较传统四柱钢管铁塔，具有模块标准化、易于安装及运输、防腐性能好、维护方便、安全性和稳定性高等优势，是铁路通信铁塔的发展方向	通信铁塔由四柱钢管铁塔变更为单元组合式铁塔，根据单元组合式铁塔的设备参数，调整基础处理方案
电力	功能补强及标准提高	电力设施在线监测装置优化调整配置	高速铁路电力设备实行重点检测、状态维修的原则，电力设备检测是保证电力设备安全运行的重要手段	电力设施在线监测装置优化调整配置
通信	功能补强及标准提高	车站咽喉视频优化	为确保视频装置全覆盖车站进出站咽喉处道岔，满足视频远程巡视道岔功能	车站咽喉区视频进行调整优化

(三)外部条件变化引起变更

外部变化变更设计示例见表 2-6-3。

表 2-6-3 外部变化变更设计示例

专 业	变更类别	变更名称	变更原因	变更方案
四电	方案变化	站房规模调整引起的相关四电工程	在四电工程施工图批复后，按地方政府要求，车站面积调整，引起四电工程方案变化	车站规模调整引起电力、通信工程方案调整

第七节 风险管理

风险管理与铁路工程管理融为一体，贯穿于铁路工程建设的每一个过程。建立风险管理制度是铁路建设管理一个不可或缺的工作，明确各参建单位的风险管理责任，减少不确定因素对铁路建设的影响。

一、风险管理制度

风险管理是对铁路工程建设中存在的安全、工期、质量、投资和环保等风险，各参建方通过风险计划管理、风险识别、风险评估、风险控制等手段，对风险实施闭环管理管理，减少风险灾害和降低风险影响的管理活动。

铁路工程风险管理应贯穿建设项目勘察设计和工程施工全过程，遵循安全第一、预防为主、动态管理和分阶段实施的原则，尽量规避极高风险，采取可靠措施减少和降低高度风险及其他风险。

建设单位是风险管理和隐患问题排查治理的责任主体，应组织建立安全风险管理和隐患问题排查治理双重预防机制，督促参建单位和人员落实安全管理责任，做好安全风险双重预防工作。

各参建单位要建立风险清单和隐患问题排查的联动机制，根据安全风险清单对标、对表检查，并根据隐患排查问题动态完善风险清单，形成良性循环。

风险管理工作包括风险管理计划、风险识别、风险评价、风险处理、风险监测，风险管理工作流程如图 2-7-1 所示。

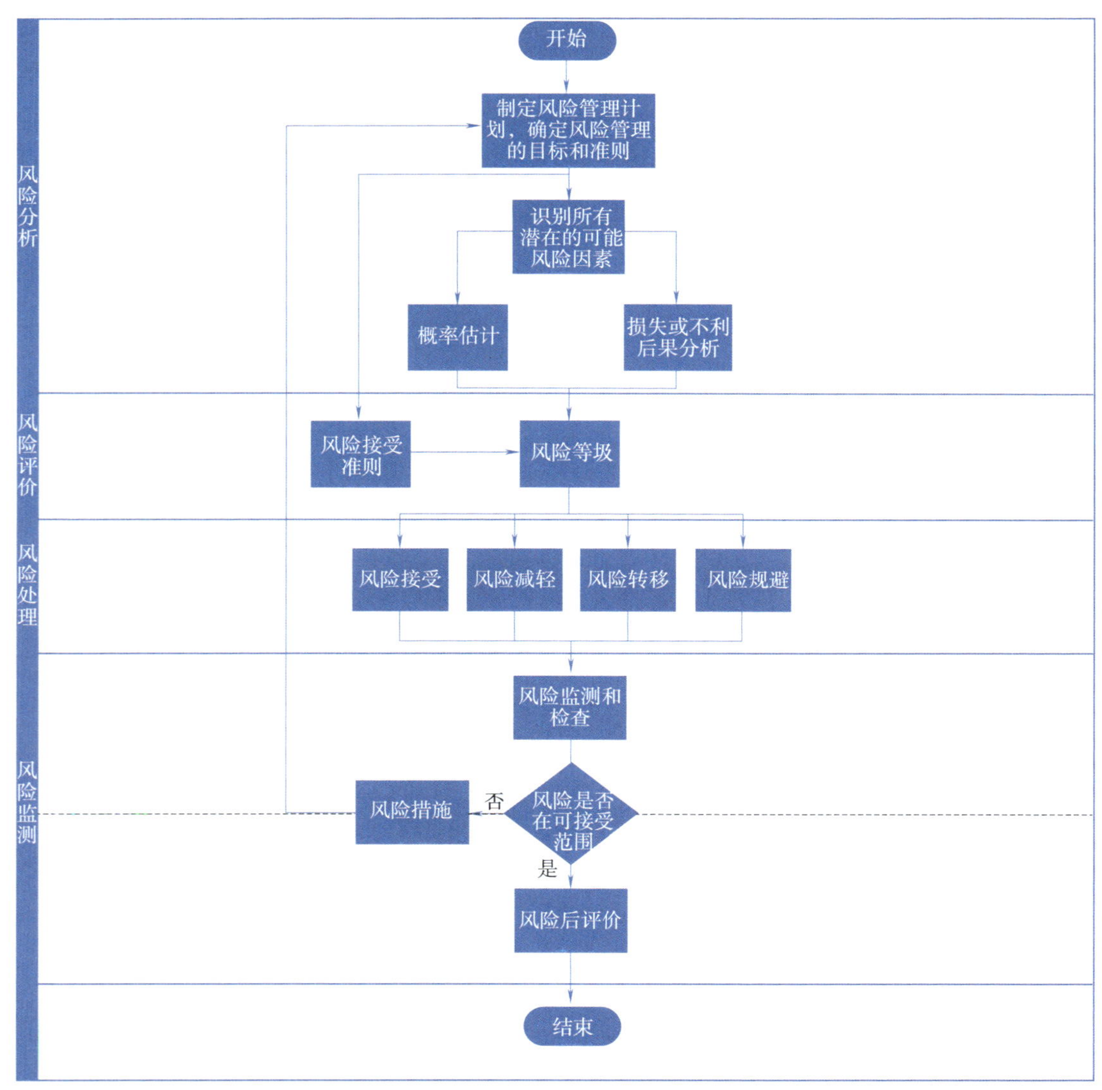

图 2-7-1　风险管理工作流程

风险识别主要指根据工程特点和当前工程阶段，制定风险计划，进行风险识别和风险估计，并将结果填入风险清单。

风险评价是根据风险事故发生的概率和估计产生的后果，进行评价，将风险从低到高分为低度、中度、高度和极高四个等级。

风险处理是根据风险评价结果，对不同风险级别事件制定相应管理措施和方案。

风险监测是指风险处理措施实施后，对实施的过程和效果进行监控，分析存在的问题，评估可能产生的残留风险和新风险，并对不足之处加以完善，达到持续改进的目的。

建设单位应在勘察设计、施工、监理等合同中明确相关单位的风险管理预防责任，将风险管理纳入勘察设计单位施工图评价范围，将风险管理纳入施工、监理企业信用评价范围，按照合同约定督促参建单位做好风险预防工作。

二、安全风险管理

为控制四电工程安全生产风险，各参建单位应确定安全生产目标，建立安全生产保证体系，强化现场安全生产检查，严格安全生产考核。

各参建单位开展危险源辨识管理，依据危险存在的位置、属性、状态、可能造成的损失或伤害等因素，对危险源进行危险性评价，有针对性地制定安全技术预防措施，建立重大危险源管理清单，形成安全风险评估报告，确保安全风险管理体系有效运转。

（一）建设单位安全管理主要责任

1. 设立安全管理机构，制定安全管理制度，配置专职安全管理人员。
2. 及时足额拨付安全生产费，检查使用情况。
3. 组织安全技术交底。
4. 建立逐级包保制度、签订责任书。
5. 定期组织安全监督检查。
6. 组织安全问题进行整改。
7. 组织安全生产教育培训和日常管理。
8. 检查、通报、督办、处理安全生产行为及存在问题。
9. 质量安全红线管理、安全评估、安全环境整治及信用评价等工作。
10. 分析安全生产状况。

（二）风险识别

四电工程安全风险包括停电施工、高空作业、临时用电、营业线施工、牵引供电系统送电、自轮运转设备安全风险管控等。具体管理要求如下：

1. 停送电施工

（1）核对范围。

（2）验电及接地工具检验。

（3）做好验电和接地防护。

（4）严格停送电手续。

2. 高空作业

（1）教育培训，持证上岗，安全技术交底到一线。

(2)安全设施牢固。
(3)安全警示标志到位。
(4)交叉作业隔离设施。
(5)佩戴和使用安全帽、安全带等防护用具。
(6)梯车平台装设护栏,有制动。
3. 临时用电
(1)作业人员要进行针对性的安全教育培训,持证上岗。
(2)电工作业要穿绝缘鞋、戴绝缘手套,严禁酒后操作。
(3)专人负责开关箱的停、送电工作。
(4)临电设备线路施工和操作,由电工完成,设专人防护。
(5)每台用电设备要有开关箱,必须实行一机、一闸、一箱、一漏。
(6)手持电动工具的电源线不能任意接长和调换。
(7)临时电线要无老化、破损,避开保温材料、消防设施等有危险的地方。
(8)应在明显位置设置醒目的安全警示标识。
4. 营业线施工
(1)人员持证上岗。
(2)详细的调查行车设备、里程、位置、运输情况及隐蔽情况。
(3)编报营业线施工方案。
(4)签订施工安全协议。
(5)报批营业线施工计划。
(6)配足人员、机械、机具,落实现场安全卡控措施。
(7)听从监管配合人员指挥,禁止野蛮作业。
5. 变电所及接触网送电
(1)确认电力牵引供电专业工程已全部完工,并经验收合格。
(2)接触网线路绝缘检查合格。
(3)牵引变电工程试验合格,变电所内的各种警告标识全部建立完毕,并经验收交接检查合格。
(4)接触网送电告示已由当地政府和电视台或广播电台播发,并在沿线车站及主要居民点发放、张贴及宣传。
(5)对参加送电开通的全体人员进行安全教育或培训,并经考核合格。
(6)绝缘电阻测试合格。
(7)人员应远离将要带电的设备,设置警戒线和警告标识。
(8)按照调度下达的命令和操作步骤进行。
(9)送电后验电。
6. 自轮运转设备
(1)建立安全管理制度及行车调度指挥系统。
(2)加强自轮运转设备的检查、保养和维修,保证工程线运输安全。
(3)建立应急指挥和故障抢修预案。

(4)行车不施工,施工不行车,确保工程线运输安全。

(三)管控措施

1. 设立安全管理机构,制定安全管理制度,配置专职安全管理人员;建立健全各岗位安全责任制,做到分工明确,责任到人。

2. 开展经常性的安全生产宣传教育和培训,牢固树立"安全第一、预防为主"的思想。

3. 进行岗前安全培训,特殊工种须持证上岗。

4. 强化施工现场安全教育。施工现场要设立安全措施牌、设立醒目安全标语口号,危险区、易燃易爆区要设立安全标志,标志要规范醒目。

5. 落实安全生产交底制度。施工前必须进行安全技术交底,项目部技术部门对施工负责人进行交底,施工负责人对班组长进行交底。各级交底必须履行签字手续。

6. 安全生产资金足额有效投入。确保安全专项资金专款专用、足额到位。

7. 编制各项施工安全、季节性灾害应急预案。

8. 强化现场作业控制,严格按批准的施工组织设计、施工方案组织施工。

9. 加强施工安全自检,全面掌握施工安全动态。对施工中存在的安全隐患,按"四不放过"的原则,组织分析、查找原因,落实整改、预防措施。

10. 严格安全生产考核管理,将日常生产安全与考核挂钩,实现预防为主的目的。

三、工期风险管理

(一)风险识别

四电工程工期风险包括施工条件滞后、物资供应滞后、营业线天窗批复困难、手续批复滞后等。具体如下:

1. 施工条件滞后

(1)接触网支柱基础、电缆沟槽管洞贯通、四电独立房屋、站房四电机房按时移交。

(2)接触网立柱与站前工程存在着交叉施工问题,站前工程及时提供工作面,为缩短交叉施工时间创造条件。

(3)协调接触网和轨旁设备安装与铺轨计划。

(4)电力贯通线送电和通信通道提供时间节点。

2. 物资供应滞后

(1)明确细化物资需求供应计划。

(2)结合具体确定物资到货时间。

(3)根据物资需求计划,开展物资采购。

(4)物资按时供应。

3. 营业线天窗批复困难

(1)施组中明确年度进度计划,细化至季度。

(2)工程推进过程中,根据节点工期要求,提前上报营业线施工计划。

(3)掌握营业线的天窗情况,包括节假日、暑专运等特殊影响因素。

(4)加强与铁路局集团公司建设部、施工办、四电相关业务部室和站段的沟通协调。

4. 手续批复滞后

(1)线站名批复。

(2)运营里程和线路允许速度批复。

(3)无线电台执照报批。

(4)GSM-R 网络数据编号方案报批。

(5)GSM-R 频率使用许可。

(6)LKJ 数据、列控数据报批。

(7)调度管辖和调度台的划分。

(8)运营管辖范围。

(二)管控措施

1. 加强关键路径活动工期管理,对四电独立房屋(牵引所亭、基站、中继站、站房设备房屋等)实施动态管理。

2. 强化过程控制,督促施工单位按月编制进度计划,并每月检查纠偏,按管理办法严肃考核奖惩。

3. 积极开展劳动竞赛,激发参建单位积极性。

4. 根据工作内容、工作顺序、起止时间和衔接关系,合理编制施工进度计划。

5. 按实施性施组落实人员、物资、机械设备等相应资源,做好施工进度动态管理,做到日掌握、周检查、月总结。

6. 强化进度检查。实行施工进度报告(日报、周报、月报)制度,并定期开展现场检查,对进度动态监控,比对重要节点实际进度和计划进度的偏差,及时采取纠偏措施。

7. 根据实际采用信息化手段开展进度管理工作。

8. 落实激励考核。对关键节点工期开展进度竞赛等活动,落实奖惩措施,加快推进施工进度。

四、质量风险管理

(一)风险识别

质量风险包括技术、过程、原材料、第三方检测及接口质量等方面风险。

(二)管控措施

1. 加强设计管理。强化设计优化、深化细部设计、完善动态设计、提高设计质量。加强初步设计审查和施工图审核,加强施工图现场核对优化,加强四电和站前、站房等接口设计质量。严格变更设计管理,按程序及时完成变更设计,保证变更设计质量;做好设计技术交底,加强服务配合、设计回访,及时解决施工中的技术问题。

2. 强化原材料管理。把好工程实施中的原材料审查关、采购关、生产供应关,严格施工单位进场检验、监理单位见证和平行检验,建设单位要加强对第三方检测单位的管理与考核。

3. 落实标准化管理和标准化作业。积极推广应用先进技术,创新工艺工法。强化对作业人员的岗前培训、技术交底和过程中的检查指导。强化科技创新,推广智能建造。

4. 开展质量排查和问题整治。坚持问题导向,开展常态化和关键阶段的质量问题排查,定期通报情况。对排查发现的问题，统一建立问题库，制定整改方案，落实分工责任，明确整改时限，确保整改质量，对突出质量问题实行挂牌督办。

5. 严格红线管理。制定质量安全红线管理制度，对偷工减料、以次充好、转包和违法分包、资料造假等违反红线管理的行为采取措施进行严厉打击。

6. 开展提前介入工作。充分发挥运营单位专业管理优势，按照“尽早介入、深度介入、全程介入”原则，在铁路建设项目施工图、工程实施等阶段，提前介入建设管理，熟悉建设标准，全过程参与施工图审核优化、工程质量和设备质量检查等工作，掌握运营设施及状况，及早发现并督促整改影响运营的问题。

7. 严格开展信用评价。

五、投资风险管理

（一）风险识别

投资风险主要包括突破初步设计概算和未完成年度投资计划两类。

（二）管控措施

1. 突破概算风险

（1）建设单位要加强铁路建设项目前期工作，认真开展初步设计初审，组织做好施工图优化和审核工作；组织对房屋规模和标准、通信、信号、电力、电力牵引供电设备选用等进行研究，保证设备匹配、量价匹配，防止差错漏碰。

（2）施工图预算是控制投资的有效手段，建设单位应督促勘察设计单位按规定编制施工图预算，在审核施工图的同时按照初步设计批准的概算编制原则对施工图预算进行审核，对照初步设计批复意见检查施工图设计内容，核实工程数量。

（3）工程实施阶段，要优化施工组织方案，合理安排工序，减少变更数量，严格执行建设程序。

（4）加强对第三方审价单位的管理。

2. 年度投资计划未完成风险

（1）及时协调解决影响四电工程实施的难点、堵点以及前置关联事项。

（2）督促施工单位加强资源调配，合理安排交叉、平行、雨季、冬季和夜间施工，按节点目标严格考核。

（3）按照验工计价管理办法，及时办理验工计价手续。

六、环水保风险管理

（一）风险识别

建设单位应组织参建单位确定环水保目标，健全环水保管理体系，制定文明施工总体规划，识别评价环境因素，提高环境保护意识，采取有效的环保措施，节约能源，减少废弃物，预防和控制污染，加强生活垃圾、生活污水、扬尘、车辆噪声、设备包装及其他废弃物等管理。

（二）管控措施

1. 细化环保工作措施。严格按国家和地方政府有关规定及设计要求开展工作，防止水土流失和空气污染，控制施工噪声。采取各种措施，减少电磁污染及对沿线生态环境的破坏。

2. 完善环保管理制度。明确责任，分级管理，层层落实。

3. 施工过程中须贯彻“预防为主、保护优先、施工和保护并重”的原则，将施工引起的对环境的干扰、破坏降到最低。

4. 对设备材料包装及时清理回收。

七、路外环境风险管理

（一）风险识别

影响四电工程建设使用的路外风险主要包括邻近接触网线路及供电线的树木、铁路沿线的彩钢房及轻飘物、外部移动通信网频率干扰、不满足倒杆距离要求的公网铁塔、上跨铁路的公路桥等。建设单位应组织施工单位做好现场排查工作，并在送电前完成清理。

（二）管控措施

1. 邻近接触网线及供电线的树木

在供电线或接触网承导线完成架设后，建设单位应组织施工单位、运营单位对邻近树木进行调查统计，对不满足安全距离的树木进行砍伐。情况紧急时，可考虑先采取对树木进行削枝的方式，保证送电安全，后续中完成危树砍伐。

2. 铁路沿线的彩钢房及轻飘物

接触网送电前，建设单位应组织站前施工单位、运营单位对全线距离铁路线路较近的彩钢房和轻飘物进行调查统计，对于安全距离不满足要求，可能受大风天气影响、飘落至接触网线路的处所，应及时拆除并清理。

3. 外部移动通信网频率干扰

建设单位应督促施工单位在建筑安装阶段、低速网优阶段分别进行站点电磁环境测试、线路电磁环境测试，对网外干扰源排查，在无线电管理委员会领导下，协调产权单位处置干扰源。

4. 不满足倒杆距离的公网铁塔

在安全评估前，建设单位应组织施工单位、运营单位对沿线外部杆塔进行排查，对不满足倒杆距离的公网铁塔应及时协调产权单位办理迁移。

5. 上跨铁路的公路桥

上跨铁路的公路桥应及时安装异物侵限监测系统，未正式启用前，建设单位应督促施工单位采取加强日常巡视、提前安装电网传感器等措施，防范上跨铁路的公路桥处坠物，造成接触网承导线损坏的风险。

第八节 管理要点

一、总体要求

1. 组织或参与项目立项决策、初步设计等，组织初步设计文件初审。

2. 应积极组织办理用地预审、环境评价、水土保持、文物调查、建设规划许可、地震安全、压覆矿、防洪评估、通航论证、节能评估、综合开发方案研究等前期工作，加快推进项目进程。

3. 以已批复的可行性研究报告、初步设计确定的技术标准和建设规模为依据，重点审查：

(1)设计方案点线能力是否匹配、运输组织是否先进合理、设备选用配置是否合理、既有设备是否得到合理利用、新建工程与既有设备是否协调、接口及综合管线布置是否合理有效、运输安全措施是否得当、接轨站设计方案是否合理、过渡工程是否合理、工程概算计算是否有错误或遗漏等；

(2)设计文件组成内容是否齐全，深度是否符合编制规定，是否执行上阶段批复意见。

4. 组织完成施工图设计和审核工作，完善施工图审核报告。

5. 施工图设计完成后，运营单位进行施工图预审，形成运营单位预审意见；建设单位向工管中心报送施工图审核报告时，应附运营单位施工图审核意见，并说明意见的处理情况。

6. 协调取得国铁集团对施工图的批复，组织相关单位闭合批复意见，核备施工图预算。

7. 组织编写指导性施工组织设计，审查实施性施工组织设计。

8. 组织审查技术规格书，设备选型确定后，及时召开设计联络会。

9. 严把进场材料设备质量，做好进场报验和抽检。

9. 认真对照开工标准化内容，全面开展开工标准化工作。

10. 组织设计交底、技术交底；组织编制施工工艺标准和作业指导书并进行审查；做好首件评估，及时办理变更设计。

11. 配合运营单位完成静态验收、动态验收、初步验收、安全评估及正式验收，组织参建单位按期完成验收问题整改销号，闭合验收专家审查意见；完成工装备品和档案资料移交。

二、通信工程

(一)设计阶段

1. 施工图审核时，审查基站/直放站场坪选址合理性，并组织现场核对。

2. 重视站前与通信工程接口设计，审核、细化接口内容。

(二)实施阶段

1. 加强设计交底，开展施工图现场核对。对四新技术做专题技术交底，并征求运营单位意见。

2. 建设单位组织设计、施工、供应商做好既有设备调查，组织相关方就引入、改造、扩容既有设备方案进行审查；及时组织设计、运营等单位研究确定通信各子系统接入既有铁路局集团公司中心专项技术方案(包括传输、数据网、有线调度、GSM-R 系统等)。

3. 对通信机房、铁塔、视频杆、特殊地段电缆槽贯通等关键环节，组织参建和运营单位现场勘查。

4. 建设单位提早组织办理 GSM-R 编号方案、IP 地址的编制、报批和通道申请及电磁环境测试、清频、频率申请、GSM-R 台站设置等手续，以上工作办理周期较长，受工程制约因素较多，建议尽早安排谋划。

5. 及时向需求专业提供通信通道。

6. 及时与公网产权单位沟通，力争与主体工程同步完成，同步投入使用。

（三）验收阶段

建设单位组织第三方检测单位开展系统功能质量检测，重点审核通信子系统功能和铁塔质量，出具检测报告。

三、信号工程

（一）设计阶段

1. 重视站前与信号工程接口设计，审核、细化接口内容。

2. 组织中继站选址的现场踏勘，考虑通站道路条件，避免设置在隧道内，确保电缆控制长度符合设计批复要求。

3. 重点盯控闭塞分区布点车地匹配检算工作，督促设计单位编制牵引布点检算报告。

4. 组织运输、电务、供电等部门确定调度、临时限速和 RBC 系统的管辖范围。

（二）实施阶段

1. 组织铁路局集团公司工务、电务、运输、机务、调度等部门进行信号平面布置图审查，确定站场线路的布置和接发车方向；确定信号楼的位置和集中联锁区的范围；确定信号机、道岔的名称编号和设置位置；确定轨道电路区段划分；确定股道有效的长度和道岔的类型。

2. 根据现场需求，组织设计、审核单位按节点目标完成信号施工图深化设计、审核。

3. 研究确定 CTC、集中监测等系统接入既有铁路局集团公司中心和营业线改造专项施工方案。

4. 建设单位应制定四电工程接口需求时间节点，抓好过程管控，确保四电工程工期目标实现。

5. 紧盯钢轨锁定节点，同步跟进轨旁设备安装和道岔工电联调。

6. 站后施工单位进场后，建设单位应将四电房屋作为重要工作来抓，为室内设备安装创造条件。

7. 建设单位应高度重视线名、站名、运营里程、线路允许速度报批工作。此项工作前置影响因素多，协调难度大，办理周期长，需提前谋划安排。

8. 组织开展列控基础数据现场复核，发布列控基础数据；督促设计单位完成列控工程数据的编制；盯控设备厂商完成信号系统软件编制；协调电务部门开展软件仿真和现场试验。

9. 组织运营单位及施工单位开展模拟试验、单体试验、连挂试验等，及时解决过程中发现的问题。

（三）验收阶段

1. 督促系统集成商及时完成轨道电路、补偿电容、应答器等轨旁信号设备的状态、功能检测。开展轨道电路载频、低频、应答器报文、区段长度等验收。

2. 在完成各信号系统单体调试的基础上，以列控设备为中心，测试设备场景功能实现，检验各系统接口间信息互联互通，实现系统信息传输可靠、表达正确、功能完备。

四、电力工程

(一)设计阶段

1. 建设单位提前介入外电源前期调查和勘察设计工作,主动对接电力公司,为设计方案提供外部条件和决策依据。

2. 组织设计单位加强对既有设备现状及可利用资源情况现场调查,确保接入既有设备、扩容技术方案满足实际要求。

3. 设计统筹考虑永临结合工程,并预留后期可实施条件和费用。

4. 建设单位协调好总体院和专业之间的职责分工,明确分工界面且紧密衔接,避免出现接口空白和交错。

(二)实施阶段

1. 制定接口管理办法,定期开展检查,督促完成整改,做好专业接口的协调工作。

2. 按照设计规范,强弱电电缆、不同等级电压电缆的分槽布设,采取防火和物理隔离等防护措施。

3. 尽早开展业扩报装手续,按批复方案,依规开展外部电源建设工作,按施组节点完成送电。

4 做好远动系统接入和既有电力设备现状调查,接入方案合理、可实施。

5. 协调站前站后单位做好工序安排,做好已完工程交接,做好敷设电缆成品保护。

6. 重点协调征拆、接口、交叉作业导致的对工期和进程制约的问题。

7. 电力电缆送电前,督促施工单位按照电气试验方案,完成所有电气试验,查验试验报告是否合格,并做好成品保护。

8. 将 10 kV 配电所受电列为电力专业控制性节点,外电源条件具备后,及时完成送电。

9. 贯通线路为一级负荷设备供电,尽早完成建设,为后续设备试验提供可靠电源。

10. 积极配合属地供电公司完成变配电所终检验收、计量安装等工作,送电前提供所有试验报告。

(三)验收阶段

1. 正式验收前,完成变配电所设备各项试验、检测工作,各系统功能稳定,安全可靠。

2. 验收前完成电力远动系统单调、联调。验收后电力系统供电可靠。

五、电力牵引供电工程

(一)设计阶段

1. 督促设计单位稳定供电方案,重点关注外电源需求、所亭、接触网线材截面及接触网电分相设置等工作。

2. 尽早与电网公司对接电源需求,配合开展外电源设计。

3. 利用既有牵引变电设施时,详实现场调查,确保方案可实施。

4. 设备选用应征求运营单位意见。

5. 选用路内运用成熟的材料和设备。

6. 牵引所亭注意场坪标高，确保排水顺畅。

(二)实施阶段

1. 待初步设计批复后，开展牵引站外部电源接入系统设计工作，待接入系统方案批复后，与电网公司开展对接工作，明确外电需求节点，跟踪外电建设进展。

2. 推进接触网预配中心建设。

3. 重点关注与站房接口预留预埋，紧盯场坪、房屋交付时间。

4. 督促施工单位做好技术交底、监理单位加强日常检查，及时消除安全质量隐患。

5. 制定工程线管理制度，严格按照营业线要点施工管理。

6. 协调试验车进场，建立联调调试调度会议，及时处理缺陷。

7. 组织协调铁路局集团公司调度室，做好远动系统调试。

(三)验收阶段

1. 组织做好沿线送电公告张贴，加强宣传、检查、巡视。

2. 建立工作专班，每日更新问题库，组织研究解决问题。

3. 尽早选定竣工档案服务机构，收集各类资料，确保联调联试前通过档案验收。

六、其他

(一)四电用地征拆

1. 前期重点督促设计院做好征地拆迁数量、补偿标准调查收集，定测阶段形成拆迁数量影像资料。

2. 与地方政府签订征拆实施协议。

3. 重点协调地方政府落实征地拆迁资金，做好拆迁补偿安置工作。在施工前提供建设、临时用地。

4. 重点督促地方政府及时完善建设用地报批、土地登记等组卷手续。

(二)外部电源

1. 牵引变电所外电源建设

(1)重点跟踪国家相关部门对铁路项目可行性研究报告的批复，内容中要明确国家电网(或南方电网)同步安排外部电源电力工程。

(2)督促设计院充分开展现场调研和踏勘，并与电力部门就牵引变电所外电源接入签订框架协议。

(3)铁路项目初步设计批复后要及时向电力部门报装用电申请，并同步委托有资质单位开展接入系统设计工作，在评审批复后及时委托有资质单位开展电能质量评估。

(4)协调省级电力公司组织开展外部电源工程前期工作、敦促尽早开工，在联调联试前具备送电条件。

(5)组织铁路设计单位与电力设计单位互提进所相序、牵引变电所四角坐标、引进所塔坐标资料，对接信息直采直送、故障录波、故障管理子站等设置原则。

(6)牵引变电所投产前，铁路建设单位与对应电力部门签订“电铁牵引站供用电合同”，铁路局集团公司与对应电力公司签订“电铁站并网调度协议”。

(7)牵引变电所竣工后，建设单位向电力部门提出受电工程竣工检验申请，竣工检验合格后启动牵引所正式送电工作。

2. 电力外电源建设

(1)与市(县)供电公司对接，稳定电源接引点，督促其出具供电方案。组织铁路设计单位开展现场调研和踏勘，征求地方规划部门意见。

(2)组织施工单位设专人负责对接电力部门，取得地方政府对临时用地、青苗赔偿、树木伐移等工作的支持。严格按电力外电源施工图开展施工，研判重难点环节，提前制定相应推进措施。

(3)变配电所投产前，铁路建设单位与对应电力部门签订供用电合同，铁路运营单位与对应电力公司签订调度协议。

(4)铁路变配电所竣工后，建设单位向电力部门提出受电工程竣工检验申请，竣工检验合格后启动正式送电工作。

(三)轨行设备管理

1. 建设单位成立工程线施工管理机构，制定工程线施工安全管理细则。

2. 重点关注安全教育培训，须经铁路局集团公司考核合格后持证上岗。

3. 铺轨单位签订安全配合协议，派专职联络员驻工程调度中心和车站，按规定向调度中心报送日施工计划。

4. 盯控施工单位严格按照批准的施工计划组织施工，按规定设置防护标志。

5. 施工时重点关注施工机器具、物料等不得侵限，点闭前组织现场清理，验收合格后方可收工。

(四)接入既有系统

1. 在详细调查既有设备分布与使用状态、行车规律、站区布局等内容的基础上制定接入既有系统实施方案，并报运营单位审批。

2. 本着故障导向安全的原则，保证能够随时返回设备原运行状态。

3. 接入后及时完成相关测试、验证、销点工作，并根据相关规定留守观察，保证营业线运输安全。

(五)四电接口管理

1. 建立完善的接口管理制度和体系，明确参建单位的职责。

2. 参建单位配置四电专业管理人员，加强对四电接口工程的技术管理。

3. 根据现场实际情况对接口图纸进行优化，避免差、错、漏、碰等问题。

4. 加强四电接口施工的技术交底，根据设计意图编制作业指导书，确保接口工程施工质量。

(六)甲供物资管理

1. 技术规格书产品技术参数要充分征求运营单位意见，保证后续系统顺利实施。

2. 综合考虑物资采购及生产周期，供货满足现场需求。

3. 建设单位组织相关单位召开设计联络会，明确细部标准和供货时间。

4. 做好进场检验，保障物资设备材料质量满足要求。

第三章　实体工程管控标准化

本章通过收集整理提炼四电工程相关建设标准，研究共同特点，根据工程建设实际，对现有细部设计和工艺质量标准、验收标准进行融会贯通，将共性与重要控制点提炼出来，对四电工程的设备安装与建筑工程在不同的纵向线位上进行分析，按空间划分管理单元，提出柜内标准化、室内标准化、院内标准化和区站标准化进行高度概括和精确指导，形成看得见、摸得着的检查和评比标准，满足建设单位需要，丰富标准化管理手段。针对易影响工程质量，涉及安全、技术的施工重点、难点形成便于精准检查的表格和项目，从观感质量上实现对工程实体成品的快速检查。

依据铁路行业现行标准和规范，贯彻“质量标准样板化、操作过程精细化”的理念，通过在施工现场进行工程实体质量快速检查，进一步推广精品工程，深入推进样板引路，从样板引路延伸至样板工序，对建筑主体结构、设备安装、线缆敷设等关键环节推行质量管控标准化。

在现场检查过程中，检查人员可以通过部位/专业索引表的方式快速定位重点检查内容，按部位质量管控索引见表 3-1-1，按专业质量管控索引见表 3-1-2。

表 3-1-1　按部位质量管控索引表

空间位置	专　业	检查重点	参考条文号
柜内	通信	布局、线缆、标识、接地	第一节柜内标准化第一项通用要求第一款至第四款 第一节柜内标准化第二项各专业要求第一款通信信号专用要求第一条至第二条
	信号	布局、线缆、标识、接地	第一节柜内标准化第一项通用要求第一款至第四款 第一节柜内标准化第二项各专业要求第一款通信信号专用要求第一条至第二条
	电力	布局、线缆、标识、接地	第一节柜内标准化第一项通用要求第一款至第四款 第一节柜内标准化第二项各专业要求第二款电力专用要求第一条至第三条
	电力牵引供电	布局、线缆、标识、接地	第一节柜内标准化第一项通用要求第一款至第四款 第一节柜内标准化第二项各专业要求第三款电力牵引供电专用要求第一条至第三条
室内	通信	布局、机柜、标识、线缆、接地、房屋配套	第二节室内标准化第一项通用要求第一款至第七款 第二节室内标准化第二项各专业要求第一款通信专用要求第一条至第二条
	信号	布局、机柜、标识、线缆、接地、房屋配套	第二节室内标准化第一项通用要求第一款至第七款 第二节室内标准化第二项各专业要求第二款信号专用要求第一条至第二条

续上表

空间位置	专　业	检查重点	参考条文号
室内	电力	布局、机柜、标识、线缆、接地、房屋配套	第二节室内标准化第一项通用要求第一款至第七款 第二节室内标准化第二项各专业要求第三款电力专用要求第一条机柜(1)至(4) 第二节室内标准化第二项各专业要求第三款电力专用要求第二条 第二节室内标准化第二项各专业要求第三款电力专用要求第三条电缆夹层(1)至(2)
	电力牵引供电	布局、机柜、标识、线缆、接地、房屋配套	第二节室内标准化第一项通用要求第一款至第七款 第二节室内标准化第二项各专业要求第四款电力牵引供电专用要求第一条至第三条
院内	通信	布局、场坪、院墙、排水、标识、电缆沟/井 铁塔组立、视频杆安装、光电缆引入、天馈线安装	第三节院内标准化第一项通用要求第一款至第六款 第三节院内标准化第二项各专业要求第一款通信专用要求第一条铁塔组立(1)至(3) 第三节院内标准化第二项各专业要求第一款通信专用要求第二条视频杆及摄像机安装(1)至(3) 第三节院内标准化第二项各专业要求第一款通信专用要求第三条光电缆引入(1)至(3) 第三节院内标准化第二项各专业要求第一款通信专用要求第三条天馈线安装(1)至(2)
	信号	布局、场坪、院墙、排水、标识、电缆沟/井	第三节院内标准化第一项通用要求第一款至第六款 第三节院内标准化第二项各专业要求第二款信号专用要求第一条
	电力	布局、场坪、院墙、排水、标识、电缆沟/井 变配电所址、通道与围栏、箱式设备	第三节院内标准化第一项通用要求第一款至第六款 第三节院内标准化第二项各专业要求第三款电力专用要求第一条至第三条
	电力牵引供电	布局、场坪、院墙、排水、标识、电缆沟/井 设备与构支架、院内27.5 kV电缆敷设	第三节院内标准化第一项通用要求 第三节院内标准化第二项各专业要求第四款电力牵引供电专用要求第一条设备与构、支架(1)至(6) 第三节院内标准化第二项各专业要求第四款电力牵引供电专用要求第二条27.5 kV电缆敷设(1)至(4)
区站	通信	槽道光电缆	第四节区站标准化第一项缆线敷设标准化第一款槽道光电缆第一条通用要求(1)至(7) 第四节区站标准化第一项缆线敷设标准化第一款槽道光电缆第二条通信专用要求(1)至(3)
		隧道漏缆	第四节区站标准化第一项缆线敷设标准化第一款槽道光电缆第一条通用要求(1)至(7) 第四节区站标准化第一项缆线敷设标准化第二款通信隧道漏缆第一条至第三条
		室外设备安装	第四节区站标准化第三项通信室外设备安装标准化第一款隧道内直放站第一条至第四条 第四节区站标准化第三项通信室外设备安装标准化第二款区间视频设备第一条至第四条

续上表

空间位置	专　业	检查重点	参考条文号
区站	信号	槽道光电缆	第四节区站标准化第一项缆线敷设标准化第一款槽道光电缆第一条通用要求(1)至(7) 第四节区站标准化第一项缆线敷设标准化第一款槽道光电缆第三条信号专用要求(1)至(5)
		轨旁设备安装	第四节区站标准化第四项信号轨旁设备安装标准化第一款箱盒第一条至第六条 第四节区站标准化第四项信号轨旁设备安装标准化第二款信号机第一条通用要求 第四节区站标准化第四项信号轨旁设备安装标准化第二款信号机第二条高柱色灯信号机 第四节区站标准化第四项信号轨旁设备安装标准化第三款转辙装置第一条至第四条 第四节区站标准化第四项信号轨旁设备安装标准化第四款补偿电容第一条至第五条 第四节区站标准化第四项信号轨旁设备安装标准化第五款扼流变压器第一条至第五条 第四节区站标准化第四项信号轨旁设备安装标准化第六款应答器第一条至第三条
	电力	槽道光电缆	第四节区站标准化第一项缆线敷设标准化第一款槽道光电缆第一条通用要求(1)至(7) 第四节区站标准化第一项缆线敷设标准化第一款槽道光电缆第四条电力专用要求(1)至(2)
		电力架空线路	第四节区站标准化第一项缆线敷设标准化第一款槽道光电缆第一条通用要求(1)至(7) 第四节区站标准化第一项缆线敷设标准化第三款电力架空线缆第一条至第十条
	电力牵引供电	接触网线路	第四节区站标准化第二项接触网安装标准化第一款支柱、硬横梁及吊柱第一条至第三条 第四节区站标准化第二项接触网安装标准化第二款拉线及补偿装置第一条至第六条 第四节区站标准化第二项接触网安装标准化第三款腕臂、定位装置第一条至第四条 第四节区站标准化第二项接触网安装标准化第四款接触悬挂第一条至第七条

表 3-1-2　按专业质量管控索引表

空间位置	专　业	检查重点	参考条文号
通信	柜内	布局、线缆、标识、接地	第一节柜内标准化第一项通用要求第一款至第四款 第一节柜内标准化第二项各专业要求第一款通信信号专用要求第一条至第二条
	室内	布局、机柜、标识、线缆、接地、房屋配套	第二节室内标准化第一项通用要求第一款至第七款 第二节室内标准化第二项各专业要求第一款通信专用要求第一条至第二条

续上表

空间位置	专　业	检查重点	参考条文号
通信	院内	布局、场坪、院墙、排水、标识、电缆沟/井 铁塔组立、视频杆安装、光电缆引入、天馈线安装	第三节院内标准化第一项通用要求第一款至第六款 第三节院内标准化第二项各专业要求第一款通信专用要求第一条铁塔组立(1)至(3) 第三节院内标准化第二项各专业要求第一款通信专用要求第二条视频杆及摄像机安装(1)至(3) 第三节院内标准化第二项各专业要求第一款通信专用要求第三条光电缆引入(1)至(3) 第三节院内标准化第二项各专业要求第一款通信专用要求第三条天馈线安装(1)至(2)
	区站	槽道光电缆	第四节区站标准化第一项缆线敷设标准化第一款槽道光电缆第一条通用要求(1)至(7) 第四节区站标准化第一项缆线敷设标准化第一款槽道光电缆第二条通信专用要求(1)至(3)
		隧道漏缆	第四节区站标准化第一项缆线敷设标准化第一款槽道光电缆第一条通用要求(1)至(7) 第四节区站标准化第一项缆线敷设标准化第二款通信隧道漏缆第一条至第三条
		室外设备安装	第四节区站标准化第三项通信室外设备安装标准化第一款隧道内直放站第一条至第四条 第四节区站标准化第三项通信室外设备安装标准化第二款区间视频设备第一条至第四条
信号	柜内	布局、线缆、标识、接地	第一节柜内标准化第一项通用要求第一款至第四款 第一节柜内标准化第二项各专业要求第一款通信信号专用要求第一条至第二条
	室内	布局、机柜、标识、线缆、接地、房屋配套	第二节室内标准化第一项通用要求第一款至第七款 第二节室内标准化第二项各专业要求第二款信号专用要求第一条至第二条
	院内	布局、场坪、院墙、排水、标识、电缆沟/井	第三节院内标准化第一项通用要求第一款至第六款 第三节院内标准化第二项各专业要求第二款信号专用要求第一条
	区站	槽道光电缆	第四节区站标准化第一项缆线敷设标准化第一款槽道光电缆第一条通用要求(1)至(7) 第四节区站标准化第一项缆线敷设标准化第一款槽道光电缆第三条信号专用要求(1)至(5)
		轨旁设备安装	第四节区站标准化第四项信号轨旁设备安装标准化第一款箱盒第一条至第六条 第四节区站标准化第四项信号轨旁设备安装标准化第二款信号机第一条通用要求 第四节区站标准化第四项信号轨旁设备安装标准化第二款信号机第二条高柱色灯信号机 第四节区站标准化第四项信号轨旁设备安装标准化第三款转辙装置第一条至第四条 第四节区站标准化第四项信号轨旁设备安装标准化第四款补偿电容第一条至第五条 第四节区站标准化第四项信号轨旁设备安装标准化第五款扼流变压器第一条至第五条 第四节区站标准化第四项信号轨旁设备安装标准化第六款应答器第一条至第三条

续上表

空间位置	专　业	检查重点	参考条文号
电力	柜内	布局、线缆、标识、接地	第一节柜内标准化第一项通用要求第一款至第四款 第一节柜内标准化第二项各专业要求第二款电力专用要求第一条至第三条
	室内	布局、机柜、标识、线缆、接地、房屋配套	第二节室内标准化第一项通用要求第一款至第七款 第二节室内标准化第二项各专业要求第三款电力专用要求第一条机柜(1)至(4) 第二节室内标准化第二项各专业要求第三款电力专用要求第二条 第二节室内标准化第二项各专业要求第三款电力专用要求第三条电缆夹层(1)至(2)
	院内	布局、场坪、院墙、排水、标识、电缆沟/井 变配电所址、通道与围栏、箱式设备	第三节院内标准化第一项通用要求第一款至第六款 第三节院内标准化第二项各专业要求第三款电力专用要求第一条至第三条
	区站	槽道光电缆	第四节区站标准化第一项缆线敷设标准化第一款槽道光电缆第一条通用要求(1)至(7) 第四节区站标准化第一项缆线敷设标准化第一款槽道光电缆第四条电力专用要求(1)至(2)
		电力架空线路	第四节区站标准化第一项缆线敷设标准化第一款槽道光电缆第一条通用要求(1)至(7) 第四节区站标准化第一项缆线敷设标准化第三款电力架空线缆第一条至第十条
电力牵引供电	柜内	布局、线缆、标识、接地	第一节柜内标准化第一项通用要求第一款至第四款 第一节柜内标准化第二项各专业要求第三款电力牵引供电专用要求第一条至第三条
	室内	布局、机柜、标识、线缆、接地、房屋配套	第二节室内标准化第一项通用要求第一款至第七款 第二节室内标准化第二项各专业要求第四款电力牵引供电专用要求第一条至第三条
	院内	布局、场坪、院墙、排水、标识、电缆沟/井 设备与构支架、院内 27.5 kV 电缆敷设	第三节院内标准化第一项通用要求 第三节院内标准化第二项各专业要求第四款电力牵引供电专用要求第一条设备与构、支架(1)至(6) 第三节院内标准化第二项各专业要求第四款电力牵引供电专用要求第二条 27.5 kV 电缆敷设(1)至(4)
	区站	接触网线路	第四节区站标准化第二项接触网安装标准化第一款支柱、硬横梁及吊柱第一条至第三条 第四节区站标准化第二项接触网安装标准化第二款拉线及补偿装置第一条至第六条 第四节区站标准化第二项接触网安装标准化第三款腕臂、定位装置第一条至第四条 第四节区站标准化第二项接触网安装标准化第四款接触悬挂第一条至第七条

第一节　柜内标准化

本节“柜内”是指设置于四电房屋内的各种机柜内部，包括：信号机房内继电器组合柜、联锁机柜、电源屏、列控机柜、综合柜、防雷分线柜等，通信机房内配线柜、基站设备柜、传输设备柜等，电力及电力牵引供电室内开关柜、控制柜等。

柜内标准化主要是对四电机柜内部布局、布线、线缆绑扎、标牌标识、接地等细部工艺提出要求和指导性意见，以达到布线美观整洁、提高设备运行稳定性的效果。

一、通用要求

（一）布局

各设备、仪表布局合理，安装牢固，零配件齐全，并具备一定的扩展能力。

（二）线缆

柜内配线排列整齐美观，进出线方向一致。电缆线间及对地绝缘良好。线缆余留长度、成端质量和弯曲半径满足要求。

（三）标识

柜内设线缆标识牌及线号管，标明线缆用途、长度及起止位置，线号管宜用圆形浅色塑料管，文字方向一致，接地标识规范清晰。

（四）接地

屏柜均可靠接地，柜内设接地专用端子排。

二、各专业要求

（一）通信信号专用要求

1. 线缆：电源线、地线与设备线分开。

2. 接地：柜门、设备子框和线缆成端分别接地。

柜内线缆成端（数字配线架）如图 3-1-1 所示，信号柜内标准化（继电器组合排列正面）如图 3-1-2所示，信号柜内标准化（防雷分线柜）如图 3-1-3 所示。

（二）电力专用要求

1. 电力电缆头与标牌采用绑扎固定方式，线把绑扎间距宜为 90～180 mm。

2. 用线槽布线时，线槽与端子排间距不小于 70 mm。

图 3-1-1　柜内线缆成端（数字配线架）示例

图 3-1-2　信号柜内标准化(继电器组合排列正面)示例

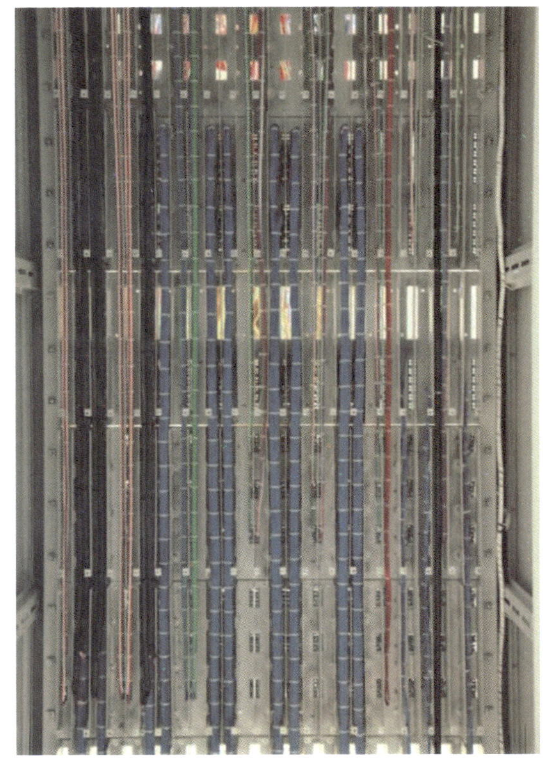

图 3-1-3　信号柜内标准化(防雷分线柜)示例

3. 无线槽布线时，电缆单根成束绑扎，备用芯高出端子排长度一致，用热缩套管封帽处理。

电力柜内标准化（电缆头及标识牌固定）如图 3-1-4 所示，电力柜内标准化（柜内线缆成端）如图 3-1-5 所示。

图 3-1-4　电力柜内标准化（电缆头及标识牌固定）示例

图 3-1-5　电力柜内标准化（柜内线缆成端）示例

（三）电力牵引供电专用要求

1. 开关柜与电缆回路对应，进出电缆方向、相别正确。
2. 线槽孔距与端子间距相同，芯线引出平直。
3. 备用芯单独垂直布置，封帽高度一致。

电力牵引供电柜内标准化（柜内二次配线）如图 3-1-6 所示。

（a）　　（b）

图 3-1-6　电力牵引供电柜内标准化（柜内二次配线）示例

三、重点检查事项

观察：元器件布局，配线外表无绞拧、护层断裂、表面严重划伤等。
测量：电气间隙、爬电距离等。
试验：功能试验、绝缘试验、接地试验等。

第二节　室内标准化

本节描述的“室内”是指四电房屋内部空间，包括车站设备机房、基站机房、直放站机房、中继站机房、电力及电力牵引供电室等。

室内标准化主要是对四电房屋内机柜及相关设施的整体布局、设备布置、标识、电缆布线、接地等提出要求和指导性意见，以达到布局合理、美观整洁、便于维护的效果。

一、通用要求

布局：设备、机柜排列整齐、整体美观、固定牢固，间距满足规范要求；设备机柜布置、线缆敷设宜采用 BIM 技术提前规划，线缆布放前进行碰撞试验。

机柜：同室同类柜体外形尺寸、面板布置、颜色一致，表面涂层完整，盘眉字体统一，本体及元器件、附件等均采用中文标识。

标识：线缆应挂标识牌，标明线缆型号、用途、起止点及长度等信息，接地标识规范、清新。

线缆：布放顺直、整齐，便于维护，线缆两端标识齐全，固定间距一致，并符合线缆弯曲半径要求。

接地：走线架、走线槽应接地，须提前规划接地方式，避免交叉。

防火：光电缆走线架、线槽穿过楼板孔或墙洞处应进行防火封堵。

房屋配套：采用外开式防火门，门槛设不低于 0.5 m 可拆卸式挡板，电磁兼容、防尘、防静电、通风、防潮、消防设施要求须符合相关规范要求。

二、各专业要求

（一）通信专用要求

1. 调度中心、调度所、通信站、站房、信号楼通信机房内光纤、2M 同轴电缆、网线等信号线采用上走线，在机柜正面布放；电源线、地线、室外引入光电缆、馈线采用下走线，在机柜背面布放。

2. 基站、中继站、隧道外直放站、牵引变电所、分区所、AT 所、信号线路所等通信机房宜采用下走线架安装方式。

通信室内标准化（机柜安装）如图 3-2-1 所示，通信室内标准化（机柜下走线架安装）如图 3-2-2所示，通信室内标准化（机柜上走线架安装）如图 3-2-3 所示，通信院内标准化（光电缆间光缆引入）如图 3-2-4 所示。

图 3-2-1　通信室内标准化（机柜安装）示例

图 3-2-2　通信室内标准化(机柜下走线架安装)示例

图 3-2-3　通信室内标准化(机柜上走线架安装)示例

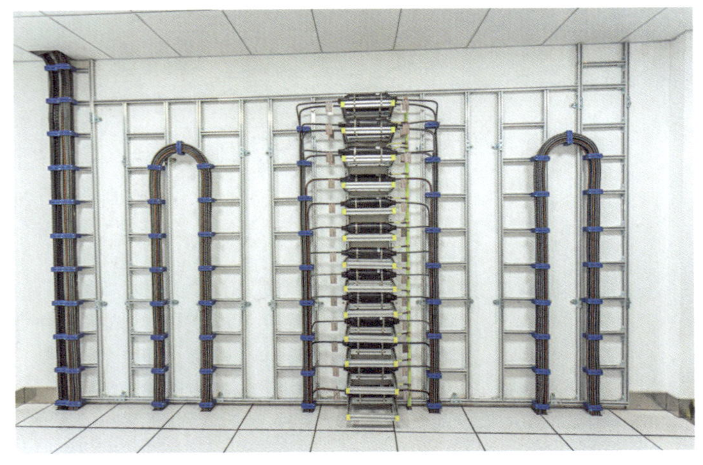

图 3-2-4　通信院内标准化(光电缆间光缆引入)示例

（二）信号专用要求

1. 机柜：电缆柜、综合柜、防雷分线柜设置在防雷分线间；移频柜、接口柜设置在靠近计算机室位置；信号电源防雷箱、外电源网监测箱靠近电源屏设置。

2. 线缆：信号电源电缆、联锁列控驱采电缆、ZPW-2000 轨道电路采集线缆、室内应答器尾缆、引入室内光电缆采用下走线方式，采用铝合金走线架，线缆用绝缘固线器固定；其他线缆采用上走线方式，采用走线架，颜色与机柜颜色一致。

信号室内标准化（电源设备安装）如图 3-2-5 所示，信号室内标准化（电源防雷箱和外电源网质量监测箱安装）如图 3-2-6 所示，信号室内标准化（下走线）如图 3-2-7 所示，信号室内标准化（上走线）如图 3-2-8 所示。

图 3-2-5　信号室内标准化（电源设备安装）示例

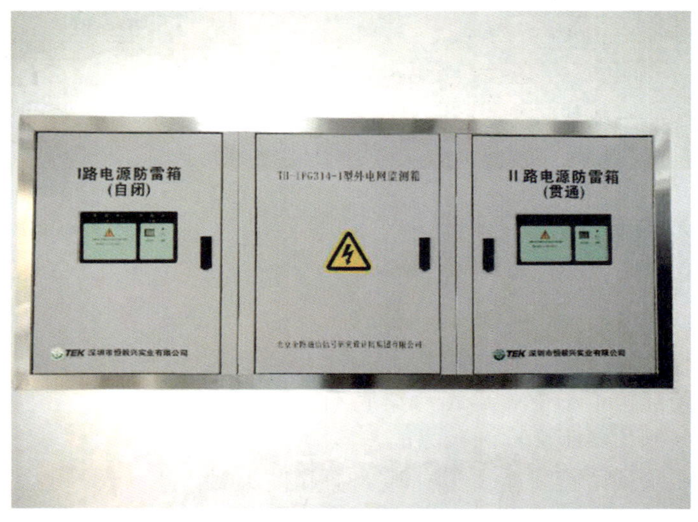

图 3-2-6　信号室内标准化（电源防雷箱和外电源网质量监测箱安装）示例

图 3-2-7　信号室内标准化(下走线)示例

图 3-2-8　信号室内标准化(上走线)示例

(三)电力专用要求

1. 机柜

(1)配电装置长度大于 7 m 时,屏柜后设两个出口。

(2)配电装置距顶板不小于 0.8 m,距梁底不小于 0.6 m。

(3)基础预埋槽钢顶部距离地坪 10 mm。

(4)开关柜配线室预留柜间连线孔洞,底部预留防火封堵盒。

2. 接地

开关柜接地母线采用铜材质贯通连接,工作接地与保护接地分别接引至地网。

3. 电缆夹层

(1)电缆上应装设标志牌。标志牌上应注明线路编号、电缆型号、规格及起止点;标志牌的字迹应清晰不易脱落。标志牌规格宜统一,标志牌应能防腐,挂装应牢固。

(2)夹层内电缆分层、分侧排列整齐,柜内引入电缆弧度一致。

电力室内标准化(机柜排列)如图 3-2-9 所示,电缆夹层标准化(电缆敷设及标志牌固定)如图 3-2-10 所示。

图 3-2-9　电力室内标准化(机柜排列)示例

图 3-2-10　电缆夹层标准化(电缆敷设及标志牌固定)示例

(四)电力牵引供电专用要求

1. 高压室室内不宜设吊顶,原则上不设窗户。

2. 控制室盘柜区域不宜设窗户,可在入口处设置窗户。

3. 盘柜布置便于安装、检修及辅助监控系统检测。

4. 基础预埋型钢或基础框架的平直度符合设备安装要求。预留型钢、沟槽管洞应与设备要求相符。

牵引变电所室内标准化(中控室布置)如图 3-2-11 所示。

图 3-2-11　牵引变电所室内标准化(中控室布置)示例

三、重点检查事项

观察:机柜布置整齐,线缆无损伤。

测量:设备水平/垂直偏差,相对距离。

试验:功能试验,交接试验。

第三节　院内标准化

本节描述的“院内”是指基站、中继站、变配电所、牵引变电所等设置独立院落的四电场所。

院内标准化主要对院内空间整体布局、场坪、院墙、排水等提出要求和指导性意见,以达到布局合理、美观整洁的效果。

一、通用要求

(一)布局

1. 符合防火、环保、节能规定。

2. 院内分区明确、布局合理，房屋与铁塔、箱变等设备间距宜大于 3 m。

3. 建筑物出入口处的接地引线有明显标识；接地线露出地面部位和焊接部位有防腐措施。

4. 院内设备布置、线缆敷设宜采用 BIM 技术提前规划，线缆布放前应进行碰撞试验。

(二)场坪

1. 室外地面高程符合洪水位和内涝水位的有关规定。

2. 场坪标高满足规范要求，选址位置充分考虑洪水及内涝影响。

3. 院内外、室内外高差满足排水要求。

(三)院墙

1. 院落设不低于 2.5 m 实体围墙和防盗、不通透院门。

2. 围墙上设 0.5 m 高刺丝滚笼，院门上设内、外翻 45°尖刺，院门与地面缝隙设防止小动物进入措施。院墙符合反恐和治安防范标准的相关要求。

(四)排水

院内坡度不小于 3‰，排水措施整体规划。

(五)标识

1. 标识主次分明，清晰明了，符合视觉、阅读习惯。

2. 标语要整体规划，与环境及设备设施有机融合。

3. 标识材质、形式、规格、色彩须与建筑相协调。

(六)电缆沟/井

1. 电缆沟/井须接入排水系统。

2. 电缆沟/井盖板与场坪整体协调统一，与电缆沟/井贴合紧密，结构设计应具有雨水引流功能，可避免雨水倒灌。

二、各专业要求

(一)通信专用要求

1. 铁塔组立

(1)塔身各部位螺栓连接紧固，满足力矩要求。

(2)铁塔塔身中心垂直倾斜满足要求。

(3)地脚螺栓、焊接部位做防腐处理。

2. 视频杆及摄像机安装

(1)按院内视频监控范围原则，合理布置。

(2)杆顶避雷针引下线、基础与场坪地网可靠连接。

(3)视频采集设备杆式安装线缆引入口做防水处理。

3. 光电缆引入

(1)光电缆引入宜设置引入间；引入室内前应可靠接地，引入时应余留合理，防护到位，符合弯曲半径要求和维护需要。

（2）引入处金属护套及加强芯在绝缘节内电气断开，盘留支架用热镀锌扁钢，牢固于侧壁。

（3）引入管孔进出口采用阻燃材料封堵严密。

4. 天馈线安装

（1）塔顶定向天线的安装高度、方位角、俯仰角符合信号覆盖要求，全向天线安装位置应满足天线之间隔离度要求。

（2）馈线引下及引入时应选取最短路径，路由合理，敷设馈线平、顺、直，符合弯曲半径要求。馈线引入室内前接地满足防雷要求，保证设备安全。

通信院内标准化（组合式单元塔组立）如图3-3-1所示，通信院内标准化（铁塔塔顶天线安装）如图3-3-2所示，通信院内标准化（视频杆及摄像机安装）如图3-3-3所示，通信院内标准化（人井内光缆引入）如图3-3-4所示。

图3-3-1 通信院内标准化（组合式单元塔组立）示例

图3-3-2 通信院内标准化（铁塔塔顶天线安装）示例

图3-3-3 通信院内标准化（视频杆及摄像机安装）示例

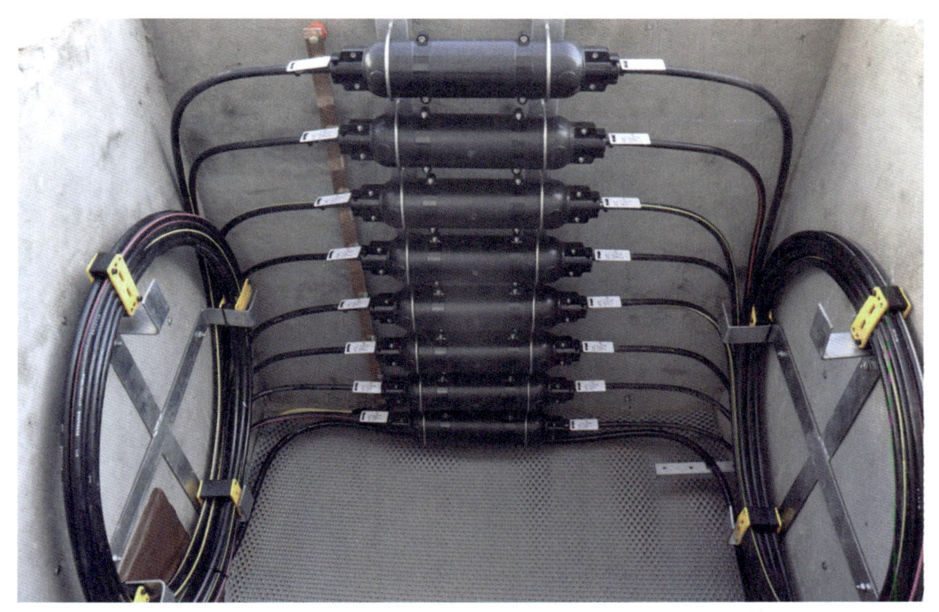

图 3-3-4 通信院内标准化(人井内光缆引入)示例

(二)信号专用要求

信号楼院落协调匹配站区一体化建设,重点是电缆引入信号楼时电缆沟槽规范整洁,不影响整体效果。

(三)电力专用要求

1. 变配电所址

独立设置的配电所,35 kV 变电所、66 kV 及以上变电所主设备间宜离最近铁路股道中心 10 m 以上。

2. 通道与围栏

室外变压器四周设不低于 1.8 m 的固定围栏或围墙;变压器外廓与围栏或围墙净距不小于 0.8 m。

3. 箱式设备

混凝土整体浇筑的基础一次成型;预埋接地体引上线与箱式设备接地端子同侧布置;进出高、低压电缆在支架上分侧预留。

电力院内标准化(区间箱式设备)如图 3-3-5 所示,电力院内标准化(区间箱式设备基础内电缆敷设)如图 3-3-6 所示,电力院内标准化(配电所院内布置)如图 3-3-7 所示。

(四)电力牵引供电专用要求

1. 设备与构、支架

(1)基础表面光滑平整、棱角分明,安装螺栓保护帽。

(2)构支架安装方式、H 形支柱翼缘方向、电缆及电缆保护管安装方向、同类设备接地位置、设备接线端子、电缆接线盒位置及朝向全所统一。

(3)构支架双接地引线方向统一,双螺母紧固。

(4)接地引线标识采用喷涂工艺,颜色分界清晰、间距均匀。

(5)高压套管、机构箱、金属构件颜色协调。

(6)铭牌、观察窗、避雷器计数器位于巡视道路侧。

图 3-3-5　电力院内标准化(区间箱式设备)示例

图 3-3-6　电力院内标准化(区间箱式设备基础内电缆敷设)示例

图 3-3-7　电力院内标准化(配电所院内布置)示例

2. 27.5 kV 电缆敷设

(1)变压器二次侧采用 27.5 kV 电缆时,在室外设置主电缆沟和分支电缆沟,电缆敷设考虑预留长度。

(2)馈线采用电缆上网时,设置专用电缆沟;沟内电缆支架安装电缆护垫。

(3)电缆标识正确清晰,高压电缆 T 线、F 线外护套宜区分颜色。

(4)同一变压器的同相电缆同层支架敷设;高压电缆用阻燃尼龙卡箍固定,低压及控制电缆用绝缘绑扎固定。

牵引变电所院内标准化(封闭区域排水沟)如图 3-3-8 所示,牵引变电所院内标准化示例(电流互感器)如图 3-3-9 所示,牵引变电所院内标准化(电流互感器)如图 3-3-10 所示,牵引变电所院内标准化(室外高压设备)如图 3-3-11 所示。

(a)

(b)

图 3-3-8　牵引变电所院内标准化(封闭区域排水沟)示例

图 3-3-9　牵引变电所院内标准化(电流互感器)示例

图 3-3-10　牵引变电所院内标准化(电流互感器)示例

图 3-3-11　牵引变电所院内标准化(室外高压设备)示例

三、重点检查事项

观察:布局合理,线缆整齐美观,电缆沟无积水。

测量:铁塔垂直度、接地电阻、相对距离满足要求。

试验:各设备型式试验。

第四节　区站标准化

本节描述的“区站”是指铁路区间和站场。

区站标准化主要对区间和站场的光电缆线路、电力线路、接触网、通信室外设备、信号轨旁设备等提出要求和指导性意见,以达到布局合理、美观整洁的效果。

光电缆线路包括敷设于电缆槽内和地埋的强弱电光电缆;电力线路包括电力架空线、供电线、杆塔、隔离开关等;接触网包括支柱、腕臂、接触线、承力索、回流线等;通信室外设备包括隧道洞室直放站、视频杆及监控设备等;信号轨旁设备包括箱盒、信号机、转辙装置、补偿电容、扼流变压器、应答器等。

一、缆线敷设标准化

(一)槽道光电缆

1. 通用要求

(1)路径:提前规划敷设路径,做到整齐、互不交叉、接续可靠、标识正确清晰。线路标准化(电缆槽电缆敷设)如图 3-4-1 所示,线路标准化(电缆井电缆隔离及防护)如图 3-4-2 所示。

图 3-4-1　线路标准化(电缆槽电缆敷设)示例

图 3-4-2　线路标准化(电缆井电缆隔离及防护)示例

(2)隔离:电力电缆与通信信号光电缆分槽敷设,或设置可靠物理隔离,槽道内通信光电缆与信号电缆分侧布放。线路标准化(槽道内线缆敷设)如图 3-4-3 所示。

(3)间距:电缆与电缆、管道、道路、构筑物等之间的最小距离,防护措施须符合要求。

(4)余留:敷设余留与弯曲半径满足要求。

(5)标识:光电缆需设置标志牌,注明线路编号、光电缆型号、规格、起讫点及顺序号等。

(6)防护:站台电缆综合管沟前两挡支架应采用圆钢。

(7)桥梁引下:桥梁地段光电缆引下应使用钢槽防护,钢槽固定在桥墩上,钢槽内设置光电缆固定绑扎横撑,桥梁引下处设置排水转弯半径收容箱,桥墩底部砌筑防护围桩,围桩高度符合规范要求。桥梁引下光电缆钢槽防护实物如图 3-4-4 所示。

图 3-4-3　线路标准化(槽道内线缆敷设)示例

图 3-4-4　桥梁引下光电缆钢槽防护实物图

2. 通信专用要求

(1)光电缆防护：电缆槽道处于桥梁伸缩缝时，应设防护设施，防护长度应从保护点向两端各伸出 100～300 mm。通信线路标准化(桥梁伸缩缝处光电缆防护)如图 3-4-5 所示。

图 3-4-5　通信线路标准化(桥梁伸缩缝处光电缆防护)示例

(2)光电缆接续:

①光电缆接头盒密封良好,余留符合维护要求。

②光熔接时采用光时域反射仪双向实时监测接续指标。

③光纤盘留时弯曲半径不小于 40 mm,光纤收容余长两端引入引出应不小于 1 200 mm。

④电缆芯线接续线位准确、焊接牢固、扭绞均匀,两侧芯线线序一一对应。

⑤芯线接续后,盒内应放入接续记录卡片。通信线路标准化(光缆接头盒)如图 3-4-6 所示。

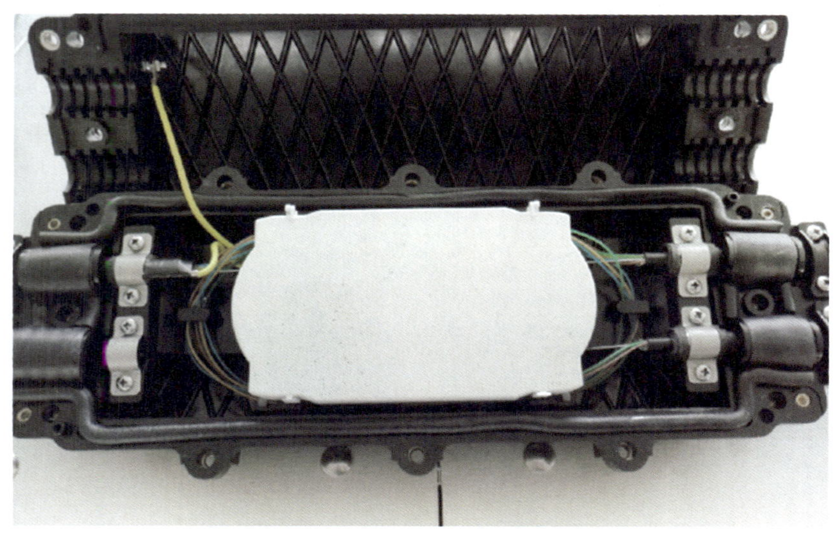

图 3-4-6　通信线路标准化(光缆接头盒)示例

(3)光缆成端:光缆成端应采用收容盘,成端处采用低密度聚乙烯束管保护;光纤弯曲半径不小于 40 mm；配线架中光缆悬挂标识。通信线路标准化（光缆收容盘成端）如图 3-4-7 所示。

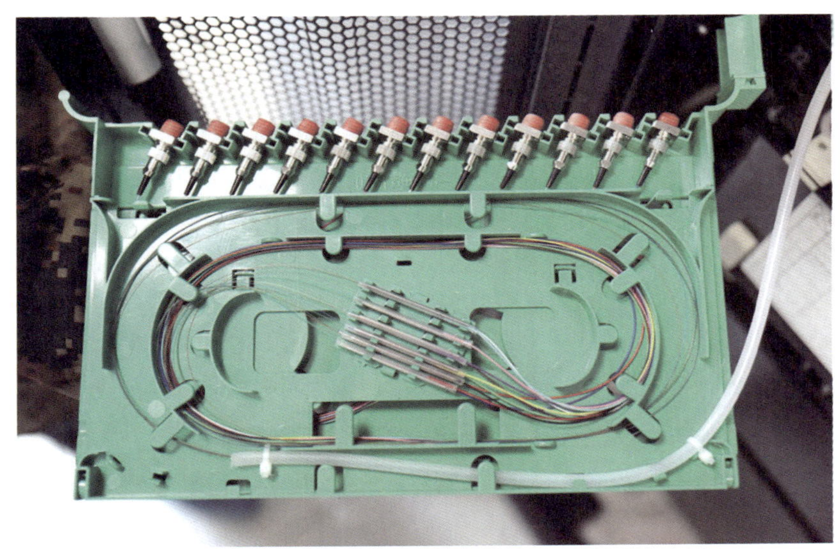

图 3-4-7　通信线路标准化（光缆收容盘成端）示例

3. 信号专用要求

（1）电缆以信号机、轨道电路、转辙设备和其他电缆等种类区分不同颜色外皮，从厂家订货源头解决电缆颜色和定长配盘问题。

（2）区间电缆按照应答器电缆、轨道发送电缆、信号机电缆、轨道接收电缆从槽道线路侧向外侧依次排列，每隔 100 m 采用绝缘扎丝进行绑扎编组。

（3）站内电缆按距离信号楼由近及远，支线、干线依次从线路侧向线路外侧排列，可分层。

（4）在手孔井或易磨损处穿橡胶软管防护。

（5）桥梁接缝处电缆加防护槽，防护槽单端固定。信号线路标准化（槽内电缆敷设）如图 3-4-8 所示，信号线路标准化（综合管沟电缆敷设）如图 3-4-9 所示。

图 3-4-8　信号线路标准化（槽内电缆敷设）示例

4. 电力专用要求

（1）电缆敷设

①区间贯通电缆应三相品字形布置，按规定固定。

②桥梁区段槽道内应蛇形敷设，桥墩两端和伸缩缝处电缆留有松弛量。电力线路标准化（区间电缆蛇形敷设）如图 3-4-10 所示。

图 3-4-9　信号线路标准化（综合管沟电缆敷设）示例

图 3-4-10　电力线路标准化（区间电缆蛇形敷设）示例

③电缆井内电缆用支架固定，分层敷设。电力线路标准化（电缆槽内支架）如图 3-4-11 所示。

图 3-4-11　电力线路标准化(电缆槽内支架)示例

④高、低压电缆交汇处用电缆支架实现物理隔离，贯通电缆通过弱电电缆井时，应通过电缆槽隔离。电力线路标准化(电缆井电缆隔离)如图 3-4-12 所示。

图 3-4-12　电力线路标准化(电缆井电缆隔离)示例

⑤除交流系统用单芯电缆情况外，电缆之间的净距不小于 35 mm，1 kV 及以下电缆与1 kV以上电力电缆净距不小于 150 mm。

⑥高压电缆终端头备用长度不小于 5 m，低压电缆终端头备用长度不小于 3 m。

(2)高压电缆终端和中间箱

①电缆终端和中间箱接续须有加强绝缘、密封防潮、机械保护措施。

②单芯电缆中间接续前后错开，其距离不小于 0.5 m。电力线路标准化(高压电缆中间头对接箱)如图 3-4-13 所示。

图 3-4-13　电力线路标准化(高压电缆中间头对接箱)示例

(二)通信隧道漏缆

1. 漏缆与隧道壁的间距应不小于 80 mm。

2. 漏缆夹具间距宜为 1 m，每隔 10 m 应设置 1 个防火夹。

3. 漏缆安装高度：距轨面 4 500～4 800 mm。通信线路标准化(隧道内漏缆敷设)如图 3-4-14 所示。

图 3-4-14　通信线路标准化(隧道内漏缆敷设)示例

(三)电力架空线路

1. 铁塔构件、钢管杆表面平直无变形；钢管杆构件标识清晰可见，焊接坡口保持平整无毛刺。

2. 横担、叉梁及配件等材料,镀锌层连续、完整,无裂纹、砂眼、气泡、酸洗、漏镀、结瘤、积锌、毛刺等缺陷。

3. 瓷绝缘子表面无裂纹,瓷釉光滑,无缺釉、斑点、烧痕、气泡或瓷釉烧坏等缺陷。

4. 底盘、卡盘、拉盘,表面无蜂窝、露筋、裂缝等。

5. 线材无松股、交叉、折叠、断裂及破损等缺陷;表面镀锌层良好,无锈蚀。

6. 绝缘线表面平整、光滑、色匀,无爆皮、气泡。

7. 金具表面无裂纹、砂眼、气泡等缺陷。

8. 接地主引下线装在顺线路方向、设备接地端的同侧。

9. 位于水域、流沙、路基边坡、易被冲撞等特殊区域的电杆,采取防护措施。

10. 拉线棒与拉线盘垂直,连接处采用双螺母。

二、接触网安装标准化

因接触网线路构配件繁多,细部安装工艺复杂,在此只提示重要部件安装的关键质量控制点,作为检查和关注点,供管理者参考。

(一)支柱、硬横梁及吊柱

1. 钢柱型号、规格及安装位置应符合设计要求。

2. 硬横梁及吊柱规格型号、安装位置、安装高程、侧面限界、对受电弓动态包络线的距离,施工误差应在允许范围内。

3. 固定螺栓、紧固后螺栓外露长度及螺栓紧固力矩,基础螺栓应采取防腐措施,间距、外露长度应满足设计要求,螺母、垫片与基础螺栓同步加工。

汽车吊组立支柱如图 3-4-15 所示,轨道吊组立支柱如图 3-4-16 所示。

图 3-4-15　汽车吊组立支柱示例

图 3-4-16　轨道吊组立支柱示例

(二)拉线及补偿装置

1. 拉线的型号、外观质量满足设计要求。

2. 双耳楔形线夹的受力面安装正确，回头长度、绑扎尺寸正确，绑扎应牢固。

3. 拉线安装位置，在任何情况下严禁侵入铁路建筑限界。

4. 补偿绳不应有松股、断股等缺陷。

5. 坠砣材质、尺寸及外观质量满足设计要求。

6. 补偿装置张力、调整状态，满足设计要求。拉线回头绑扎示例如图 3-4-17 所示，UT 型耐张线夹安装如图 3-4-18 所示。

图 3-4-17 拉线回头绑扎示例

图 3-4-18 UT 型耐张线夹安装示例

(三)腕臂、定位装置

1. 零部件的连接螺栓力矩值、止动垫片弯折状态，符合规范要求。

2. 腕臂底座应与支柱密贴，底座槽钢呈水平，同组腕臂各部件处在同一垂面内。

3. 腕臂及定位装置偏移值应符合腕臂安装曲线，施工误差应在允许范围内。

4. 定位器坡度与定位管的坡度、限位定位器限位间隙，满足设计要求。

腕臂及定位装置安装如图 3-4-19 所示。

图 3-4-19 腕臂及定位装置安装示例

(四)接触悬挂

1. 承力索、接触线架设的方式、张力，符合设计要求。

2. 中心锚结安装位置，辅助绳的驰度、形式，采用的线材，连接件规格、型号以及安装状态，符合规范要求。

3. 各连接件螺栓紧固力矩，满足设计要求。

4. 绝缘锚段关节转换柱处绝缘子距悬挂点的距离符合设计要求。

5. 电连接线不得有断股、交叉、折叠、硬弯、松散、损伤等缺陷。

6. 接触线高度、拉出值、施工误差应在允许范围内。

7. 锚段关节式电分相无电区、中性段的长度符合设计要求。

承力索中锚安装实物如图 3-4-20 所示，接触线终端锚固线夹安装如图 3-4-21 所示，承力索终端固线夹安装如图 3-4-22 所示，接触线中心锚结安装如图 3-4-23 所示，弹性吊索及吊弦安装如图 3-4-24 所示，安装完成的电连接如图 3-4-25 所示。

图 3-4-20　承力索中锚安装实物示例

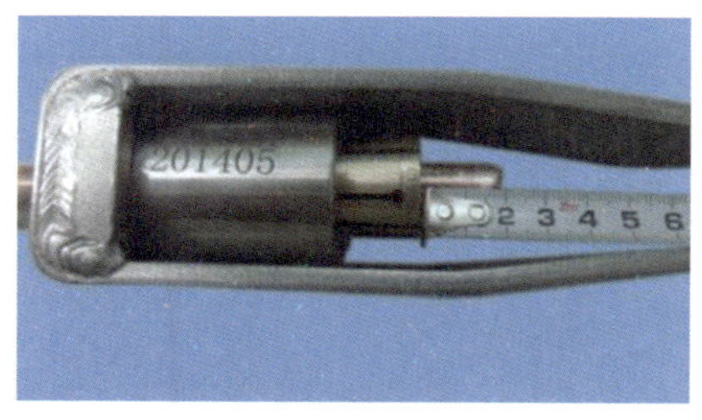

图 3-4-21　接触线终端锚固线夹安装示例

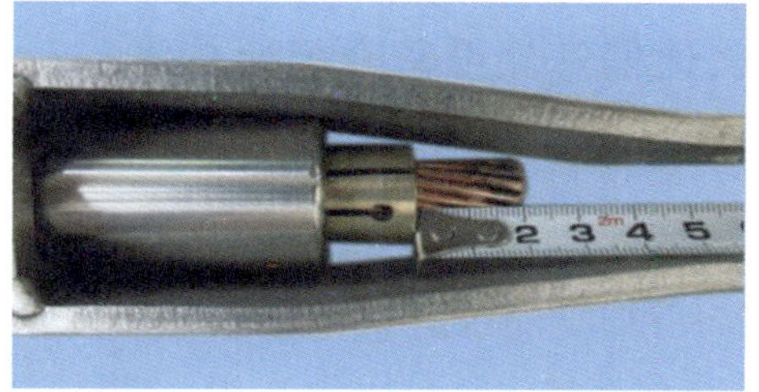

图 3-4-22　承力索终端固线夹安装示例

图 3-4-23　接触线中心锚结安装示例

图 3-4-24　弹性吊索及吊弦安装示例

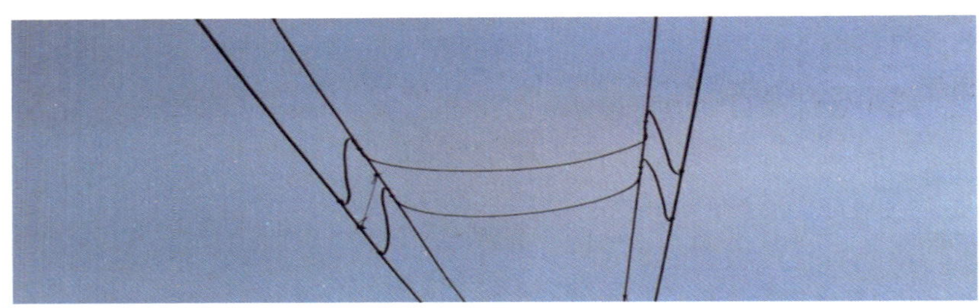

图 3-4-25　安装完成的电连接示例

三、通信室外设备安装标准化

（一）隧道内直放站

1. 直放站安装应符合铁路建筑界限、位置的要求，平齐垂直、稳固美观、标识清晰。多个室外设备并列时，顶面平齐，基础中心在一条直线上，与钢轨平行。

2. 直放站配线应安装紧固，电气性能可靠，整体美观、标识清晰、内部清洁、密封良好，芯线余留量合理，备用芯线盘留美观，灌胶处胶面平滑、光亮、无气泡。

3. 引入电缆应符合弯曲半径和排水要求，用橡胶软管或钢管防护，电缆引入孔用防火封堵材料封堵。

4. 远端机安装便于线缆连接和维护操作；线缆由走线架引至设备时采用 PVC 阻燃线槽防护。

通信线路标准化（隧道内直放站远端机安装）如图 3-4-26 所示。

（二）区间视频采集设备

1. 视频采集设备杆式或塔身式安装。

2. 视频控制箱安装高度为箱体底面距地面 1 400 mm。

3. 室外控制箱线缆引入机房时采用管防护。

图 3-4-26　通信线路标准化(隧道内直放站远端机安装)示例

4. 摄像机安装固定牢固。

通信线路标准化(区间视频采集设备杆式安装)如图 3-4-27 所示。

图 3-4-27　通信线路标准化(区间视频采集设备杆式安装)示例

四、信号轨旁设备安装标准化

(一)箱盒

1. 终端电缆盒、方向电缆盒安装在专用金属支架上。
2. 桥梁地段支架安装在防护墙上,避开桥梁和防护墙伸缩缝和变形缝。
3. 隧道内支架安装在电缆槽侧壁或隧道壁上,间距及高度合理。
4. 无砟轨道区段应答器终端盒支架顶面低于轨道板顶面。

5. 道岔终端盒安装在电机支撑平台外侧，终端盒法兰口高于电机支撑平台。

6. 有砟轨道终端盒基础顶面宜与钢轨底面平齐。

信号线路标准化（箱盒安装）如图 3-4-28 所示，信号线路标准化（箱盒配线）如图 3-4-29 所示，信号线路标准化（隧道箱盒配线）如图 3-4-30 所示。

图 3-4-28　信号线路标准化（箱盒安装）示例

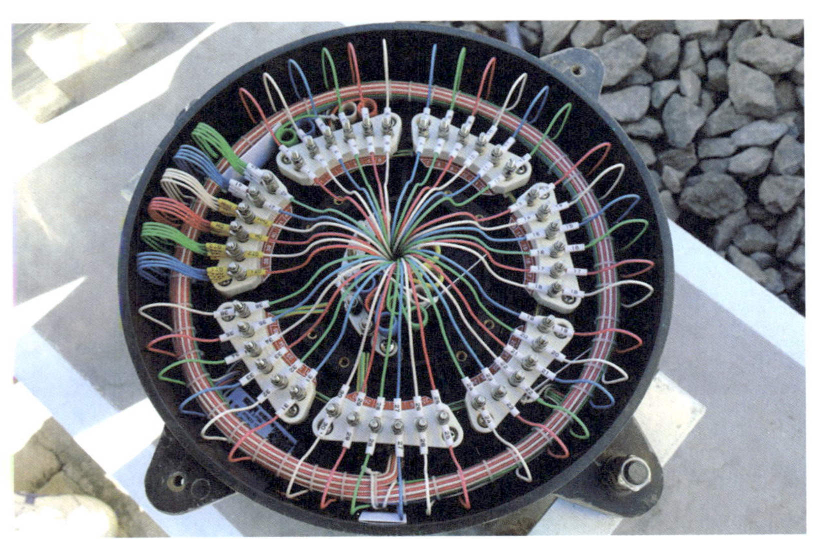

图 3-4-29　信号线路标准化（箱盒配线）示例

（二）信号机

1. 通用要求

（1）信号机安装应符合铁路建筑限界要求；

（2）安装高度、机构间距应符合有关标准规定；

图 3-4-30　信号线路标准化(隧道箱盒配线)示例

(3)基础埋深符合耐久性要求；

(4)引入机构用配线电缆，线色与灯位颜色一致，加装标识；

(5)设备标识用反光型标牌。信号线路标准化(出站信号机安装)如图 3-4-31 所示，信号线路标准化(进站信号机安装)如图 3-4-32 所示。

图 3-4-31　信号线路标准化(出站信号机安装)示例

2. 高柱色灯信号机

环形预应力混凝土信号机柱高度 8 500 mm；机柱中心距线路中心不小于 3 100 mm，机构最突出边缘距线路中心不小于 2 440 mm，最下方灯位中心距线路钢轨顶面不小于 3 500 mm。信号线路标准化(高柱信号机安装)如图 3-4-33 所示。

图 3-4-32　信号线路标准化(进站信号机安装)示例

图 3-4-33　信号线路标准化(高柱信号机安装)示例

(三)转辙装置

转辙装置安装(外锁闭)应符合下列要求(以 18 号道岔 5 机牵引点为例):

1. 杆件沿线路纵向偏移量小于或等于 5 mm。
2. 转辙机配线用带护套的配线电缆。
3. 基础托板与轨枕间、横连接板与弯板间加装橡胶垫。
4. 线缆防护管两端用螺纹丝扣连接。信号线路标准化(转辙装置安装)如图 3-4-34 所示。

图 3-4-34　信号线路标准化(转辙装置安装)示例

(四)补偿电容

1. 无砟轨道区段补偿电容及引接线采用化学锚栓固定在轨道板上,补偿电容引接线在两钢轨间四点固定,中间两点采用 M8×65 mm 内螺纹化学锚栓固定。

2. 轨道板有 V 形槽时,补偿电容引接线应固定于 V 形槽内;无 V 形槽时宜采用 PE 半管防护。

3. 有砟轨道区段补偿电容应采用电容枕安装。

4. 每个轨道区段正反向第三个补偿电容为"双线双塞钉"式,两塞钉间距为 60～80 mm。

5. 电容引接线塞钉从钢轨外侧打入钢轨,与塞钉孔接触紧密并涂漆封闭。信号线路标准化(补偿电容安装)如图 3-4-35 所示。

图 3-4-35　信号线路标准化(补偿电容安装)示例

（五）扼流变压器

1. 扼流变压器安装在专用金属支架上，路基地段最凸出边缘距钢轨内侧不应小于 1 500 mm；桥梁地段采用 M20 通透螺栓和补强板将支架固定在防护墙外侧，支架底面应置于电缆槽盖板上；隧道段采用 M20 通透螺栓和补强板将支架固定在电缆槽壁上或采用 M16 化学锚栓将支架固定在轨道板上。

2. 无砟轨道区段混凝土封面安装时，扼流变压器支架顶面低于轨道板顶面 500 mm；无砟轨道区段非混凝土封面安装时，扼流变压器支架顶面低于轨道板顶面 350 mm；有砟轨道区段支架顶面宜与钢轨底面平齐。

3. 避开桥梁和防护墙伸缩缝和变形缝。

4. 机械绝缘节位置扼流变压器安装时应适当降安装高度，使扼流变压器顶面与双体防护罩相平。

5. 扼流变压器引接线端子根母处应加装弹簧垫圈。信号线路标准化（扼流变压器安装）如图 3-4-36 所示，信号线路标准化（扼流变压器中点连接板安装）如图 3-4-37 所示。

图 3-4-36　信号线路标准化（扼流变压器安装）示例

（六）应答器

1. 应答器和尾缆防护管用化学锚栓固定在轨道板上。

2. 路基、隧道地段轨道板至终端电缆盒间尾缆宜采用 PE 半管防护，用卡具、固定装置固定。

3. 桥梁地段轨道板至防护墙间尾缆宜采用 PE 管防护，并采用卡具固定。信号线路标准化（应答器安装）如图 3-4-38 所示。

五、重点检查事项

观察：光电缆敷设整齐、互不交叉、标识清晰，架空线路杆塔、线材无明显损伤。

测量：光电缆弯曲半径合理。

图 3-4-37 信号线路标准化(扼流变压器中点连接板安装)示例

图 3-4-38 信号线路标准化(应答器安装)示例

第四章　接口管控标准化

铁路建设项目工程接口，是指不同建设项目、不同建设阶段、不同专业、不同单位之间，可能发生冲突或需要协调衔接的部分与内容，分为管理程序接口、勘察设计接口、专业工程接口、验收接口等。

建设单位须协调好各类接口，保障前期项目为后续项目做好预留和接入条件，研究确定重大接口方案，实现有序衔接。

接口管理是建设项目管理的重点和难点，站前及房建接口预留直接影响到四电工程的实施和交付。本章主要描述站前及房建专业与四电专业的工程接口。

第一节　概　　述

四电工程涉及的内外部接口众多，相互联系、相互制约。规范和加强各专业、各工序、各节点之间的标准化管理，是满足高速铁路建设技术标准和质量要求的重要基础，由建设单位统筹管理，各参建单位密切配合，以实现四电工程如期优质交付。

一、接口特点

1. 四电工程的接口涉及的专业、工种繁多，需求各异。
2. 技术差异大，隐蔽性较强，易造成错、漏、碰、缺等问题。
3. 存在同步或交叉作业，接口管理时应充分识别，及时明确管理措施。

二、接口分类

1. 站前工程与四电工程之间的工程接口主要有综合接地、电缆槽、过轨预埋、人孔、手孔、锯齿孔、电缆上下桥槽道、隧道预埋槽道和综合管沟、隧道壁电缆悬挂支架、接触网基础、电容枕、无砟道岔转辙设备安装位置、通站道路等。

2. 房建工程与四电工程之间的工程接口主要有四电用房、四电线缆通道、通信铁塔基础、建筑物综合接地系统工程、电力引入工程、机房装修及环境工程、机房消防工程、机房空调工程等。

三、管理职责

建设单位应组织设计、施工图审核，监理及施工单位紧密配合，细化管理流程和工作程序，落实各方职责，全面、系统、科学、有序把握工程接口，全过程控制工程接口质量，实现接口管理标准化。

工程建设过程应严格执行《铁路工程接口设计指南》（Q/CR 9160—2022）、《铁路工程施工组织设计规范》（Q/CR 9004—2018）、《铁路建设项目工程接口管理办法》（铁总工管〔2016〕

99号）等的规定，结合工程实际制定相应的管理办法。

（一）建设单位

建设单位是工程接口管理的主体，在整个项目建设过程中，明确建设目标、提出管理措施，主导和协调工程接口的全过程管理，是建设项目顺利推进的基础。建设单位的职责主要包括以下方面：

1. 建立接口管理标准化相关规章制度，组织编制接口管理体系文件，制定工程接口管理办法，编制工程接口管理手册及工作流程。

2. 成立工程接口管理协调小组，建立协同工作机制，建立技术交底和例会制度，建立接口管理台账和会商制度。

3. 合理划分施工标段，建立工程接口关系表，优化工程接口和实施时序，纳入指导性施工组织设计管理。

4. 组织站前站后接口工程设计审查和交底，协调和处理工程接口问题。组织各参建单位移交验收。

5. 组织检查接口工程作业指导书编制情况，监督检查工程接口的实施质量及成品保护，组织编制接口缺陷整改设计及实施方案，并监督落实。

（二）设计单位

1. 配备一名负责工程接口管理的副总体。

2. 编制专项接口设计文件，说明工程接口的具体要求，提供独立、系统、完整的接口综合图、接口表，充分运用 BIM 技术优化接口设计。

3. 站前站后同步开展施工图设计，建立专业间接口设计会审和会签机制，接口设计图纸应随主体专业图纸同步提供。

4. 派驻能够胜任工作的技术人员配合现场施工，及时解决接口设计问题。

5. 书面回复图纸会审问题，编制接口缺陷整改方案，定期开展接口设计回访。

（三）施工图审核单位

1. 设专人统筹接口设计审核，重点审核工程接口及结合部的设计，提出接口设计优化建议。

2. 参加图纸会审问题研究，审核接口缺陷整改方案。

（四）监理单位

1. 建立接口管理体系文件，制定工程接口监理细则，监督检查工程接口质量。

2. 参加接口设计图纸交底，监督设计回复落实情况；研究审核接口工程的施工流程、工艺工法及作业指导书编制；参加接口施工交底，监督执行情况。

3. 牵头接口工程验收和移交；监督工程接口缺陷整改。监督留存影像资料、施工记录和移交情况。

（五）施工单位

1. 建立接口管理体系文件；研究细化接口工程的施工流程和工艺工法，编制作业指导书；预留接触网槽道等重点接口内容采取站前站后施工单位联合编制。

2. 站前站后施工单位参加接口设计交底，书面报告工程接口问题，落实接口工程施工交底，设专人负责接口管理。

3. 站前施工单位负责工程接口的具体实施，对所实施工程接口质量负直接责任；四电施工单位配合落实工程接口及设备进场条件，提供技术支持，合理确定通信通道、外部电源送电和设备用电时间。

4. 站前和四电施工单位配合做好成品保护和接口移交；按规定留存和移交接口工程影像资料和施工记录。

第二节　管理措施

一、管理流程

建设单位应按照《铁路工程施工组织设计规范》的规定，将工程接口纳入指导性施工组织设计统一管理。根据项目的总体施工组织安排，梳理优化不同工程接口之间的关系及节点时间要求，规范接口管理程序，具体管理流程如图 4-2-1 所示。

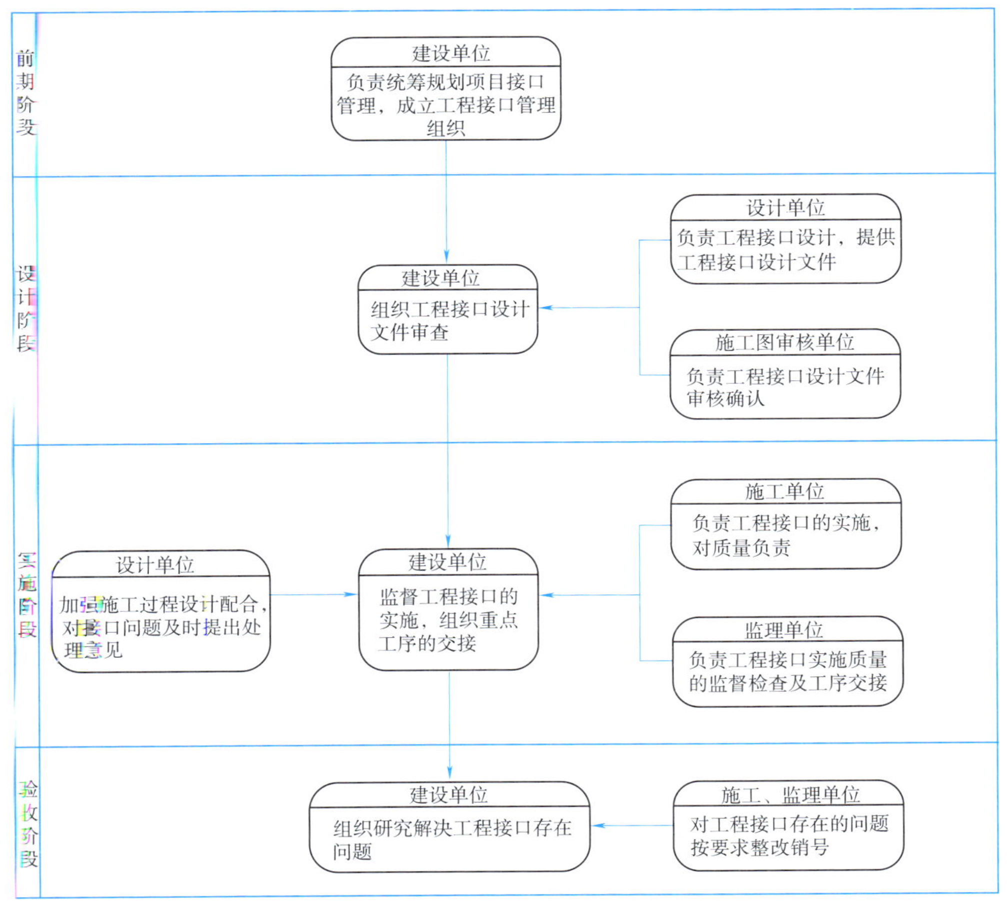

图 4-2-1　四电工程接口管理流程

二、具体措施

接口是贯穿于整体设计与施工全过程的重要组成部分，相当于各系统联结的纽带。接口管理是建设各方的共同工作必须融入项目管理。不仅仅是站前、站后各专业之间有接口，而且在管理层面也存在接口管理。接口管理各单位均应有专人负责，要有相应的职责和权利。根据工程建设项目的不同阶段，分别制定可执行、可检验、可评估、可考核的具体措施。

1. 建立管理体系

可建立"塔式"组织管理体系，如图 4-2-2 所示。

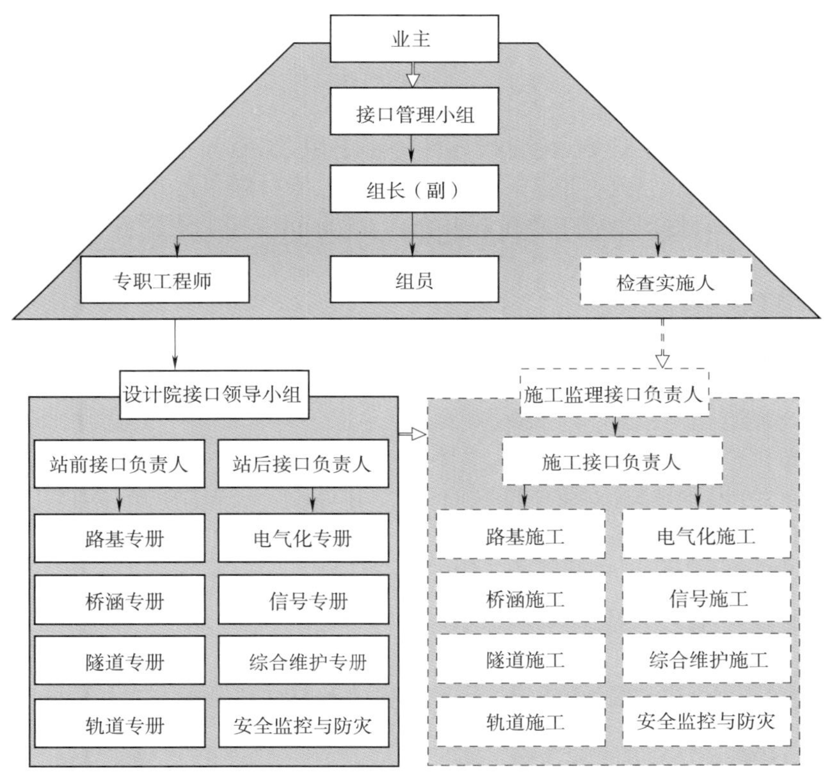

图 4-2-2　"塔式"组织管理体系框图

2. 建立协调机制

建设单位要建立必要的协调沟通机制，制订接口管理方案，明确接口管理的组织架构、各方职责权力（业主、设计、审核、监理、施工）、接口管理程序，规范接口管理工作。

3. 制度手段保障

建立例会、定期报表、抽查考核制度和工序联合确认机制，成立接口专班全线巡查，分阶段复查，利用全范围统筹、接口示范推广、接口检查手册、信息化等管理手段，接口管理人员专题培训和不定期抽查技术管理人员接口工作掌握情况。

4. 细化接口设计

设计单位作为工程接口设计的责任主体，工程建设中要充分发挥设计单位的专业优势，为工程接口提供清晰、完整的设计文件。落实设计单位接口设计管理职责，由设计单位配备专职负责人组织协调各专业开展接口设计工作。

在初步设计阶段，应结合项目可行性研究报告的批复意见，明确四电工程的接口设计内容，提出接口设计方案；在施工图阶段，细化接口设计内容，绘制相关的接口设计图纸。

5. 严控图纸审核

施工图审核单位是接口设计图审核把关的责任主体，对土建工程涉及的相关专业接口设计进行重点审核并相互确认，确保接口设计相互匹配。

6. 落实设计交底

开工前，参加建设单位组织的接口设计技术交底，向各相关单位交代设计意图、设计要求，明确各专业接口施工界面分工、接口内容和接口位置，配合建设单位、施工单位开展首件评估工作。

7. 科学组织施工

科学合理安排工程施工计划，优化指导性施工组织，统筹各专业施组安排，优化接口关系及工期接点，作为单项工程的前置条件，以确保满足接口施工需求，防止相关接口工序不连续造成工程停滞。督促四电施工单位提前介入，配合和指导土建工程接口施工，确保接口工程质量。

8. 严格工序管理

先期开工的专业必须为后期开工的专业负责，主动联系，积极配合。主动方的确定以前一道工序为主，为后一道工序负责。

9. 强化现场管控

站前施工单位作为接口工程的实施主体，要严格接口施工管控。要将接口施工纳入施组管理，开展接口技术培训，针对施工图核对、施工作业交底、施工质量、接口工程验收、接口工程保护等工作内容进行严格管控。

10. 接口管理落实

管理制度的落实关系到整体工程的质量，牵涉到各专业的施工环节，制约着总体工程施工进度，影响站前与站后各项施工的开展。必须切实抓好每一个环节的工作落实，确保接口工程实施的过程可控性。每一方案、材料、方法、工艺均须考虑对其他相关方和系统产生的影响。

三、管理工具

可采用接口管理手册（IMM）的数据库管理模式，使接口交换有章可循、有据可查、有法可依，突出了建设中资料提交的计划性和前瞻性，保证了工程建设按照各级进度计划井然有序地开展。IMM 管理模式在国际大型工程项目中得到充分的应用和实践检验，具有极高的推广和借鉴价值。

IMM 应包括接口矩阵、接口编码表、接口申请表、接口日志表、接口检查记录表、接口进度汇总表及接口确认表等，实时更新，动态管理。

（一）接口矩阵

接口管理矩阵是完成接口清理，避免接口遗漏的必要数据库文件。以通信、信号两专业接口管理矩阵为例，表 4-2-1 中，“●”表示确认接口存在，“○”表示确认接口不存在，空白表示未确认。

表 4-2-1　接口管理矩阵表

序号	专业	位　置	单　项	隧　道								桥　梁						路　基					
				综合洞室		二次衬砌		两　侧		其　他		墩　台		梁　体		桥面系		填筑底层		基　层		其　他	
				2	2	1	2	1	2	1	2	1	2	1	2	1	2	1	1	2	1	2	1
1	通信	一般地段	过轨	●		●						○		○		○		●		●			
2			接地	●		●						●		●		○		●		●			
3			电缆槽	●				●				●		○		●		○		●			
4		中继站等	过轨	●								○		○		○		●		●			
5			接地	●		●						●		●		○		●		●			
6			电缆槽	●				●				●		○		●		○		●			
7			手孔	○		○		○		○		○		○		○		○		●			
8	信号	一般地段	过轨	●								○		○		○		●		●			
9			接地	●		●						●		●		○		●		●			
10			电缆槽	●				●				●		○		●		○		●			
11		轨旁设备等	过轨	●								○		○		○		●		●			
12			接地	●		●						○		●		○		●		●			
13			电缆槽	●				●				○		○		●		○		●			
14	…	…	…																				

（二）接口编码文件

接口是指两个功能部门、物质设施、功能或进度表的汇合点，它可能是矛盾的或需要协调。严格地说一个接口只涉及两方。所以，接口编码也应只包含接口双方信息，并确保每一接口的编码的唯一性。对某一特定的接口进行统一编码，便于工程各个环节的状态跟踪、查询及竣工文件归档等接口管理。表 4-2-2 所示为接口编码表。

表 4-2-2　接口编码表

序号	专业	位　置	单　项	隧道(TU)						…
				综合洞室 1		二次衬砌 2		两侧 3		…
				1	2	1	2	1	2	…
1	通信(CO)	一般地段 1	过轨 1							
2			接地 2			●				
3			电缆槽 3							
4		中继站等 2	过轨 1							
5			接地 2							
6			电缆槽 3							
7		3	手孔 1							
8	信号	一般地段	过轨							
9	…	…	…							

每个项目都对应自己的编号，按照统一的编码规则，黑点处的编码即为 IFTU21CO12，这样，各工程实施环节中，从设计到施工交接，某一个特定的接口项目的编码就是独一无二的。

1. 接口确认表

接口管理的首要任务就是设计标准和规则的共享、相互审核和最终统一。接口确认表的作用是为了使各合同商按照统一的接口问题、统一的接口编码、统一的流程进行的逐级检查签认的过程。

它是接口日志表的支持性表格，在统一的接口编码下有统一的格式，分设计、咨询、监理、施工、产品及业主 6 个分支。作用是控制各个接口环节，作为确保接口工程质量的依据，它反映某一特定接口的完成情况，记录与其相关竣工事项。

接口确认过程是按照统一格式，经过设计、咨询、项目部、监理、施工单位、业主领导小组按照流程签字确认后的接口确认表，并实时更新，接口管理行为的确认状态分为已定义、已责任分配、已实施、已完成四种。

2. 接口申请表、接口进度汇总表、接口日志表

接口申请表和接口进度汇总表反映每一接口项目的启动、进展，接口日志表记录某一接口项目的状态与重大事项。

3. 接口工程检查记录表，见表 4-2-3。

表 4-2-3　接口工程检查记录表

<table>
<tr><td colspan="2">工点名称</td><td colspan="3"></td></tr>
<tr><td colspan="2">接口名称</td><td colspan="3"></td></tr>
<tr><td colspan="2">施工单位</td><td></td><td>负责人</td><td></td></tr>
<tr><td>序　号</td><td>接口类型</td><td>施工单位检查评定结果</td><td colspan="2">监理单位验收结论</td></tr>
<tr><td></td><td></td><td></td><td colspan="2"></td></tr>
<tr><td></td><td></td><td></td><td colspan="2"></td></tr>
<tr><td></td><td></td><td></td><td colspan="2"></td></tr>
<tr><td></td><td></td><td></td><td colspan="2"></td></tr>
<tr><td></td><td></td><td></td><td colspan="2"></td></tr>
<tr><td></td><td></td><td></td><td colspan="2"></td></tr>
<tr><td></td><td></td><td></td><td colspan="2"></td></tr>
<tr><td></td><td></td><td></td><td colspan="2"></td></tr>
<tr><td colspan="5">说明：</td></tr>
<tr><td colspan="2">施工单位
检查评定结果</td><td colspan="3">负责人　　　　年　月　日</td></tr>
<tr><td colspan="2">监理单位
验收结论</td><td colspan="3">监理工程师　　　　年　月　日</td></tr>
</table>

4. 接口质量移交记录表，见表 4-2-4。

表 4-2-4　接口质量移交记录表

<table>
<tr><td colspan="2">工点名称</td><td colspan="4"></td></tr>
<tr><td colspan="2">接口类型</td><td></td><td colspan="2">移交日期</td><td></td></tr>
<tr><td colspan="2">施工单位</td><td></td><td colspan="2">负责人</td><td></td></tr>
<tr><td>序　号</td><td colspan="5">移交内容</td></tr>
<tr><td></td><td></td><td colspan="2"></td><td></td><td></td></tr>
<tr><td></td><td></td><td colspan="2"></td><td></td><td></td></tr>
<tr><td></td><td></td><td colspan="2"></td><td></td><td></td></tr>
<tr><td>说明</td><td colspan="5"></td></tr>
</table>

<table>
<tr><td rowspan="4">参加单位</td><td>站前施工单位</td><td>站后施工单位</td><td>站前监理单位</td><td>站后监理单位</td></tr>
<tr><td>（章）</td><td>（章）</td><td>（章）</td><td>（章）</td></tr>
<tr><td>负责人</td><td>负责人</td><td>负责人</td><td>负责人</td></tr>
<tr><td>年　月 日</td><td>年　月　日</td><td>年　月　日</td><td>年　月　日</td></tr>
</table>

第三节　管 理 要 求

接口管理标准化要求各专业充分发挥自身不同的优势，统筹、协调各专业间的相互关系，解决接口衔接问题，保障各项工程顺利开展，节约时间、提升效率，避免废弃、减少变更，从而实现工程投资可控，保障四电工程按期、优质、安全交付，达成工程整体建设目标。

一、工作程序

建设单位督促设计单位按工期节点要求按期提供接口设计文件，组织参建单位完成接口设计会审、接口设计交底，定期进行接口检查，组织参建单位按期验收移交。工作程序如图 4-3-1 所示。

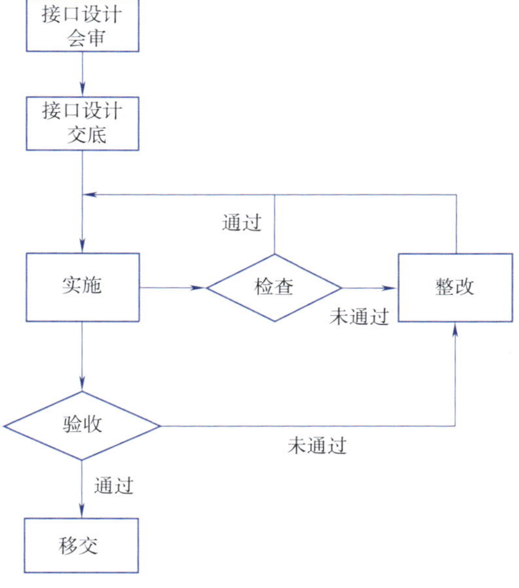

图 4-3-1　工作程序图

（一）会审

1. 设计单位应开展站前和四电专业以及四电专业内部的接口设计会审。

2. 建设单位应组织各参建单位对复杂和重点工点开展接口设计会审；组织站前站后施工和监理单位，对预留接触网槽道等重点作业指导书会审。

3. 站前和四电施工、监理单位可共同开展图纸会审，形成会审记录提交建设单位。

（二）交底

1. 建设单位组织设计、施工和监理单位开展接口设计交底，对复杂工点开展专项交底，并形成交底纪要。

2. 施工单位开展分级施工交底，确保交底到一线，并形成记录。

3. 监理单位参加施工交底，并形成记录。

（三）实施

接口实施主要由站前及房建施工单位按照接口设计方案实施，站后施工单位负责跟踪督导。建设单位负责组织监理单位、设计单位、施工单位对实施过程中出现的接口问题进行协调。

（四）检查

建设单位对各参建单位的接口管理情况开展检查，包括日常检查和专项检查，并按有关规定将检查结果纳入考核。

1. 日常检查包括接口设计和审核、施工交底、作业指导书执行和工艺工法落实、接口工程实施以及监理情况等。

2. 专项检查包括各参建单位接口管理制度建立、人员配备及重难点工程接口检查等。

（五）验收

站前及房建施工单位按照设计文件和标准完成接口工程实施工作并自验合格后，负责向监理单位提报接口验收计划；监理单位组织进行验收，站后施工单位参加验收，并填写验收记录。

（六）移交

1. 建设单位组织开展接口移交，可由站前监理单位牵头，站后监理、站前站后施工单位参加，并填写移交记录。移交的主要项目包括路基、桥梁、隧道、房屋建筑等工程，为四电工程预留的沟槽管井、基础、接地、设备用房和洞室等。

2. 接口工程移交前由站前单位负责成品保护，移交后由四电单位负责，并填写移交记录表。

二、重要环节

接口管控重点从设计、实施、验交、考核等环节着手，以点带面，统筹协调，推动接口工程质量合格、按期交付。具体要求包括以下方面：

1. 设计源头保质量

科学合理的接口工程设计是工程顺利开展的前提。统筹规划工程接口设计管理工作，确保接口识别全面并纳入施工图，接口需求和界面明确，组织好现场勘察确认。尽早组织设计单位和施工单位进行沟通交流，减少由于沟通过晚而产生的接口问题。

2. 施组管理保工期

施工组织设计是工程施工活动能有序、高效、科学合理进行的保障。建设单位在编制指导性施组时，细化接口管理要求，动态管控接口完成节点，满足四电整体工期需要。审核施工单位编制的实施性施组时，充分考虑站前站后接口实施方案和工期节点的衔接。

3. 过程管控保落实

在接口实施过程中，建设单位要强化监督检查，组织落实好接口施工条件，严格按施组计划执行；组织实施好接口施工首件评估工作，通过样板工程统一接口标准；加强质量检查，确保接口质量符合设计要求；积极做好协调工作，尤其站前和站后相关单位之间的紧密沟通，及时解决接口实施遇到的问题。

验收移交是保证接口实施质量的最后一关。建设单位要组织接口施工有关单位开展好验收移交工作，做好记录并做好成品保护。

4. 严格考核保成效

准确把握考核激励切入点，有效推动接口管理目标实现。落实接口双方责任，精准激励，严格兑现，彰显考核严肃性。最大限度调动有关单位的积极性、主动性、创造性，“多措并举”强化考核结果运用，充分发挥考核的激励导向作用，切实推动接口实施按期优质完成。

三、实施条件

（一）四电工程实施前置条件

四电工程实施前置条件见表 4-3-1。

表 4-3-1　四电工程实施前置条件表

四电工程	站前工程	实施前置条件
电缆敷设	路桥隧	1. 同一区间及衔接部分的过渡槽道贯通，盖板到位。 2. 经过手孔、水沟、边坡到设备房电缆井的电缆槽、管道贯通。 3. 路基填挖、桥梁架设、隧道二衬及水沟施工完毕。 4. 桥梁电缆上桥预留电缆桥架和过轨管线施工完毕
	房建	1. 中继站、基站、直放站电缆井预留的引入口完成，电缆井排水良好。 2. 站台电缆槽及至机械室电缆间的引入槽道同步形成。 3. 边坡至设备房电缆井的电缆槽、管道贯通，并在路基、护坡形成前完成
电缆通道	路桥隧	1. 路基填挖、过轨管线施工、验交完毕。 2. 管道及手孔（井）完成，并预留钢丝保持管道畅通。 3. 预留电缆爬架和过轨管线施工完毕，预埋件经确认
综合接地	路桥隧	1. 接地端子与电缆槽同步形成。 2. 室外桥面、路基、隧道地段通信、信号设备用综合接地端子，预留在电缆槽壁上，并有明显标识。 3. 中继站基础、接地网综合接地端子，应预留在基础侧壁上。 4. 基站、直放站接地网综合接地端子
	房建	接地端子与房建同步形成，网格地线与基础同步建成
隧内设备安装	隧道	洞室及装修已按设计要求完成施工，验收合格
轨旁设备安装	路桥隧	1. 路基或桥面平面高度已确定。 2. 桥梁防护墙或隧道电缆槽施工完毕。 3. 防护墙、电缆槽达到规定强度
室内设备安装	房建	1. 设备用房的门、窗、吊顶、静电地板、防雷地线等完成。 2. 沟槽管线预留规格、位置准确。 3. 设备基础浇筑完成，混凝土强度达到标准。 4. 具备施工电源和试验电源。 5. 站台（含雨棚）工程完成。 6. 室外通所道路已成型，具备设备运输条件

续上表

四电工程	站前工程	实施前置条件
轨旁设备安装	轨道	1. 轨道铺设完毕，轨面标高达到标准，大机作业结束，钢轨已经锁定完成。 2. 轨枕板平整，钢轨铺设完毕，里程标、标高正确。 3. 机械绝缘(含侵限绝缘)安装完毕。 4. 绝缘扣件不得造成轨道电路短路。 5. 相关轨道线路联通
接触网	路桥隧	1. 接触网、拉线基础按照设计要求施工完毕，验收合格。 2. 提供路基地段予埋沟槽管线施工资料和交桩。 3. 具备接触网作业车组停放条件。 4. 成段铺轨工程完成，具备开行架线车占轨施工作业条件。 5. 接触网精调前应完成轨道精调。 6. 整区间至少提供一条供接触网施工占用轨道

（二）四电专业间接口

四电专业间接口见表 4-3-2。

表 4-3-2　四电专业间接口表

专业名称		接口内容
信号专业	通信专业	1. 通信专业应按信号专业工期节点要求提供安全数据网光缆通道。 2. 通信专业应按信号专业工期节点要求提供 CTC、微机监测等数字通道。 3. 联调联试期间在信号列控试验前应完成 GSM-R 基础网优，具备 C3 列控数据承载条件
电力专业	通信专业	1. 通信专业应按电力专业工期节点要求提供电力远动、电力远动维护通道、隧道防灾远动通道。 2. 电力专业按工期节点要求为通信专业提供车站、区间节点(不含牵引所亭)两路可靠的交流电源至通信机房，并设置配电箱
电力牵引供电专业	通信专业	通信专业应按牵引供电专业工期节点要求提供电气化远动通道
信号专业	电力专业	1. 电力专业按工期节点要求为信号专业提供车站信号机房、区间节点、道岔融雪可靠的交流电源。 2. 信号设备独立用房的天网、地网及引下等防雷接地，地网接入综合接地系统
信号专业	电力牵引供电专业	1. 路基、桥梁地段信号标志牌由接触网专业将接触网支柱位置提供给行车和信号专业，由信号专业配合行车专业将区间信号点调至网杆位置。 2. 接触网专业提出吸上线接引原则，信号专业提供接引条件(提供连接吸上线的扼流变压器或空芯线圈位置)。 3. 信号专业应结合接触网专业电分相及断、合标设计里程，完成自动过分相应答器组设计，保证应答器设置位置与分相区位置符合规范要求
电力专业	电力牵引供电专业	10 kV 自用电由电力专业从 10 kV 贯通线接引

第四节　管控要点

本节主要介绍站前及房建专业为四电专业预留接口的要求，依据相关标准规范和现场施工质量控制要点提供工程实例，为四电工程接口预留标准化提供参考，同时简要描述四电专业间接口要求。

本节涉及的工程接口内容应按照铁路行业及国铁集团相关的技术标准和规范、铁路建设通用参考图、工程设计图纸等执行。

一、路基

路基地段涉及区间、站场及动车所等处所，与四电工程接口主要包括电缆槽、过轨管和电缆井、接触网基础及综合接地等，站场和动车所中还要特别关注各种管线自身间的位置关系。

（一）电缆槽、过轨管和电缆井

1. 电缆槽

（1）通信信号电缆槽和电力电缆槽的宽度、深度和弯曲角度严格按照设计图纸施工和验收。做法参见《铁路路基电缆槽》和相关设计图纸。路基电缆槽如图 4-4-1 所示。

（2）强弱电电缆槽和分支电缆引下槽，设强弱隔离措施。

（3）电缆槽避让接触网基础及排水沟等。

（4）路基与桥梁、隧道电缆槽采用现浇一定长度的电缆槽在平面及纵断面上进行顺接，区间路基与车站路基电缆槽采用电缆井连接。路基与隧道电缆槽顺接如图 4-4-2 所示。

图 4-4-1　路基电缆槽

图 4-4-2　路基与隧道电缆槽顺接

（5）统筹排水设计，防止外部进水、渗水措施，中隔板、外侧壁底部设泄水孔。电缆槽排水如图 4-4-3 所示。

图 4-4-3　电缆槽排水

(6)站场内通信信号电缆槽与站房/信号楼通信机械室连接,引入机房处设电缆余留条件。

(7)电缆槽交接时,应保证槽内部整洁,无杂物,联通顺畅。

2. 过轨管和电缆井

(1)路基范围内分支电缆沟处,预留过轨管、手孔或电缆井,强弱电手井和手孔不得合用,间距应大于 1 m。

(2)过轨管位置、材质及数量等见相关设计图纸,弯曲半径满足最粗管直径的 20 倍,两端柔性封堵,内设两根 ϕ4 mm 钢丝。路基预埋过轨管如图 4-4-4 所示。

图 4-4-4　路基预埋过轨管

(3)过轨管两端设手孔,与电缆槽连通,过轨管与手孔内壁平齐。

(4)分支电缆槽与主干电缆槽交界处和接入点围墙处设手孔。

(5)电力和电力牵引供电过轨电缆井与电缆槽连通,井内设电缆挂钩。

(6)桥梁与路基过渡处、隧道与路基过渡处、过轨管端部、引出路基用电设备处设电缆井。

(7)电缆井内强弱电缆应设隔离措施,如图 4-4-5 所示。

图 4-4-5　强弱电缆隔离示例图

(8)站场范围内设置分支电缆槽及电缆井。

(二)接触网基础

1. 路基预留接触网支柱和拉线基础,如图 4-4-6 所示。

图 4-4-6　接触网支柱和拉线基础示例图

2. 核对支柱基础、线路、拉线基础中心距离，曲线段、咽喉区等处避免接触网支柱侵限。

3. 声屏障、电缆井、电缆沟、排水沟等路基附属设施避开接触网基础，如图 4-4-7 所示。

图 4-4-7　排水沟绕避接触网支柱示例

4. CPⅢ桩设置在接触网拉线侧，且避让接触网下锚补偿装置及隔离开关操纵机构，如图 4-4-8 所示。

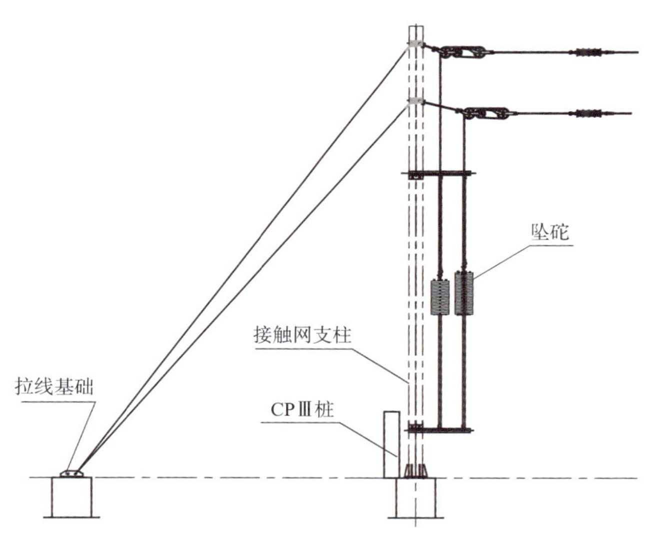

图 4-4-8　接触网锚柱与 CPⅢ桩基础关系示意图

5. 基础螺栓材质、间距垂直度和外露部分符合设计和验收标准要求，外露部分应采取保护措施。螺栓间距检查和成品保护如图 4-4-9、图 4-4-10 所示。

图 4-4-9　螺栓间距检查

图 4-4-10　螺栓成品保护

（三）综合接地

1. 综合接地做法详见《铁路综合接地系统》和相关设计图纸。

2. 贯通地线埋设于通信信号槽下方，并回填细粒土防护。

3. 上下行每隔 500 m 设一处横向连接。

4. 分支引接线与贯通地线应同步施工，一端与贯通地线 C 形压接，另一端与接地端子栓接。分支引线与贯通地线压接如图 4-4-11 所示。

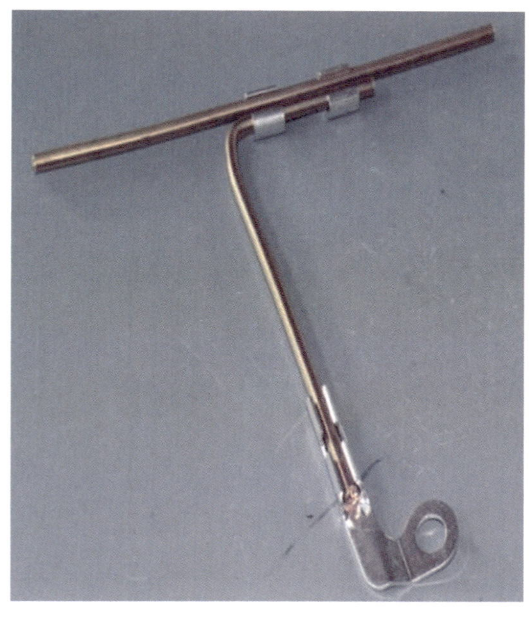

图 4-4-11　分支引线与贯通地线压接

5. 桥路过渡地段采用 L 形连接件与路基段通信信号槽侧壁设置的接地端子连接。

6. 过渡段贯通地线敷设在通信信号槽内，并采用水泥砂浆灌封。

7. 过渡段附近路基通号槽壁处设 1 个接地端子，用来与分支引接线连接。

8. 电缆井内的贯通地线用阻燃绝缘套管隔离。

9. 声屏障按不大于 100 m 接入接地系统，与接触网基础接地端子通过不锈钢连接线连接。

10. 路基区段综合接地预留要求见表 4-4-1。

表 4-4-1 路基区段综合接地预留要求

项目序号	项目名称	技术标准
1	接地电阻	不大于 1 Ω
2	接地端子的位置	每个接触网支柱基础处预留两个接地端子
3	贯通线引接线埋设	引接线采用与贯通地线相同的工序和工艺埋设，施作边坡防护前，将引接线埋设于边坡防护层下并与电缆槽中的接地端子或接地母排的引接线连接
4	接地端子保护	接地端子螺纹完好，保护塑料塞齐全，无混凝土等建筑材料污染，焊接牢固
5	接地引线	接地引线不得外露

二、桥梁

桥梁接口主要包括电缆槽、电缆上下桥通道、接触网基础及综合接地；多线桥要重点关注电缆槽、接触网基础、其他管线间位置、电缆通道贯通和检修条件等，可借助 BIM 技术检查校验。

（一）电缆槽

1. 桥上设电缆槽，与路基、隧道连接处电缆槽顺接，槽底预留排水孔。

2. 桥墩上预留电缆上下桥条件，在相邻两孔梁端设锯齿形槽口。通信信号电缆应避免与电力、牵引供电电缆下桥使用同一桥墩。梁端锯齿孔如图 4-4-12 所示，电缆上桥如图 4-4-13 所示。

3. 根据需要在多线桥上预留转辙机、信号机等信号设备安装和电缆过轨条件。

（二）接触网基础

1. 桥上预留支柱基础及下锚拉线基础。

2. 结合桥梁、接触网、环保等专业的图纸进行核对，特别是接触网下锚柱、隔开柱等位置，避免声屏障、接触网等设备相互影响。声屏障处接触网下锚安装如图 4-4-14 所示。

图 4-4-12 梁端锯齿孔

图 4-4-13　电缆上桥

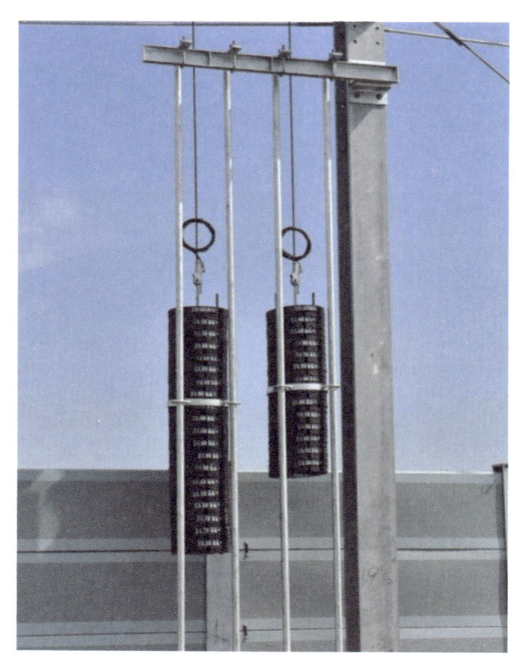

图 4-4-14　声屏障处接触网下锚安装

3. 基础螺栓外露部分应采取保护，避免螺栓损坏、锈蚀，施工中预留螺栓保护如图 4-4-15 所示。

图 4-4-15　施工中预留螺栓保护示例

(三)综合接地

1. 综合接地做法详见《铁路综合接地系统》和相关设计图纸。

2. 接地钢筋利用梁体内非预应力筋，并用红色油漆标识。

3. 梁底接地端子与桥梁水泥层平齐；电缆槽内端子与桥梁水泥层平齐或露出 0～5 mm。桥上接地端子如图 4-4-16 所示。

图 4-4-16　桥上接地端子

4. 梁内所有用于接地的钢筋交汇处需焊接，单面焊接长度不小于 100 mm，双面焊接长度不小于 55 mm，梁体接地钢筋相交点采用 L 形钢筋焊接如图 4-4-17 所示。

图 4-4-17　梁体接地钢筋相交点采用 L 形钢筋焊接

5. 桥梁结构物浇筑前进行接地电气完整性测量，直流电阻测量值不大于 50 mΩ。

6. 无砟轨道箱梁综合接地

(1)小里程端设置8个接地端子与接地钢筋连接，上下行栏杆/声屏障基础、两侧通信信号电缆槽内、两侧防护墙上线路侧、梁底与桥墩对应位置的附近各设置一个接地端子。

(2)在桥梁上表层内，上下行两个轨道板之间的1/3和2/3处各设置一根纵向接地钢筋；桥梁两侧靠内侧的防护墙下，应在桥梁上表层内各设置一根纵向接地钢筋，所有纵向接地钢筋与梁端的横向结构钢筋焊接。

(3)接触网支柱基础预埋钢板与邻近的梁体纵向接地钢筋采取L形焊接。

7. 连续箱梁综合接地

(1)连续箱梁的中间桥墩处梁体的综合接地设置与小里程侧相同。

(2)其他要求与无砟箱梁一致。

8. 桥墩综合接地

(1)每根柱基中选用1根通长接地钢筋，在承台中应通过连接钢筋环接。

(2)桥墩中有两根竖向接地钢筋，一端与承台接地钢筋连接，另一端与墩帽处的接地端子连接。

(3)除水中桥墩外下部设置接地端子，并与竖向接地钢筋焊接。

(4)墩帽和桥墩下部的接地端子均设置在桥墩大里程侧立面。

(5)明挖基础桥墩在基底地面应设一层钢筋网作为水平接地体，并布满基底底面。

9. 桥梁区段综合接地预留要求见表4-4-2。

表4-4-2　桥梁区段综合接地预留要求

项目序号	项目名称	技术标准	备　注
1	桩基础、扩大基础桥墩的综合接地端子	每个桩基础桥墩需设置两个接地端子，分别设置在桥墩顶部两侧及墩身距地面－200 mm处；每个扩大基础桥墩需设置4个接地端子，分别设置在桥墩顶部两侧及墩身距地面－200 mm处；接地端子螺纹内口必须加以保护防止损坏，不被混凝土等杂物堵塞	
2	桥梁接地端子	每片梁的小里程端设置接地端子8个，分别设置在线路两侧的电力电缆槽、防撞墙、桥梁的底部；接地端子均应露出建筑物表面，接地端子螺纹内口必须加以保护防止损坏，不允许被混凝土等杂物堵塞	
3	桥墩和梁体之间的连接	桥梁和桥墩之间的接地钢筋用200 mm^2不锈钢接地连接导线相连，此部分连接应在桥梁施工中完成	
4	接地引线	接地引线不得外露	
5	接地电阻	不大于1 Ω	

三、隧道

隧道内接口主要包括电缆槽、设备洞室、接触网安装条件及综合接地，可借助“一张图”和BIM技术检查校验。

多线隧道要重点关注：电缆槽、排水沟、其他管线间位置关系；接触网、照明、暖通设备间位置关系；电缆通道贯通和检修条件等。

(一)电缆槽、设备洞室、过轨管和电缆井

1. 电缆槽

(1)隧道内电缆槽应与路基、桥梁、站场等处的电缆槽平顺连接。

(2)电缆槽内应考虑排水措施。

2. 设备洞室、过轨管和电缆井

(1)各设备洞室、综合洞室至同侧通信信号电缆槽按设计要求设过轨管。

(2)通信、电力洞室设置与电缆槽连通的电缆余长腔。

(3)洞室内设两个接地端子和防火抗压门。

(4)在隧道进出口、各洞室附近，横洞、斜井与正洞交叉位置预埋电力电缆过轨管，八字埋设，与铁路正线夹角宜为 45°。

(5)过轨管应埋入隧道底部混凝土内足够深度，避免变形或损坏。

(6)过轨管两端应采用柔性材料临时封堵，内应预设两根 ϕ4 mm 钢丝。

(二)接触网安装条件

1. 接触网基础

(1)接触网隧道内预埋槽道与隧道二衬同步施工。

(2)槽道本体及 T 形螺栓应为同一厂家生产，一同供货，如图 4-4-18 所示。

图 4-4-18　槽道本体及 T 形螺栓

(3)槽道本体外形尺寸应与本线隧道内轮廓半径相匹配，密实填充，满足使用年限，预埋位置正确。

(4)T 形螺栓及槽道不允许二次切割或加工；热浸镀锌组件要在工厂进行。

(5)现场安装时采用 T 形螺栓固定。

(6)弧形槽道在图纸中一般在槽道长度前“⌒”,直型槽道只标注长度。

(7)槽道安装如图 4-4-19 所示。

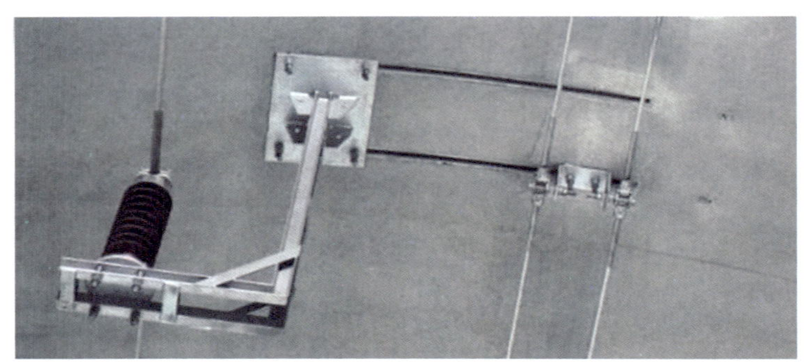

图 4-4-19　槽道安装示例

(8)隧道及接触网专业设计配合,根据实际模板台车长度确定台车位布置图和接触网槽道布置图。

(9)施工前应仔细核对分布里程,不得随意调整改变位置。

(10)施工完成后应在隧道侧壁距轨面 2 m 高处标注槽道信息。

2. 隧道内锚洞及隔开洞

核对隧道及接触网专业图纸,里程、尺寸无误后方可施工。

3. 盾构隧道

(1)接触网基础预留方案,项目建设前期阶段即应开展针对性设计;

(2)管控重点包括施工图、模具加工、管片生产及拼装过程;

(3)管片模具要充分考虑接触网槽道安装条件;

(4)细化管片生产计划;

(5)拼装前采用 BIM 等手段模拟管片位置;

(6)拼装过程中严控施工误差,确保拼装精度。

盾构隧道管片预留槽道如图 4-4-20 所示。

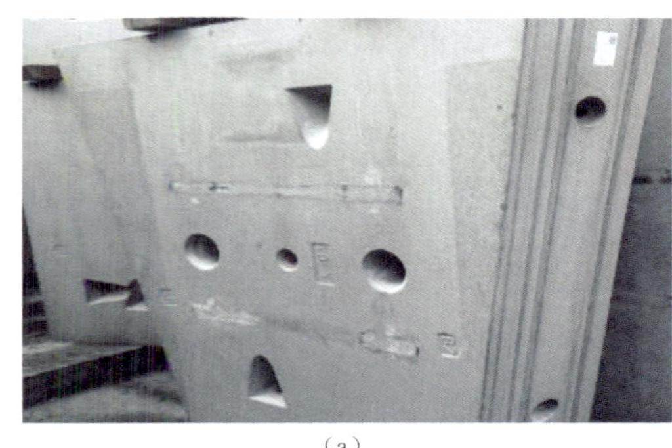

(a)

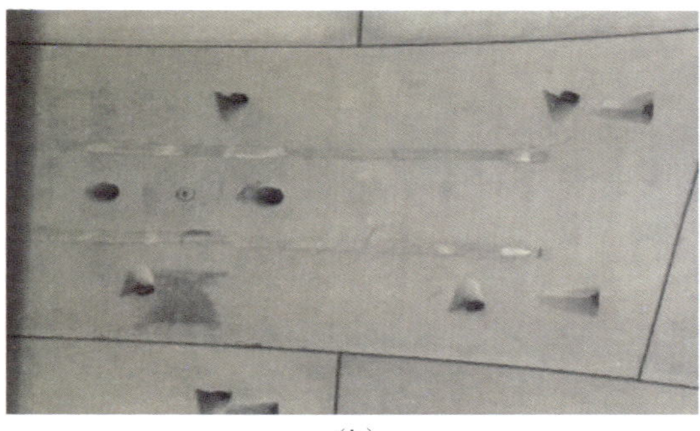

(b)

图 4-4-20　盾构隧道管片预埋槽道

（三）轨旁设备安装条件

1. 信号分向电缆盒、调谐单元、匹配变压器、空芯线圈等，安装于电缆槽边墙线路侧，需取消电缆槽边墙内侧混凝土台。

2. 道岔区段处预留转辙机、道岔辅助转换设备及密贴检查设备的安装条件，并满足设备的左侧或右侧安装要求。

（四）综合接地

1. 贯通地线敷设在通信信号槽内底部靠近线路侧的边角处，可凿毛混凝土表面，涂刷界面漆，用水泥砂浆灌封。

2. 从隧道进口 2 m 处开始，每 100 m 在两侧通号槽底设 1 个接地端子，小于 100 m 的隧道在中部设置 1 处；每 50 m 在两侧通号槽靠线路侧壁上分别设置 1 个接地端子；所有端子通过连接钢筋与通号槽靠线路侧外缘的纵向接地钢筋连接。

3. 隧道二次衬砌综合接地

(1)利用二次衬砌的内层纵、环向结构钢筋作为接地钢筋。

(2)接触网两侧以 0.5 m 为间隔，各选 3 根纵向钢筋作为接地钢筋。

(3)两侧 1.5 m 外位置，以 1 m 为间隔，选择纵向结构钢筋作为接地钢筋。

(4)在每台车位(作业段)中部选 1 根环向结构钢筋作为环向接地钢筋。

(5)接地筋与接触网弧形基础或接地端子焊接。

(6)环、纵向接地钢筋间焊接，纵向接地钢筋在作业段间可不连接。

(7)每段环向接地钢筋通过连接钢筋与两侧通号槽靠线路侧外缘的纵向接地钢筋连接。

(8)无结构钢筋的二衬隧道，在接触网基础处设专用环向接地钢筋，并与接触网基础或接地端子焊接，环、纵向接地钢筋间应焊接。

(9)在隧道进出口及隧道内每隔 500 m 处，在隧道两侧壁距离轨面 6 m 处设置两个接地端子，并与环向接地钢筋焊接，用于回流线、照明设备等接地。

4. 隧道地段综合接地预留要求见表 4-4-3。

表 4-4-3　隧道地段综合接地预留要求

项目序号	项目名称	技术标准
1	接地电阻	不大于 1 Ω
2	接地端子的位置	信号电缆槽每 100 m 一个接地端子，电缆槽外壁每 50 m 一个接地端子
3	贯通线引接线埋设	敷设在电力电缆槽内
4	接地端子保护	接地端子螺纹完好。保护塑料塞齐全，无混凝土等建筑材料污染，焊接牢固
5	接地引线	接地引线不得外露

5. 盾构隧道综合接地

盾构段综合接地设计如图 4-4-21、图 4-4-22、图 4-4-23 所示。

(1)盾构段综合接地系统

盾构段综合接地系统利用轨下结构叠合找平层内分布钢筋按间隔 10 m 设置一处钢筋网

作为隧道接地体。接地极按照 1 m×1 m 的单层钢筋网设置，钢筋网长度为 10 m，钢筋网采用直径 16 mm 的 HRB400 钢筋，中部"十字"交叉的两根钢筋上的网格节点施以 L 形焊接，其他节点绑扎。

隧道地段贯通地线敷设于隧道两侧信号电缆槽内，并采用砂防护。利用两侧电缆槽侧壁处最上端的纵向结构钢筋作为纵向接地钢筋。隧道接地体应通过连接钢筋与两侧电缆槽外缘的纵向接地钢筋连接。

接地钢筋应优先利用结构物中的非预应力结构钢筋，原则上不再增加专用的接地钢筋。兼有接地功能（含连接）的结构钢筋和专用接地钢筋截面应满足接触网最大短路电流要求。施工时应标识接地钢筋，便于检查。

(2)接地端子设置

隧道进口 2 m 处开始，在两侧通信信号电缆槽底部，每间隔 100 m 设置一个接地端子并设置 L 形连接件。接地端子用于隧道接地装置与贯通地线的连接。

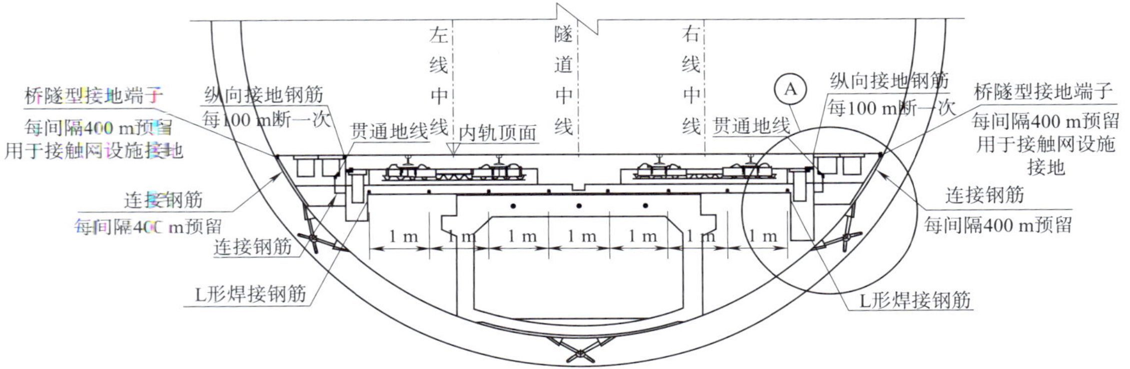

图 4-4-21　盾构隧道接地钢筋横断面图

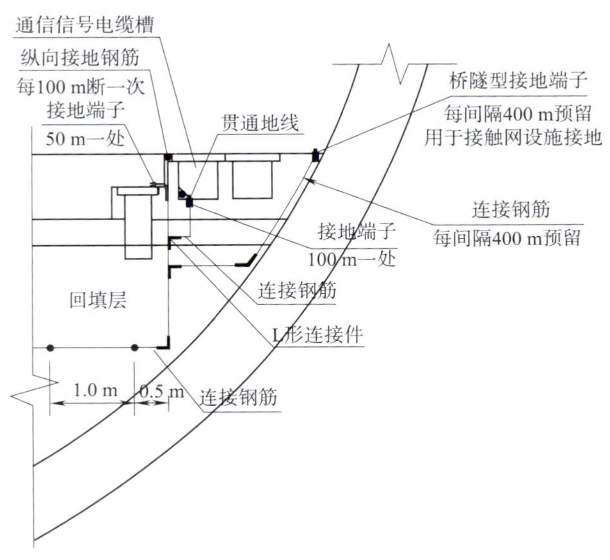

图 4-4-22　A 节点详图

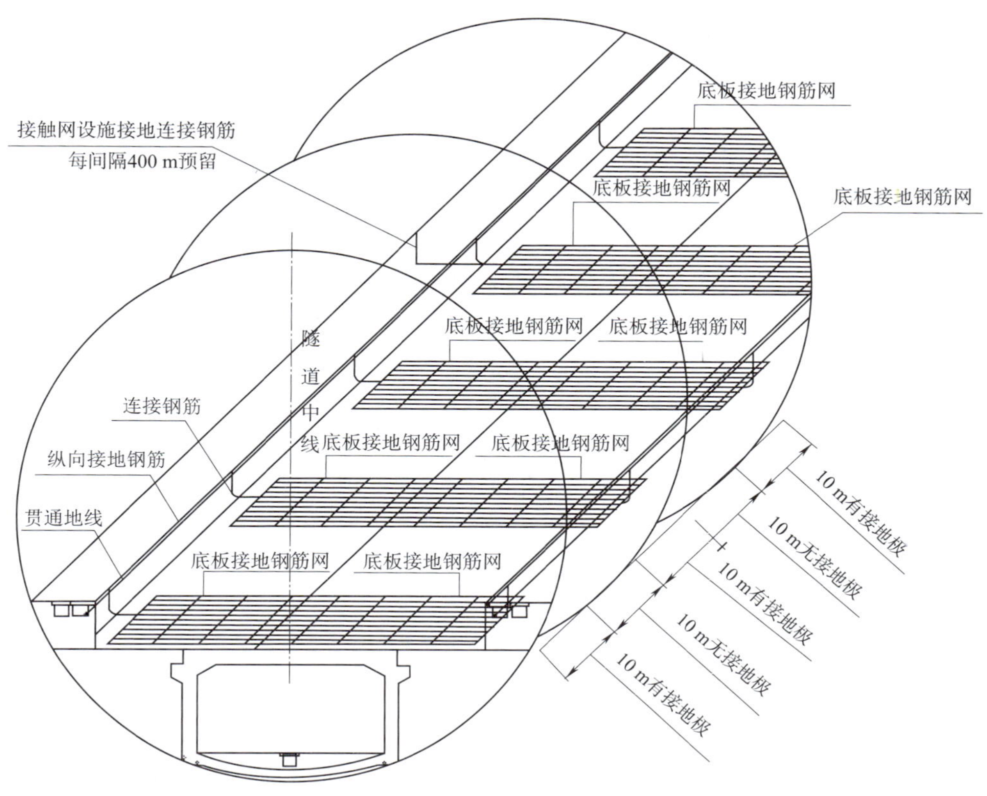

图 4-4-23　盾构段隧道底板接地极投影关系

从隧道进口 2 m 处开始，在两侧通信信号电缆槽靠线路侧壁上，每间隔 50 m 设置一个接地端子。接地端子用于轨旁信号设备及其他设施接地端子。

在隧道进出口及隧道内每 500 m 两侧的隧道壁分别计列 1 个接地端子。

在盾构区段隧道两侧电缆槽顶部靠近隧道壁侧位置分别每间隔 400 m 预留一桥隧型接地端子供接触网设施接入综合接地系统，并保证与其他设备接地点间隔 15 m。接触网全环槽道组中心，预留接地端子，接地端子通过连接钢筋与贯通地线相连。

四、轨道

1. 无缝线路胶结绝缘节具体位置由信号专业提供，轨道工程实施，如图 4-4-24 所示。

2. 有砟轨道区段信号电气绝缘节及补偿电容处采用专用轨枕，每处电气绝缘处有三根电气绝缘枕，电容枕和电气绝缘枕的具体里程位置由信号专业提供，轨道工程实施。

3. 四电施工单位按有关要求在钢轨上开孔安装轨旁设备引接线，钢轨打孔在钢轨完成应力放散及锁定后实施，并严格按规定做好倒棱及质量验收工作。

4. CPⅢ数据是轨道和接触网工程共同的施工依据，不得随意调整轨道参数。

图 4-4-24　胶结绝缘节设置示意图

五、房屋建筑

（一）四电设施场坪

1. 区间基站、直放站、独立电力变配电所设置宽度不小于 4 m 的维修便道。通信基站维修便道如图 4-4-25 所示。

图 4-4-25　通信基站维修便道

2. 牵引变电所所内排水要求与线路排水系统统筹考虑，院外集中排水原则上要接入市政排水设施；所外设宽度不小于 4 m 的硬化通所道与地方公路相连。所内排水如图 4-4-26 所示，所外排水如图 4-4-27 所示。

图 4-4-26　场坪内集中排水

图 4-4-27　场坪外水沟

（二）四电用房

1. 室内预留沟槽管洞与室外（站场）电缆管沟进出房屋的通道贯通。

2. 车站通信机械室按机房标准进行装修，考虑防尘、防震、保温措施，并设置机房空调。

3. 各车站、信号中继站、电气化所亭等处机房接地，由房屋建筑地网统一接至贯通地线。站内综合工区在房屋建筑地网中预留通信接地条件。

4. 信号楼（室）设置房屋防雷、电磁屏蔽及接地综合防护，如图 4-4-28 所示。

图 4-4-28　房屋防雷箱安装示例图

5. 金属房门、铝合金隔断、防护隔栅等金属物均应做电气连接。

6. 信号设备用房的总平面图要统一设计布置，室内暖通、消防、照明及电源设备布置不能影响维修通道畅通。

7. 变电所内应装置通风装置，保证正常工作时温度要求及事故工况通风要求。高压室通风装置如图 4-4-29 所示。

图 4-4-29　高压室通风装置

8. 配电所高压开关柜室、变电所高压开关柜设备采用 SF_6 气体绝缘 GIS 设备，需考虑气体泄漏时的事故通风。

9. 配电所、中心变电所设上下水；控制室和配电室内的采暖装置，不应有法兰、螺纹接头和阀门；高、低压配电室、变压器室、电容器室、控制室内不应有无关的管道和线路通过。

10. 电力牵引供电用房墙上开孔洞的部位应有防止雨、雪、小动物及风沙进入的措施；高压室进线及出线侧不得设置排水口，尽量采用平屋顶。室外电源缆沟内应采取有效的防水和排水措施，设置集水井及泄水系统，引入室内时应有防雨水倒灌和排水措施。

六、四电专业间接口

1. 信号专业配合行车专业，调整区间布点与接触网支柱对齐。
2. 信号专业应结合接触网专业电分相及断、合标设计位置，合理布置应答器组。
3. 接触网专业根据信号专业区间扼流变压器设置位置，合理布置吸上线。
4. 信号专业轨道电路扼流变压器设置与牵引供电接触网专业相互结合。
5. 电力专业向信号、通信专业提供工作电源，向牵引供电所亭提供所内操作用电。
6. 通信专业向信号、电力、电力牵引供电专业提供传输通道。

第五章 实践与探索

国家铁路局2021年发布的《"十四五"铁路科技创新规划》，明确提出了铁路科技创新要求，强化基础研究，加快新一代信息技术等与铁路深度融合。为贯彻落实国家铁路高质量发展，率先实现铁路现代化，勇当服务和支撑中国式现代化建设"火车头"的任务目标，京津冀铁路公司在推进管内铁路建设过程中，始终把理念创新、技术创新、管理创新践行到工程建设当中，为管内铁路高质量开通打下坚实基础。本章对四电建设管理经验和创新探索进行归纳总结，旨在为建设管理者提供参考和借鉴，促进拓展管理思路，提升业务水平。

第一节 理念创新——践行智能建造

根据国铁集团发布的《铁路通信信号工程智能建造施工技术指南》(Q/CR 9258—2023)和《铁路电力牵引供电及电力工程智能建造技术指南》(Q/CR 9257—2023)，京津冀铁路公司深入贯彻国铁集团相关要求，结合项目建设管理实际，在智能建造方面进行了努力实践和不懈探索，在以下五个方面实施智能建造，提高了生产效率、提升了工程质量、改善了作业环境。

一、推广信息化管理手段

信息化管理是利用现代数字化技术，对施工过程进行全面的计划、组织、监控和控制的管理方法。这些手段可以提高施工效率、减少成本、提升质量，并为项目管理人员提供决策支持和信息共享的平台，通过大数据分析及管控分析模型，对各管理要素趋势性、系统性问题的分析、预警、决策与综合管理，实现工程建设管理的自动感知、自动预判、自主决策。常见的施工信息化管理手段有信息化管理平台、数智化管理系统、调度管理系统、智能终端和智能监管。

(一)研究应用信息化管理平台四电模块

铁路工程管理平台，构建基于BIM技术、信息系统四电模块，形成信息化管理的大脑。该系统是以四电工程施工生产过程管理为目标的综合性生产指挥管理系统，以具体的拟建实体为管理对象，运用人工智能、远程监控等多种管理手段保障项目质量、进度、安全、物资有序推进。将项目管理工作从横向、纵向两个维度串通起来，为项目管理人员提供项目指挥管理的数据支撑。

公司高度重视铁路工程管理平台中在站后四电工程标准化管理中的研究和应用。按照国铁集团要求，在建设期间全面运用了四电工程模块。同时，在总结国际国内铁路建设四电信息化管理技术应用的经验基础上，经过反复研究和论证，首次运用了工程影像、四电设备、四电接口、四电BIM信息化管理等模块。铁路工程管理平台界面如图5-1-1所示，铁路工程管理平台模块如图 5-1-2 所示。

图 5-1-1　铁路工程管理平台界面

图 5-1-2　铁路工程管理平台模块

1. 工程影像管理模块

工程影像模块用于隐蔽工程验收记录的影像采集、保存和查阅。(1)具备采集进度统计功能，包括按月统计项目、标段、工点资料采集数量；(2)具备统计系统使用信息，包括影像资料数量、拍摄设备、登录人员、存储空间等；(3)具备影像资料查询功能、快速定位资料目录(包括目录导航、关键字查询等)、数据筛选(包括缩略图显示、层级过滤、文件列示等)；(4)具备在线浏览、下载影像文件功能。

2. 四电专用模块

(1)四电设备管理系统

四电设备管理系统，基于 HTML5 和二维码技术，以设备管理为主线，以设备安装为基础，以设备验交为标志，通过设备模型 IFD 编码与设备信息关联，实现设备立体、可视、协同、高效的信息化管理和施工全过程可追溯。

优化设备管理模块，对四电专业设备信息管理，具备设备信息修改、删除、导入、导出、生成二维码等功能。通过扫描二维码，可查看、完善设备厂家、安装、出入库信息，同时可在线浏览设备管理模型信息。四电设备管理系统示例如图 5-1-3 所示。

图 5-1-3　四电设备管理系统示例图

(2)四电接口管理系统

具备四电工程接口的数量、进度等进行统计管理功能，同时展示和明确接口标准、参数、技术重难点、职责归属，建设单位和各参建单位可实时查看当前接口工程状态，并反馈检查整改结果，提高了接口管理效率，便于快速处理接口施工过程中的差、错、漏、碰等问题。四电接口管理系统流程如图 5-1-4 所示。

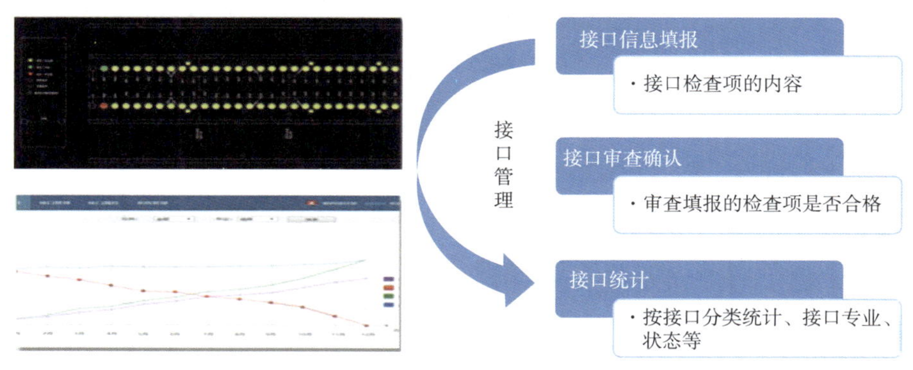

图 5-1-4　四电接口管理系统流程

(3)四电 BIM 管理系统

京唐铁路四电工程利用 BIM 技术对四电首件工程(包含信号楼、通信基站、中继站、牵引变电所等)进行了三维模拟,从房屋的外观外貌、整体结构布局、室内效果、四电各专业的施工要求及线缆敷设方案进行了 BIM 施工预览,对首件工程建设效果结果进行预展示,形成 BIM 应用经验积累,起到了标杆示范作用。四电 BIM 管理系统如图 5-1-5 所示。

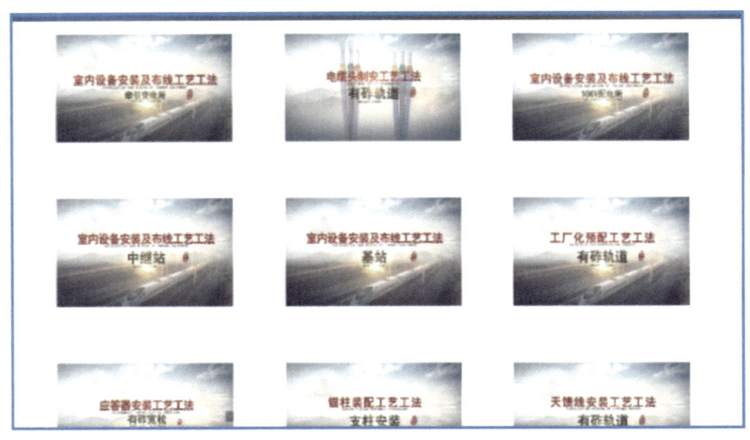

(a)

(b)

图 5-1-5　四电 BIM 管理系统示例图

(二)配备数智化管理系统

数智化管理系统可以实现智能建造数据管理与智能料库、智能预配、运输、现场智能化施工装备之间的统筹调度,实现特殊数据的存储、归类、统计和分析,并使用可视化的两级调度系统。

京唐铁路四电工程建设过程中,在使用铁路工程管理平台的基础上,辅以数智化管理,形成进料、加工、运输及安装于一体的开放式的数据系统,具备计划、控制、协作处理等功能。在四电工程建造的全生命周期,对建造过程中各流程的信息进行采集,并根据建造计划及建造流程,收发信息指令,对建造过程进行调度指挥。

（三）应用智能终端技术

智能终端采用物联网、人脸识别、视频监控、卫星定位等技术采集现场人员、机械、材料、作业环境等数据，主要包含智能可穿戴设备、机械设备定位装置、材料及设备检测数据实时上传系统、智能扭力扳手、环境监测装置、人脸识别装置等。

工程施工阶段采用移动终端实时收集上报项目实际完成工程量，应用智能终端装备采集物资收发信息、劳力和机械出勤等数据，运用智能识别系统监测安全质量。

京唐城际铁路运用上述技术手段，四电工程全过程施工中管控有序，未发生安全质量事故，得到好评。

（四）实施双重预防机制的智能监管

2020 年 10 月，国铁集团发布了《铁路建设项目安全风险管理办法》（铁建设〔2020〕182 号）；2021 年 9 月新的《中华人民共和国安全生产法》对“构建安全风险分级管控和隐患排查治理双重预防机制”和“加强安全生产标准化、信息化建设”提出了明确要求；2022 年 4 月国务院安委会进一步强调了双重预防机制落实的重要性。公司在各级安全文件中对双重预防机制落实提出了相关要求，并研究开发了双重预防机制智能监管平台。

功能规划：围绕双重预防机制工作落地，以强化落实参建单位责任为主线，以现场各方履职管理为抓手，依托信息化技术，研发双重预防智能监管平台，解决“认不清、想不到、不想干、不会干”等问题，将风险管控和隐患排查两者有效的衔接和关联，使风险分级管控和隐患排查治理过程可追踪、记录，数据可监管，对双重预防机制落实执行情况进行及时、准确地评估。通过系统实现风险管控与隐患排查治理履职任务定制、推送、回收、评价，对双重预防机制实施主体履职实行全过程、动态化监管；实现对现场风险隐患的集中、动态管控与闭环管理；通过对各类数据、信息的交汇、分析、挖掘，为建设单位日常监管、指挥调度、科学精准决策提供数据支撑。该平台运用界面如图 5-1-6 所示。

取得成效：双重预防机制智能监管平台试用以来，极大地方便了项目公司和参建单位对现场的管控，为京津冀铁路公司及时发现、掌控现场实际安全隐患提供了有效手段。

二、推行 BIM 数字建造

公司在项目实施中运用 BIM 技术，在施工准备阶段进行模拟推演、形成成果，如对室内、站场线缆径路分层做好布置，对功能房屋进行建模开展设备实体布置，为现场施工提供切实可行的设置方案。这些应用力求在工程接口、工程推进、工序交接等方面做到流程界面清晰、所见即所得、工序合理。

（一）BIM＋GIS

利用 BIM＋GIS 技术建立准确的铁路场景三维模型实现铁路移动通信高精度智能网络规划及优化，研发了准确、高效的高性能射线跟踪仿真算法，实现高精度的铁路场景无线覆盖预测，解决交叉区域频率资源不足导致的网络规划难的问题。通过将无形的电波传播等效为形象的射线，实现无线信号和传播场景的可视化叠加与三维呈现。根据射线跟踪仿真的数据，对天线高度、天线下倾角与水平方位角、发射功率等无线空口参数进行在线优化，实现“准确高效、一键完成”的智能网络规划和优化，大大降低后期调整和乘车测试的频次，较传

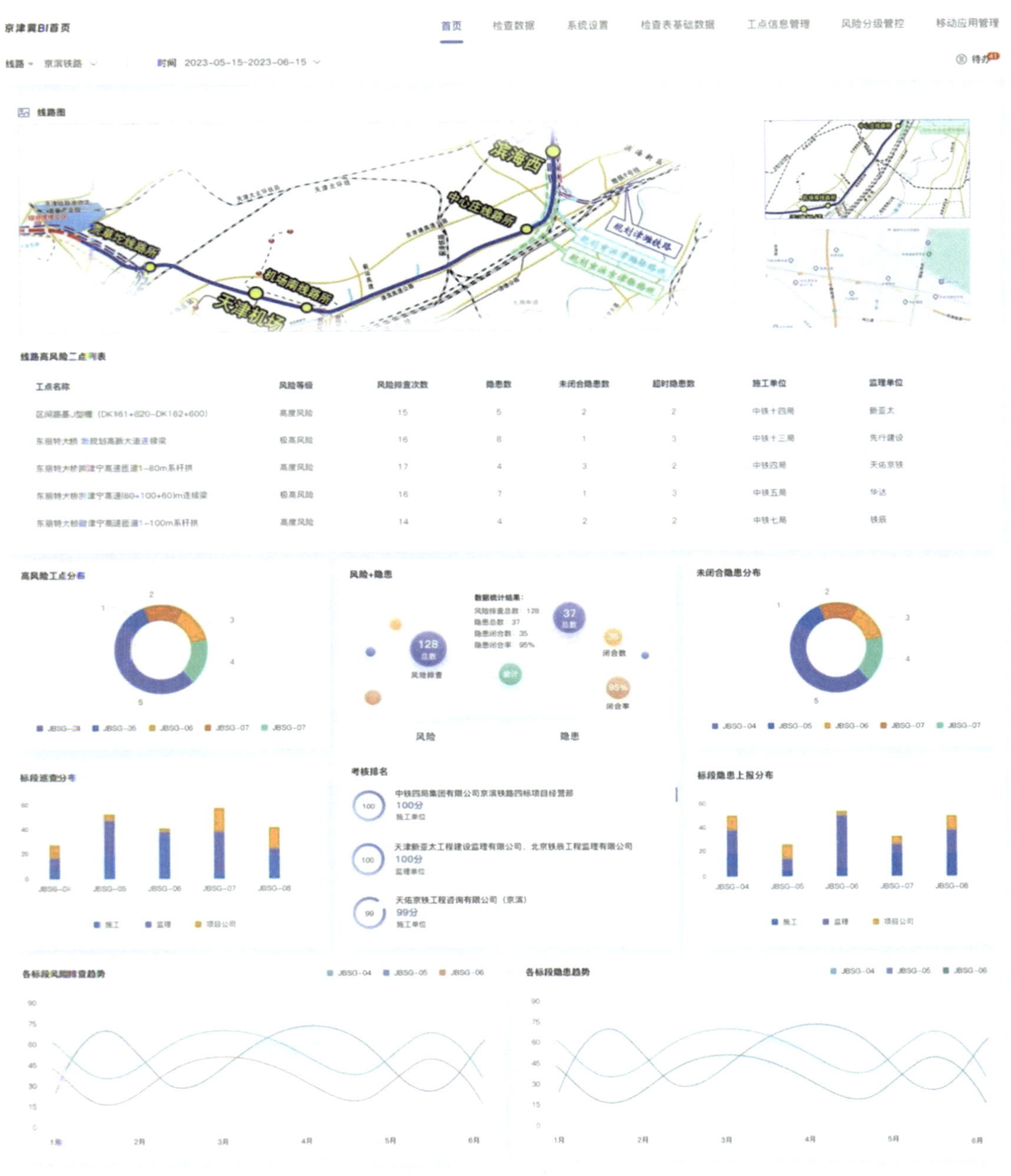

图 5-1-6　实施双重预防机制的智能监管平台

统网络优化周期(14～20 d)大大缩短，甚至不再需要传统的测试—调整—测试步骤。理论上在施工工艺和标准满足质量要求的情况下，可高效达到 GSM-R 网络动态验收指标要求，节约高速阶段反复测试、天线调整和人员组织成本。无线信号、传播场景三维呈现如图 5-1-7 所示，仿真结果与测量结果对比如图 5-1-8 所示。

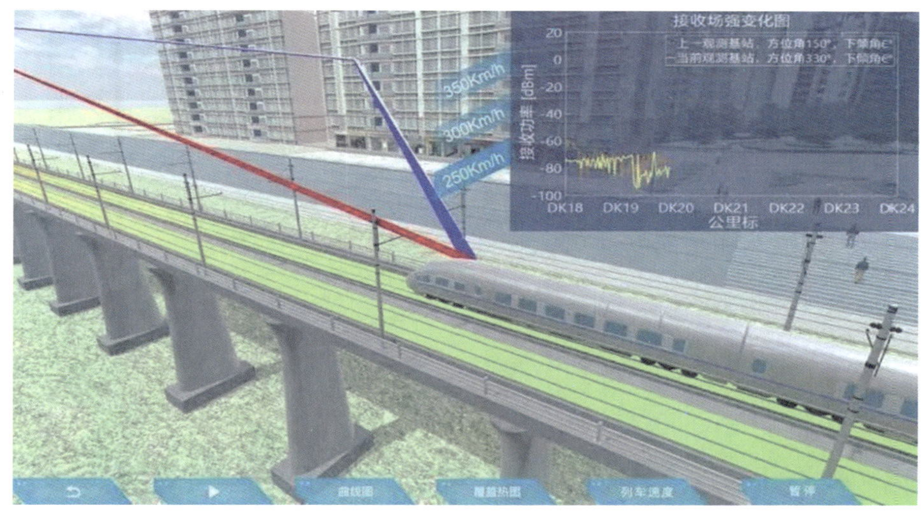

图 5-1-7　无线信号、传播场景三维呈现示例图

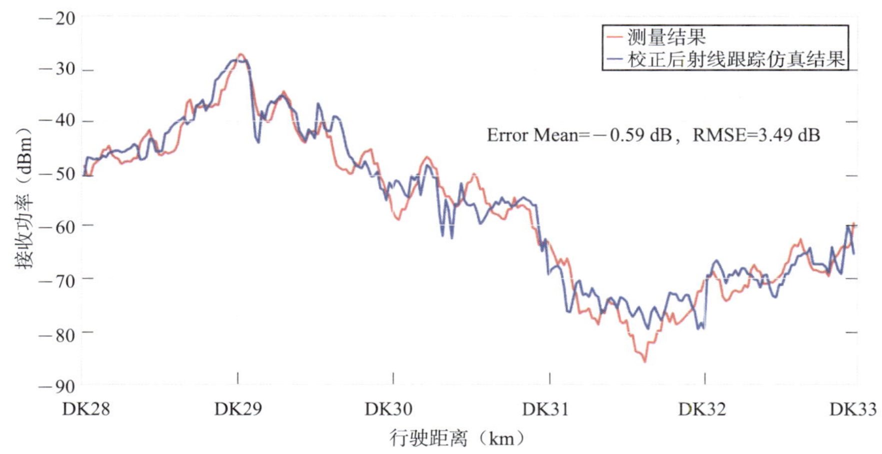

图 5-1-8　仿真结果与测量结果对比

（二）细部设计

BIM 施工建模在施工图设计模型元素基础上，对设备安装、线缆敷设等关键环节模型进行细部设计，从模型元素、空间协调、碰撞检查报告、室内外安装工程的虚拟建造等细节入手，具体涵盖预制预配、施组优化、技术交底、物资提报、接口方案和施工管理等场景，实现施工进度、成本、安全、质量等的精细化管理。BIM 施工接口管理通过各专业接口的提前碰撞，打造接口集成深化设计平台，形成一体化图纸（管道式电缆槽），解决站前与四电、四电各专业间集成与接口管理的问题。室外设备箱盒安装、信号机安装、机械室上走线布线、高压电缆敷设、控制电缆敷设等 BIM 细部设计如图 5-1-9～图 5-1-13 所示，施工深化碰撞检测如图 5-1-14 所示，室内电缆碰撞检查如图 5-1-15 所示。

图 5-1-9　室外设备箱盒安装

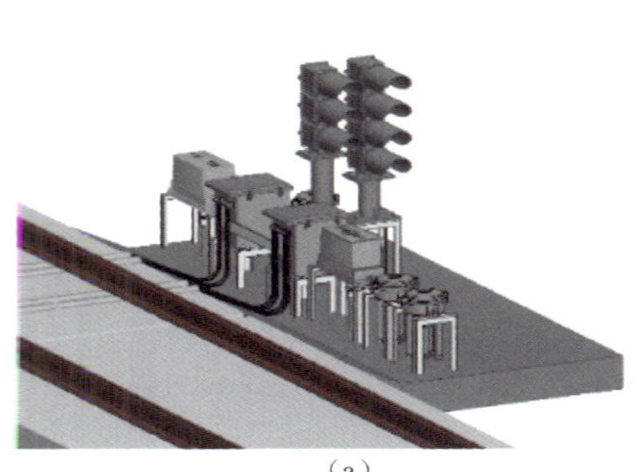

(a)

(b)

图 5-1-10　信号机安装

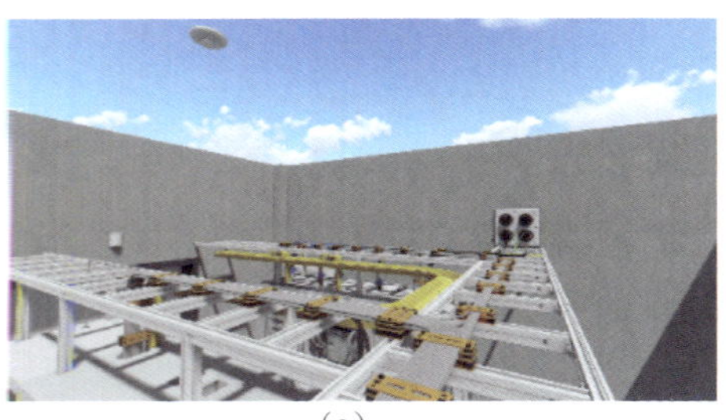

(a)

(b)

图 5-1-11　机械室上走线布线

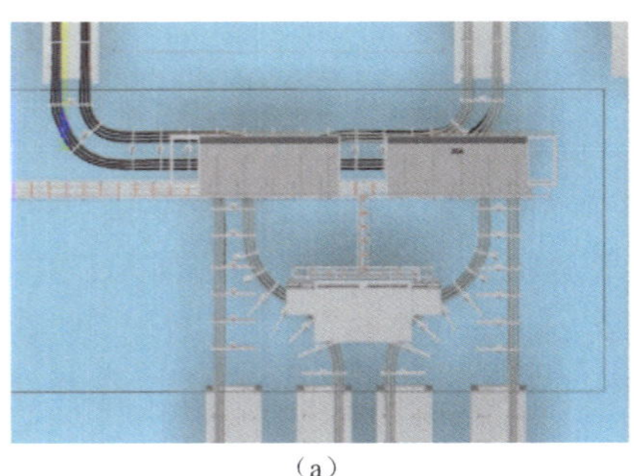

(a)

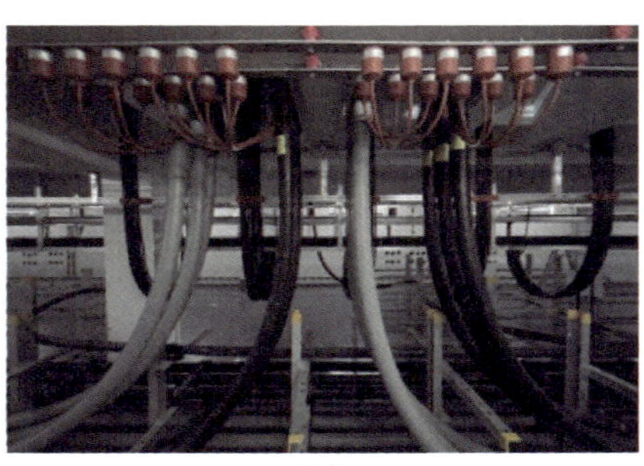

(b)

图 5-1-12　高压电缆敷设

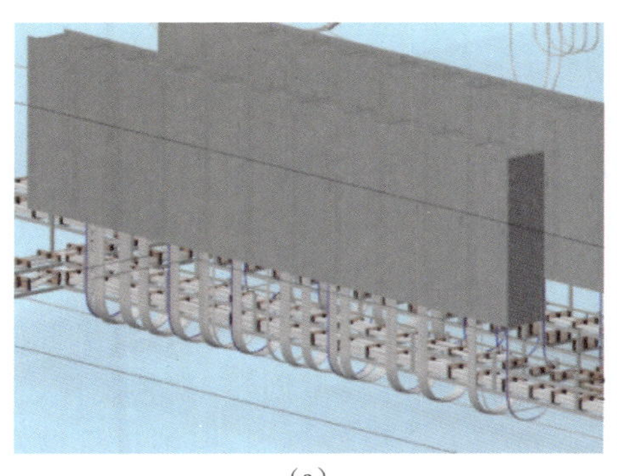
(a)

(b)

图 5-1-13　控制电缆敷设

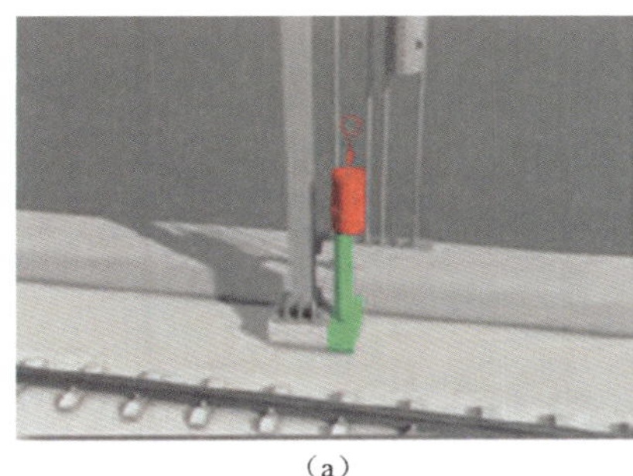
(a)

(b)

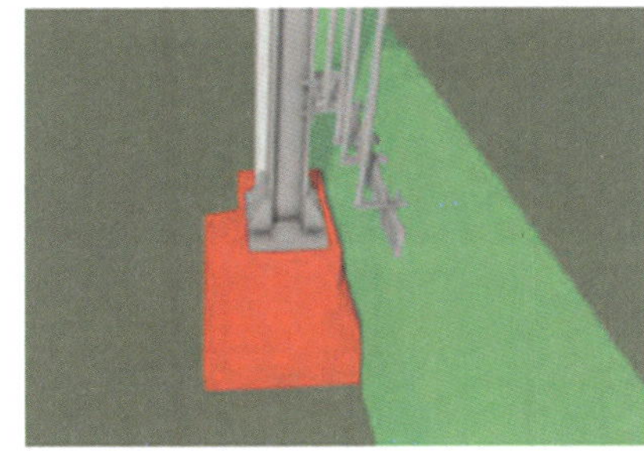
(c)

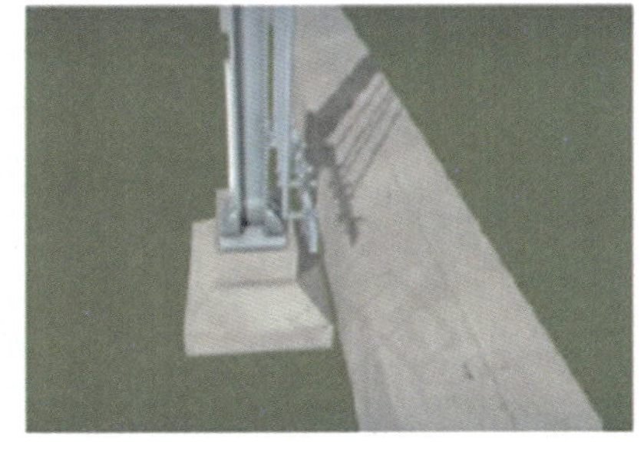
(d)

图 5-1-14　施工深化碰撞检测

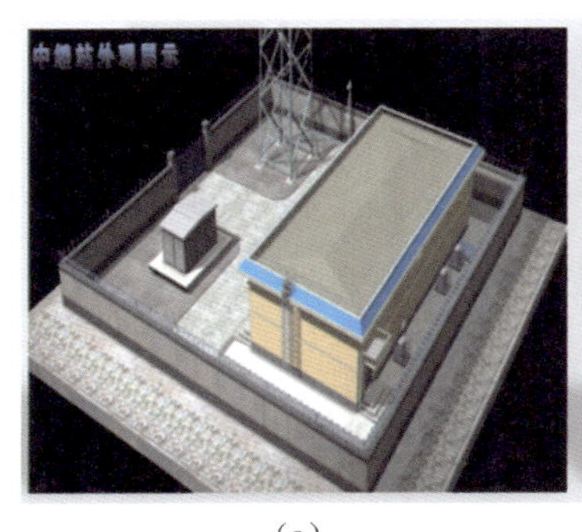
(a)

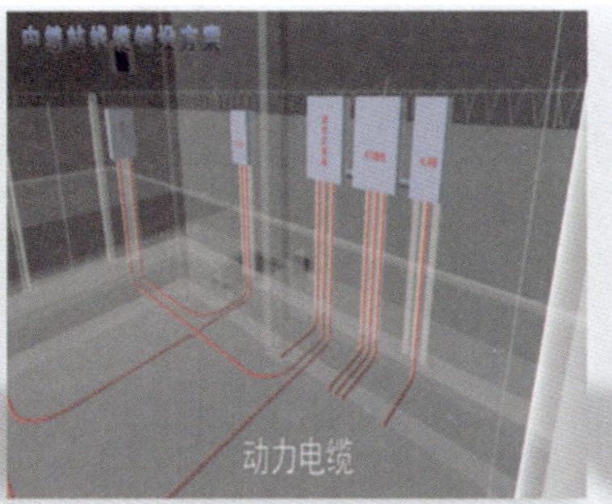

(b)

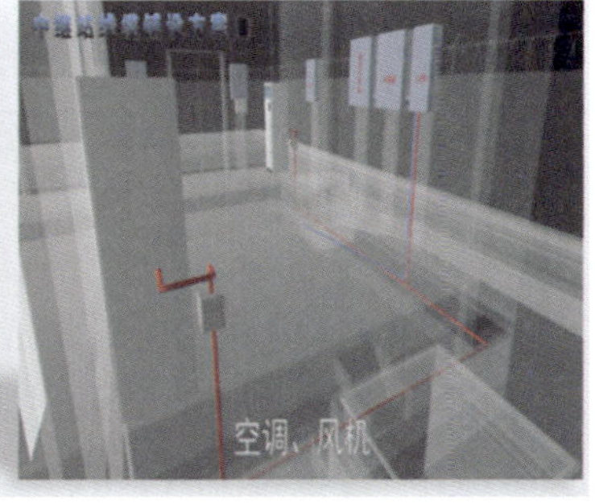

(c)

图 5-1-15　室内电缆碰撞检查

（三）施工模拟

智能建造工程项目施工组织、关键工序及新技术、新工艺、新材料、新设备等施工工艺应采用 BIM 技术进行施工模拟。施工模拟前确定 BIM 应用内容，BIM 应用成果应分阶段或分期交付。施工单位根据施工组织模拟成果对工序安排、资源配置、平面布置等进行协调和优化，并同步更新相关模型信息。

施工模拟模型根据施工组织和施工图创建，并与施工工艺信息关联，输出资源配置及施工进度计划、施工模拟分析报告、可视化信息等资料，指导模型创建、视频制作、文档编制和方案交底等工作。重点工序根据模拟任务调整施工工艺模型范围，模拟过程涉及空间碰撞时确保足够的模型细度及工作面，模拟过程涉及与其他施工工序交叉时保证工序间时间逻辑关系合理。施工模拟具体的示例如下：

1. 四电房屋选址三维可视化模拟验证

京滨铁路建设过程中，因外部环境变化，引起部分四电房屋选址需进行调整。为确保选址调整后新建建筑物、构筑物与既有或新建建构筑物相对位置能满足设备设施技术要求，基于 BIM 技术应用，提前对四电房屋选址进行了三维可视化模拟验证工作，如图 5-1-16 所示。

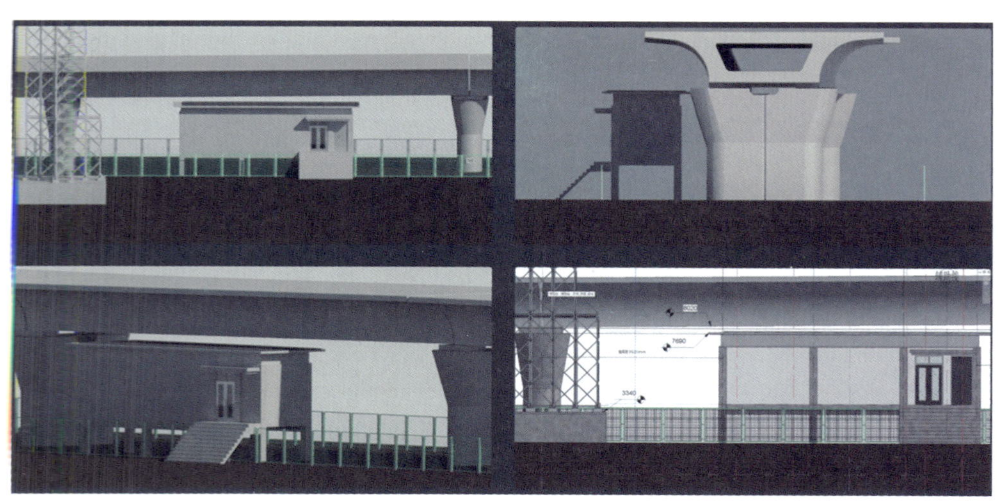

图 5-1-16　BIM 模拟效果图

采用正向设计三维数字化模拟，验证设计调整方案可行性，解决了建设过程中方案调整变化与已实施工程间实体关系问题，满足技术要求的可靠性问题，克服了外部条件对工程建设中有效工期的制约，有效保障了工程建设进度。实际效果如图 5-1-17 所示。

2. 四电室内施工建模集成

京唐、京滨铁路四电工程建设中，基于 BIM 三维数字可视化集成功能，对牵引变电所、信号楼、10 kV 配电所、中继站、基站等进行建筑、结构、四电等专业建模后整体集成，直观展示出建筑、结构、四电专业的空间位置关系。工程施工前期，对四电房屋内施工设施设备提前规划，对四电房屋内线缆布设进行集成化碰撞检测，优化管线排布方案，并基于 BIM 模型加强图纸会审、方案理解等精细化建设管理工作，提高施工效率。工程施工过程中，全面掌控建筑、结构、“四电”专业的空间位置关系，优化施工作业各道工序，有效减少实施阶段的错误损失和返工等。10 kV 配电所 BIM 效果如图 5-1-18 所示。

图 5-1-17　实施效果图

图 5-1-18　10 kV 配电所 BIM 效果图

3. 接口碰撞检测

基于 BIM 技术接口集成化设计应用，通过将二维施工图纸集成化三维数字可视化模型，将站前单位与四电接口工程集成化碰撞检测，使得四电专业施工更加直观，做到提前优化各专业施工作业组织，有效克服四电专业接口施工问题，提前规划，达到四电工程施工绿色高效的目的。

（四）BIM 信息管理应用

1. BIM 模型库

结合铁路四电工程实际，建立了种类齐全、可共享、可复用的四电 BIM 构件族库，对构件的分类、属性信息设计、管理等提出具体可行的方法，优化铁路 BIM 设备模型信息传递标准及构件模板,通过四电工程施工过程应用验证其可行性。

族库具备多终端、无插件在线浏览功能和云端存储、远程下载等场景,同时支持设计、施工、建设等用户单位对族库进行增、删、改、验,保留族库文件与其他应用平台的接口,为今后族库的扩展使用奠定了基础。族库管理展示如图 5-1-19 所示。

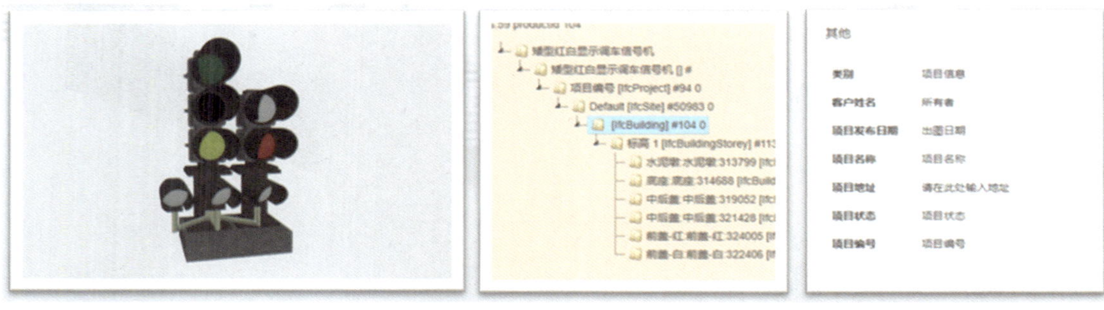

图 5-1-19　族库管理展示

2. IFC、IFD 标准优化

根据铁路四电专业的特点:(1)整理分析不同专业的构件资源,扩充铁路四电特有的专业领域分类,完善铁路四电设备的 BIM 模型分类编码(IFD);(2)紧密结合四电工程对设备信息的具体要求,优化补充 BIM 模型存储标准(IFC);(3)依据模型实际应用场景,确定同一模型精度要求(LOD)与应用场景的对应关系。

3. 四电 IBM 文件管理

BIM 文件管理结合 GIS 技术,用于解析铁路四电 BIM 施工总装模型文件,满足大文件、大图纸的整体展示需求,平台支持 BIM 文件的云端储存、远程下载和多终端无插件在线浏览;支持 BIM 施工文件导出、打印。BIM 文件管理如图 5-1-20 所示。

图 5-1-20　BIM 文件管理

4. 进度、质量及安全管理

(1)进度管理包括进度计划、进度控制和工程形象进度,进度计划基于 BIM 技术建立 WBS 工作分解结构,进行可视化进度管理,对实际进度的原始数据进行收集、整理、统计和分析,将实际进度信息附加或关联到进度管理模型,统计偏差结果后实施更新,工程形象进度与现场实际施工进度同步,展示模型所在位置、里程及施工状态等信息。工程形象进度(室内设备安装)如图 5-1-21 所示。

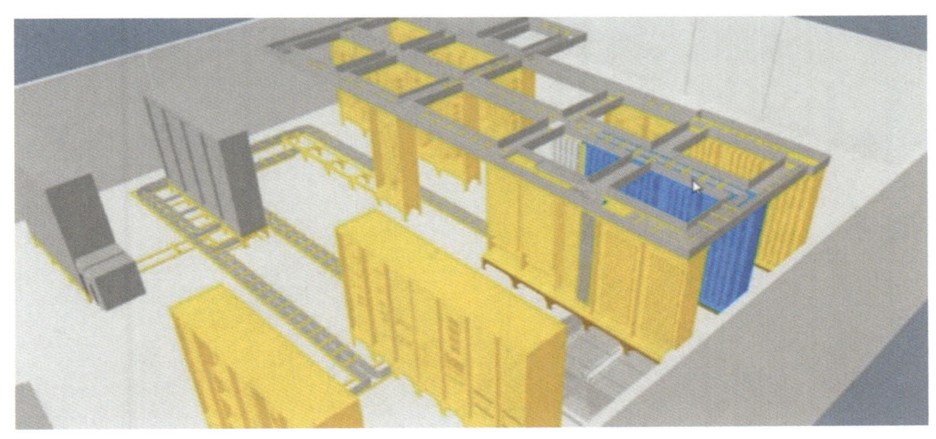

图 5-1-21　工程形象进度(室内设备安装)

(2)质量及安全管理采用 BIM 技术进行辅助管理,通过模型反馈安全质量信息,对施工安全措施进行可视化比选,实现工序优化、隐蔽工程管理、线缆敷设以及综合布线优化等施工质量控制,并对施工过程中的安全隐患、危险源进行识别,落实安全方案预布置及安全防护措施。模型中关注的重点有质量验收检查点、对标质量验收标准的参数和指标、质量验收处置信息、对标施工安全管理规定的参数和指标、安全检查信息和事故信息等。

三、推进工厂化预制预配

铁路四电工程存在工期紧、专业化程度高、接口条件多等难题,工厂化预制预配能提高生产效率,统一工艺质量,降低安全风险。京津冀铁路公司组织施工单位落实工厂化要求,高标准建设了接触网预配中心,将工厂化预制预配技术应用于接触网零部件预制以及通信信号机房设备预配等方面。

(一)电力牵引供电预配工厂化技术

电力牵引供电预配工厂化通过 BIM 技术进行预配设计深化,利用 BIM 计算模拟、精细化建模,为构件预配加工提供精细化参数和模型。通过设置预配中心负责来料和设备接收、预配、加工、存放、发放等工作。工厂化预配技术主要在接触网工程腕臂结构、定位装置、吊弦、下锚拉线以及电力及变电工程软母线、硬母线、接地铜排或扁钢等环节应用,实现电脑化计算、自动化加工、专业化测量、智能化管理。电力牵引供电预配工厂化技术如图 5-1-22～图 5-1-25所示。

图 5-1-22　高速铁路接触网腕臂自动化生产线

图 5-1-23　高速铁路接触网吊弦自动化预配生产线

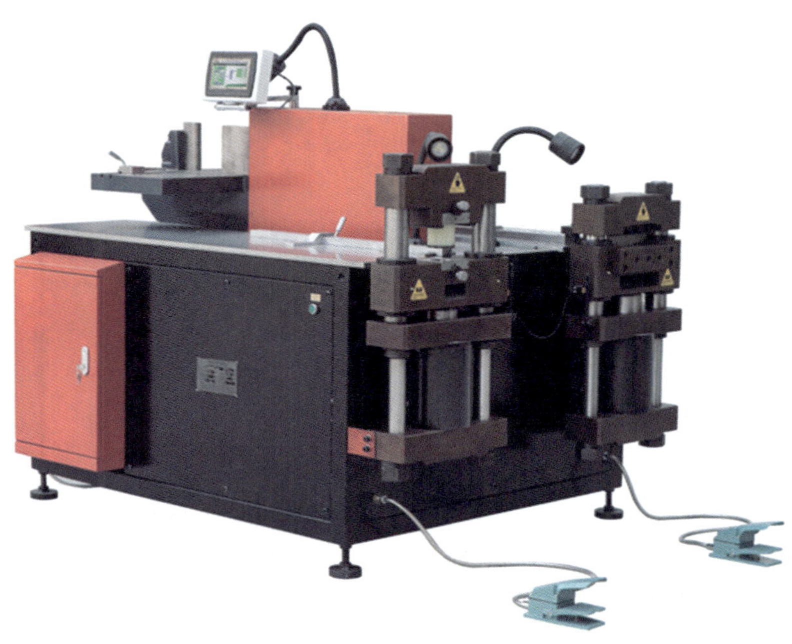

图 5-1-24　硬母线预配平台

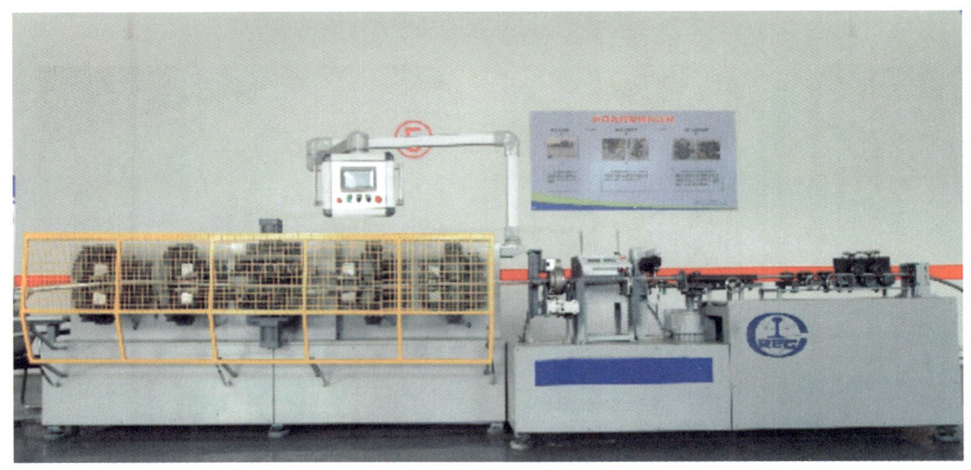

图 5-1-25　软母线预配平台(B类)

(二)铁路通信信号工厂化预制技术

1. 机房设备工厂化预制

铁路通信信号机房设备工厂化预制利用 BIM 技术辅助物资排产，设置工厂化预配车间进行预配作业，按照室内机柜安装、排间布线通道连接、线缆布放、线缆绑扎及配线、导通及核对、线缆抽出整理装箱、清理现场、物资打包及运输、现场重新组装调试的流程实现铁路通信信号机房工厂化预制。通过优化组合柜、优化综合柜、移频柜、电源屏、优化布线、研发通用型标准机柜、推行插接化端子和集束型配线光电缆等诸多革新性创新大幅缩短现场工期，保证工程安全质量。机房设备工厂化预制如图 5-1-26、图 5-1-27 所示。

图 5-1-26　铁路通信信号机房设备工厂化预配车间

（a）传统

（b）工厂化

图 5-1-27　组合柜对比图

2. 室外施工工厂化预制

室外施工工厂化预制技术主要应用在铁路信号箱盒设备安装、铁路信号室外设备硬面化制作等领域。室外施工工厂化预制如图 5-1-28 所示。

图 5-1-28　信号室外设备硬面化预配

四、应用智能装备及工器具

工程施工中采用机械智能化装备能有效提高工程效率,保障人身安全,并使实体工程达到精密化工艺标准和绿色化的节能环保效果。

施工单位在电力及电力牵引供电、通信、信号等方面施工均应采用智能装备和智能安装工器具,投入数量达到合同约定要求。

(一)应用案例

1. 智能安装装备

(1)高速铁路接触网支柱组立装备

高速铁路接触网支柱组立装备具备多工况自行走自主作业;具有视觉引导系统自动对位安装,高精度重载机械臂多自由度控制,多重安全保障措施,与 BIM 平台协同作业等先进技术;使用智能底座检测,精确定位停车位置,通过重载机械臂高精度控制、空间多维路径规划等技术,实现支柱自动化组立;减少施工人员投入,提高施工效率,保证施工作业安全。高速铁路接触网支柱组立装备如图 5-1-29 所示。

图 5-1-29　高速铁路接触网支柱组立装备

(2)高速铁路接触网腕臂安装装备

高速铁路接触网腕臂安装装备具备多工况自行走自主作业;通过高精度电、液混合作业机械臂，搭载机器视觉引导系统和多自由度端执行机构，实现作业过程全自动精确安装；通过预装设备、作业机械臂与安装模板，作业人员可通过人机交互手柄实现作业全过程机械化、智能化；提高安装效率、减少人工。高速铁路接触网腕臂安装装备如图 5-1-30 所示。

图 5-1-30　高速铁路接触网腕臂安装装备

(3)接触网吊弦安装机器人

具备在轨道行走自主作业；利用激光测距准确标定吊弦安装位置，特种机器人配合智能安装，高性能拧紧轴紧固螺栓，视觉系统拍照检查；复测接触线导高、吊弦安装位置和垂直度，安装更加精确和高效。接触网吊弦安装机器人如图 5-1-31 所示。

图 5-1-31　接触网吊弦安装机器人

(4)恒张力放线车

恒张力放线车具备多工况自行走自主作业;具备高精度液压控制及张力自动控制等先进技术,保证接触线架设的张力恒定。恒张力放线车如图 5-1-32 所示。

图 5-1-32 恒张力放线车

(5)高速双向光电缆自动敷设装备

高速双向光电缆自动敷设装备能适应无轨和有轨路况双向高速行驶,可通过道岔实现跨站点作业;可实现多种规格电缆全过程自动敷设作业,敷设速度可调,自动适应电缆沟槽敷设置,操作简便,节省劳动力,提高施工效率,有效保护光电缆。高速双向光电缆自动敷设装备如图 5-1-33 所示。

图 5-1-33 高速双向光电缆自动敷设装备

(6)隧道壁打孔装备

隧道壁打孔装备是一种现代化隧道内漏缆钻孔作业设备,具有钢轨与地面两种行进方式,高度可自由调节并具备三排钻孔同时作业的能力。利用橡胶履带解决隧道内因道床的微小起伏而影响整体钻孔的水平问题，采用定时系统控制行程距离，减少了人为控制与调节，显著提升隧道壁钻孔作业的作业效率与施工质量。隧道漏缆施工装备如图 5-1-34 所示。

图 5-1-34　隧道漏缆施工装备

(7)高速铁路信号防撞墙智能钻孔机器人

高速铁路信号防撞墙智能钻孔机器人可自动行走，具有自动定位、自动钻孔、自动降温功能，快速组装拆卸，携带方便；可程序化设定标准钻孔孔距，提高钻孔精度；可连续作业 10 h，适应恶劣现场环境，降低工人劳动强度，提升作业效率。高速铁路信号防撞墙智能钻孔机器人如图 5-1-35 所示。

图 5-1-35　高速铁路信号防撞墙智能钻孔机器人

(8)自动钢轨钻孔机

轨道区段的钢轨钻孔施工是铁路信号专业关键工序，耗时长、数量多，利用智能技术对钢轨钻孔进行机械控制，实现测距、行进、定位、双侧钻孔、水冷一次性独立完成，提高钢轨钻孔的精度和效率。自动钢轨钻孔机具备自动钻孔作业和定位定点等功能，具备作业位置显示、环境监视及进度监测、自动定位、自动冷却等功能，实现作业过程信息的可追溯，可应用于钢轨、防撞墙、隧道壁、无砟道床等钻孔作业施工工序。自动钢轨钻孔机如图 5-1-36 所示。

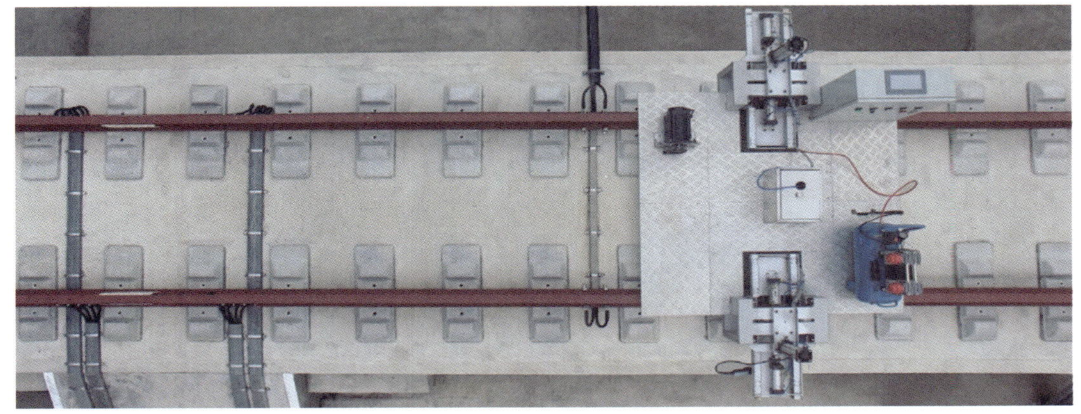

图 5-1-36　自动钢轨钻孔机

2. 智能检测装备

(1)高速铁路接触网参数测量及吊弦标定装备

高速铁路接触网参数测量及吊弦标定装备，以自运行轨道小车为底盘车，综合运用动态测量技术、多轴机械手驱动技术、高压自动喷涂控制技术，能够适应高速铁路接触网的现场施工作业环境，充分发挥其精确定位和自动化优势，从而实现吊弦施工自动化测量、标定及数据存储等目标。高速铁路接触网参数测量及吊弦标定装备如图 5-1-37 所示。

图 5-1-37　高速铁路接触网参数测量及吊弦标定装备

(2)信号工程数据定测及检测装置

现场应用便携式铁路信号工程数据定测及检测装置，具有自主运行、自动量测信号与限界数据和智能标识等功能。其现场应用减少了信号施工的人工参与度，提高了准确性，降低了安全事故风险，有助于铁路施工建设向信息化、数字化和智能化方向发展。铁路信号工程数据定测及检测装置如图 5-1-38 所示。

图 5-1-38 铁路信号工程数据定测及检测装置

3. 智能安装工具

（1）信号焊线机器人

信号焊线机器人通过机械臂实现组合柜侧面接线端子的自动进线、自动穿线、自动焊接，利用视觉系统用来精确定位端子位置，同时具有操控模块，可在自动识别不准确时进行人工校正。信号焊线机器人如图 5-1-39 所示。

（2）自动绕线器

自动绕线器可实现指定圈数的自动旋转缠绕，使线圈紧密整齐地排列在一起，同时可根据负载动态调整输出功率并具备防尘功能，在提升施工效率的同时保障施工安全。自动绕线器如图 5-1-40 所示。

图 5-1-39 信号焊线机器人

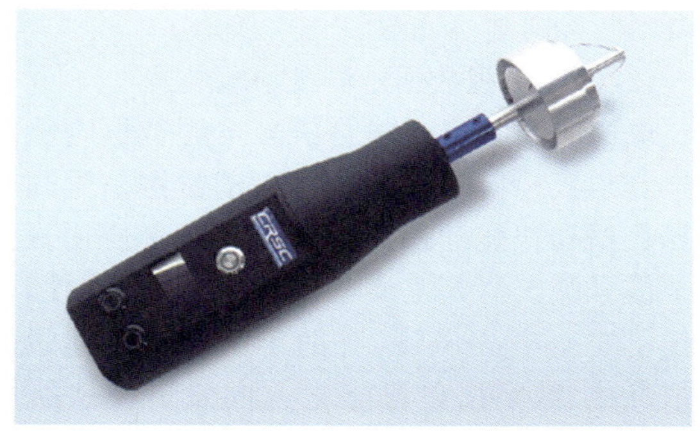

图 5-1-40 自动绕线器

(3)接触网安装工器具

①压接专用工器具应携带方便,操控简单,具备自动压接、保压和卸压自动控制等功能。背负式锂电压接装备如图 5-1-41 所示。

图 5-1-41　背负式锂电压接装备

②弹性吊索安装等其他智能专用工器具应质量轻便、操控简单,宜具有数据检测、显示等功能。数显式弹性吊索安装仪如图 5-1-42 所示。

图 5-1-42　数显式弹性吊索安装仪

4. 智能检测工具

(1)铁塔检测

①铁塔涂层测厚仪可无损地测量磁性金属基体(如钢、铁、合金和硬磁性钢等)上非磁性涂层的厚度(如铝、铬、铜、珐琅、橡胶、油漆等)及非磁性金属基体(如铜、铝、锌、锡等)上非导电覆层的厚度(如珐琅、橡胶、油漆、塑料等)。铁塔涂层测厚仪如图 5-1-43 所示。

图 5-1-43 铁塔涂层测厚仪

②铁塔在线监测系统，采用 RTK 高精度静态处理算法，可实现毫米级的空间监测精度，从而监测铁塔是否有沉降，沉降是否均匀平稳。通过高精度的倾角传感器，实现铁塔的垂直度监测，配合偏移预警值，实现对危险铁塔的及时告警。同时通过风速、风向传感器以及运行在长期监测数据上的学习算法，可实现动态调整预警值，大幅降低误报率。铁塔高精度位移监测终端，采用北斗 RTK 处理算法，用于铁塔的沉降监测。铁塔高精度位移监测终端如图 5-1-44 所示。

图 5-1-44 铁塔高精度位移监测终端

(2)信号模拟试验器

信号模拟试验器通过集成化、模块化、电子化集束解决了铁路信号工程模拟试验中模拟盘占地面积大、连接散件多、连接不牢靠、配线凌乱、工作量大、不能重复使用的问题。该工具利用电子计算机与站场图软件结合方式模拟站场代替传统模拟盘，根据不同的站场只需要在电子计算机上绘制站场图的配置相关的信息，可实现模拟盘的功能，解决模拟盘制作问题和不能重复利用的问题。通过无线方式与模拟器通信代替连接线，避免距离过远时出现连接线长度不够影响试验的问题。信号模拟试验器如图 5-1-45 所示。

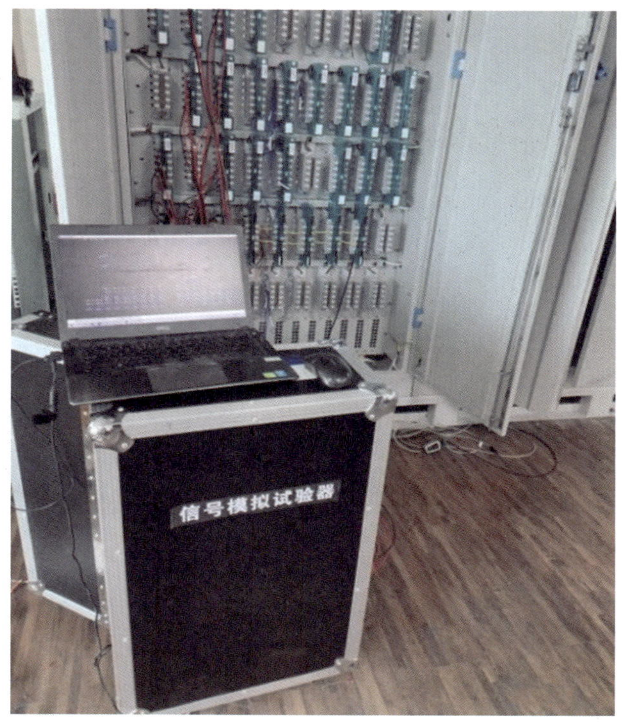

图 5-1-45　信号模拟试验器

(3)电缆指标测试装置

电缆指标测试装置通过传感器等智能技术对电缆金属护套接地、电缆成端盒温度、冗余接地等进行检测。该工具可监测信号电缆成端处钢带与铝护套之间电阻和电缆成端温度，进行数据储存及超限报警，降低电缆成端发生火灾风险，提升运维管理水平及安全。电缆指标测试装置如图 5-1-46 所示。

(4)GCM 接触网智能化检测仪

接触网智能化检测仪系统由现场接触网智能检测车(智检车)和远程智能数据分析管理软件(智平台)组成，具有接触网几何参数测量、视频录像、GIS 定位管理、接触网数据分析、全景现场直播功能等模块。智检车通过手持平板可以无线操控启动，开启对接触网的导高、拉出几何参数自动测量，同时可进行高清视频拍照及录像。

智检车检测的数据包含 GPS 信息同步发送到远程的智平台上进行存储、分析、显示。智平台具有 GIS 地理信息管理能力，可在高清卫星地图上直观显示智检车的位置，支柱分布；接触网数据波形显示、异常数据可查询。可在远端观看现场全景直播影像。GCM 接触网智能化检测仪如图 5-1-47 所示。

(二)达到的效果

高速铁路接触网支柱组立装备和接触网腕臂安装装备应用减少了施工人员投入，提高了施工效率，保证了施工作业安全。接触网吊弦安装机器人具备高性能拧紧轴紧固螺栓，视

图 5-1-46　电缆指标测试装置

图 5-1-47　GCM 接触网智能化检测仪

觉系统拍照检查，使得安装更加精确和高效。恒张力放线车保障了接触线架设的张力恒定。高速双向光电缆自动敷设装备节省劳动力，提高施工效率，有效保护光电缆安全。隧道壁打孔装备减少了人为控制与调节，显著提升隧道壁钻孔作业的作业效率与施工质量。高速铁路信号防撞墙智能钻孔机器人适应恶劣现场环境，降低了工人劳动强度，提升了作业效率。自动钢轨钻孔机提高了钢轨钻孔的精度和效率，实现了作业过程信息可追溯。高速铁路接触网参数测量及吊弦标定装备实现了吊弦施工自动化测量、标定及数据存储等目标。信号工程数据定测及检测装置减少了信号施工人员投入，提高了准确性，降低了安全事故风险。

五、打造智能建造中心

为适应铁路建设的发展需求，坚持安全环保、技术先进、经济合理的原则，通过深化BIM技术应用，优化设备资源配置，提高智能建造建设水平。

智能建造中心是基于目前国内已经研究的智能施工关键技术和装备，进一步整合智慧平台、智能仓储系统、智能预配、智能化安装等多项智能建造关键技术，形成集现场智能化施工装备于一体的建造场所，并配置相应的管理人员、机械设备及材料。

(一)规划布置

1. 总体规划

(1)智能建造中心以提高生产效率、提升工程质量、有利于施工安全、改善作业环境为建设目标；

(2)智能建造中心配置物资信息采集装置、工厂化预配装备、检测试验装置、接口检查装置、BIM应用设施、工艺模型、技术研发装备、安全体验等硬件设施，配备施工管理及办公管理信息系统。

2. 规划布置要点

(1)智能建造中心按照体现人机料法环的原则进行设计和配置；

(2)智能建造中心配备置智能工装操作技能人员，配备和信息化操作技术人员，实现生产资源的集中管理、应用和指导。

3. 区域划分

智能建造中心配备智能预配区、智能控制中心、智能仓储物流区，根据需要可配备安全培训区、四电工艺定标培训区等，实现资源集中管理。

(二)功能区布局

1. 智能预配区

智能预配区具备隧道洞室设备、室内外设备、布线配线等预制、预配能力。

2. 智能控制中心

(1)智能控制中心通过信息化管理手段实现施工现场检测试验数据、影像数据、安全、质量、进度数据等的智能化管理；

(2)具备对施工现场配备的智能化装备、专业工器具、智能终端所采集数据的集中展示和管理功能。

3. 人员培训区

安全培训区设置基于VR(虚拟现实)技术的安全培训项目。

4. 定标区

(1)四电工艺定标培训区设置预配成品、关键工序等工艺展示；

(2)四电工艺定标培训区配备基于VR技术的工艺标准、新材料培训系统及教学视频动画。

5. 智能仓储物流区

(1)智能仓储物流区设置物资待检区、检测试验区、合格品存放区、不合格品存放区；

(2)智能仓储物流区通过信息化管理手段实现物资的入库、出库、检测试验数据的智能化管理；

(3)检测试验区按照相关规范进行材料设备的验收检验，对各项检测试验的资料进行收集汇总，分类建立档案，形成检测试验中心数据库。

6. 其他配套功能

(1)智能预配中心设置智能工装、智能工器具的研发及测试场地，根据工程需要开展配套智能设备的研发与改良工作；

(2)智能预配中心配备具备电磁感应、地质雷达、激光测距、RTK、卫星定位等功能的测量设备；

(3)智能预配中心配备全自动钻孔机、自动光电缆敷设装备等智能机械装备以及自动绕线器、电缆成端监测系统、多模块基站天线调测装备等智能专业工器具；

(4)智能预配中心配备融合物联网、自动控制、射线跟踪、AR等智能施工技术的施工调试设备。四电智能建造中心布置如图 5-1-48 所示。

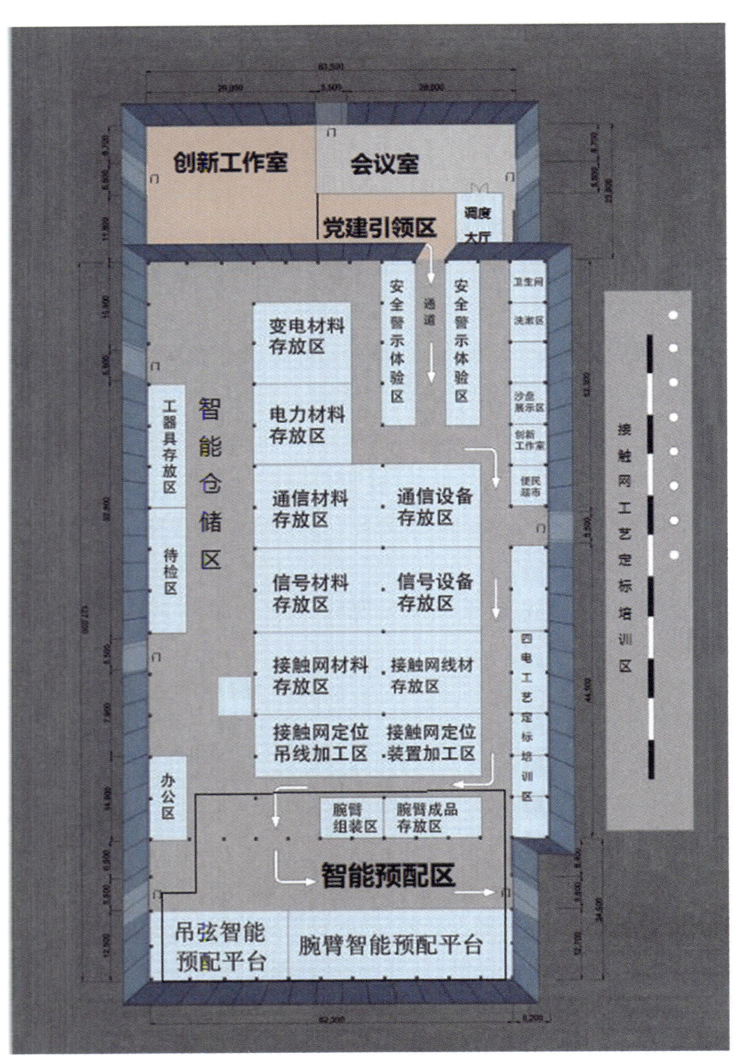

图 5-1-48　四电智能建造中心布置示例

（三）软件建设

1. 管理信息化

（1）四电智能预配中心通过信息化技术实现工程进度、安全质量、资源配备等方面管理；

（2）信息化管理系统符合系统性、兼容性、安全性有关要求，与相关建设管理信息系统进行数据交互。

2. BIM 技术施工应用

四电智能预配中心在细部设计、施工模拟、进度管理、质量及安全管理等方面应用 BIM 技术。

（四）取得成效

京津冀铁路公司在京唐、京滨、津兴铁路工程建设中，围绕四电工程智慧工地和智能建造理念，以智能建造中心为核心创新点，辐射周边区域内车站与区间线路的四电设备安装，以科学组织、优化设计和提高效率的目的，实现机械化、工厂化、专业化与信息化的融合发展，推进标准化管理。通过现场实践，实现了以下功能：

1. 工厂化装配生产平台

以工厂化为依托，实现绿色环保施工，达到节能减排、减少污染。主要是体现工厂化的集中优势、功能。

2. 统一工艺标准的试验和展示平台

打造四电工程工艺工法研究实验室，统一工艺标准，成为首件定标的工艺试验、研究与展示平台，建立与运营单位及公司内部其他建设单位交流沟通的桥梁，提高、改进及总结安装标准，统一规范工艺工法工装的窗口。

3. 数智化信息管理平台

构建基于 BIM 技术、信息系统四电模块首次接入的数字化管理平台，形成数字智慧工地的大脑。作为高速铁路四电施工智能建造信息中心，研究具备计划、控制、接口等功能的四电智能建造数据管理，形成一个由进料、加工、运输、安装及验收移交于一体的开放式的数据平台。包括计划的编制、下发及管理，流程数据采集、信息指令收发的智能控制管理以及数据管理、接口及通信控制。

4. 新技术应用推广平台

打造新科技应用研究实践推广平台（自动化、无人机、机器人等工装设备），例如：BIM＋GIS 的网络优化、自制线序检测的设备、防撞墙自动打孔设备、自动焊线机器人、自动巡检机器人等新技术装备的研究与应用。

5. 深化设计平台

通过各专业接口的提前碰撞，解决站前与四电集成与接口管理的深化设计平台，实现接口集成“一张图”设计，打造四电细部工艺深化设计的基础。

6. 安全质量风险管控平台

通过故障模拟，展现既有线、工程线施工过程中存在的各类安全质量风险点，打造安全质量风险评估分析管控平台。

7. 施工组织优化保障平台

依托互联网开发建立项目可视化调度中心，解决标准化信息交互，及时获取项目数据，自动统计分析，为施工生产提供数据支撑，进行项目进度指导调整。通过模块化结构单元，进一步研究各工序衔接的合理性，优化资源配置，制定交叉与平行作业方案，达到可重复利用和提高工效的目的，实现施工组织优化，减少窝工、返工和费用损失。

8. 智慧化工地实践平台

通过流程再造，将物资进出库卡控、安全隐患排查、问题整改方案研究、质量工艺管控、工序进度管理等模块化、信息化以提高项目管控能力，有助于提高项目协作效率、闭环管理。

9. 仓储物资管控平台

通过智能仓储系统，打造精细化、数智化的物资管控平台。根据智能建造数据管理平台的指令，实现四电专业零部件的入库、分类、存储、出库的智能化。

10. 实景培训中心

构建工程实体单元，通过实战化操作，形成建维一体的技能培训中心。

11. 安全警示教育平台

通过工作场景危险环境再现，配套沉浸式体验工装，加深培训效果，打造安全警示平台。

第二节　技术创新——满足发展需要

京津冀铁路公司本着高标准开局、高质量推进、打造精品工程的建设理念，拓宽管理思路，提升管理能力，强化管理手段，力争行业前沿，大力推广技术创新，积累了较为丰富的建设经验。

回首建设过程，京津冀铁路公司取得了一定的工程管理实践成果，同时也为后续工程继续提高建设管理水平指引了方向。

一、综合技术创新

（一）盾构隧道预留接触网基础

1. 基本情况

高速铁路采用模筑法施工的山岭隧道和平原地区城市隧道，接触网基础采用预埋槽道形式，铁路盾构隧道尚无成熟的预留接触网基础方案。

京津冀铁路公司近期实施的盾构隧道总长约 40 km，以提升铁路运营安全和工程质量为目标，开展了持续技术攻关，在国内率先攻克了盾构隧道预留接触网基础的难题，应用于津兴铁路榆安 3 号隧道，形成了盾构隧道预埋槽道的全套技术并推广应用。

2. 技术难点

(1)国内尚属首次，无经验可循。

(2)盾构隧道在设计和实施方面与山岭隧道存在本质区别。

(3)基础形式的比选和确定。

(4)预留基础对管片结构、生产和拼装的影响。

(5)符合盾构隧道特点的接触网及隧道专业设计。

(6)适合设计方案的管片生产流程。

(7)管片生产和盾构机真空吸盘验证性试验。

(8)施工控制等配套技术。

(9)方案的可复制性和可推广性。

3. 创新点

(1)协同管理。建设单位隧道和接触网管理人员在设计、管片生产、施工等阶段全过程协同配合。

(2)设计先行。根据项目速度等级和隧道直径等情况,开展接触网平面布置、管片形式等针对性设计,确定了管片中预留槽道的基础形式。

(3)优化工艺。根据设计方案和管片生产要求,优化了生产工艺和模具设计,研发了槽道安装工具。槽道安装工具如图 5-2-1 所示。

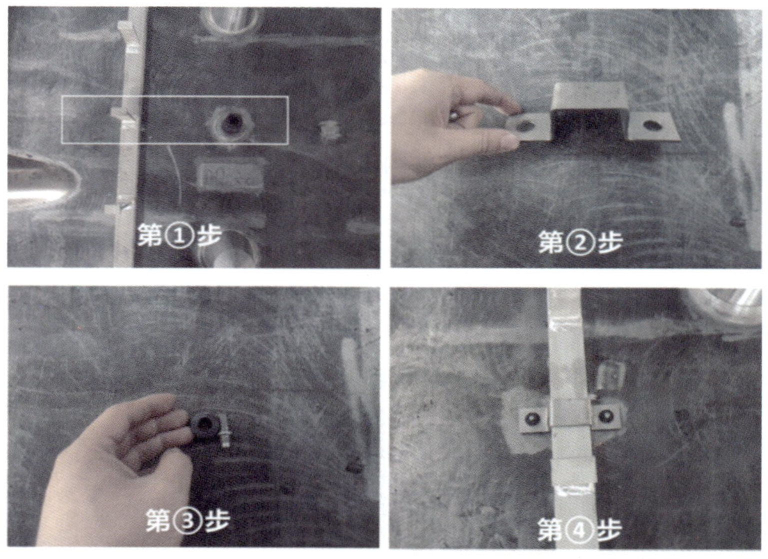

图 5-2-1　槽道安装工具图

(4)验证试验。开展了管片生产和盾构机真空吸盘配合等验证性试验。盾构机真空吸盘配合验证试验如图 5-2-2 所示。

图 5-2-2　盾构机真空吸盘配合验证试验

(5)严控三产。严格执行工艺工法,必要时施工单位驻场指导。

(6)施工控制。施工前利用仿真技术模拟施工排版,制定针对性的施工控制方案,根据实测数据及时纠偏。模拟施工排版如图 5-2-3 所示。

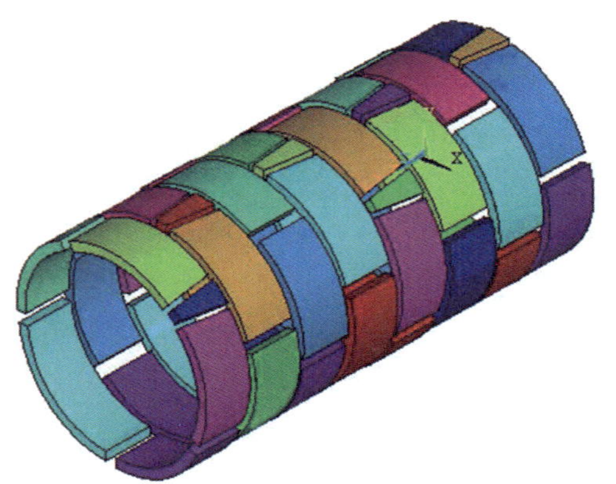

图 5-2-3 模拟施工排版

4. 取得成效

京津冀铁路公司自 2018 年以来组织参建单位开展应用研究,并在津兴铁路榆安 3 号隧道应用:

(1)2019 年完成调研和成方案设计。

(2)2020 年完成设计方案专家评审,评审意见:"京津冀城际铁路投资有限公司协同中国铁路设计集团有限公司在国内率先开展并初步完成了《铁路盾构隧道接触网基础预留方案研究》,盾构管片预埋槽道方案总体可行,对我国铁路盾构隧道接触网基础预留技术具有推动作用。"

(3)2021 年在津兴铁路榆安 3 号隧道施工图中应用。

(4)2022 年完成管片试制、真空吸盘匹配等验证试验。

(5)2023 年完成掘进。管片预留槽道实物如图 5-2-4 所示。

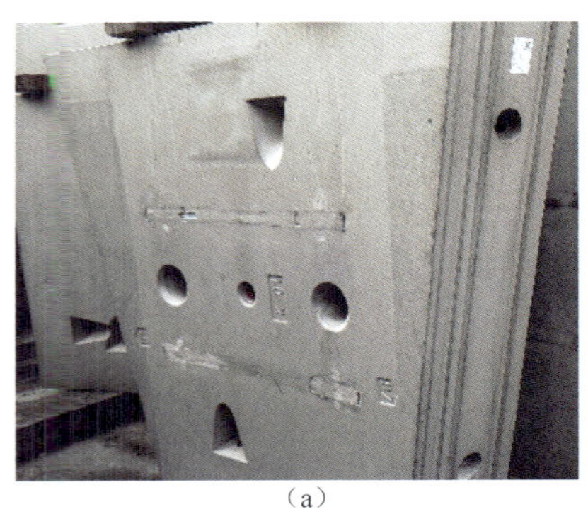

(a)

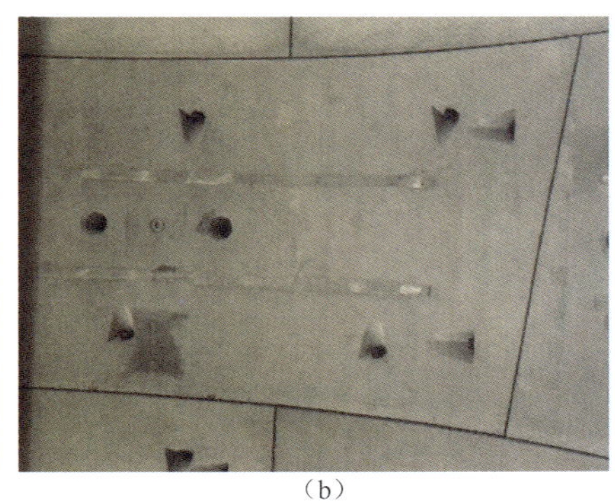

(b)

图 5-2-4 管片预留槽道实物

2023 年 6 月,津兴铁路榆安 3 号隧道完成掘进,管片拼装的最大偏转误差为 0.198 m,最大里程误差为 2.36 m,槽道可用率 100%,为国内领先水平。

通过 5 年的持续攻关,形成了建设管理、设计、管片生产及施工控制的全套方案,取得的经验已在京唐北京地下段和京滨铁路北辰至滨海段应用,中国交通运输协会已对《城际铁路盾构隧道预留接触网基础技术规程》立项。

(二)站场接口深化设计"一张图"

1. 基本情况

京滨铁路宝坻南站路基全长 1.658 km,线下式站房,车站规模为两台 4 线,正线采用 CRTSⅢ型无砟轨道,到发线采用有砟轨道,单开道岔 8 组。到发线有效长度满足 650 m。设侧式站台两座，接口工程合计 238 余处。

站场范围内站前与四电工程接口主要包括过轨管、电缆井、站场电缆排管、电缆槽、接触网全补偿下锚、接触网基础、综合接地等，一般由站前工程进行预留实施，具有接口形式复杂、实施专业跨度大、标准掌握不清晰等特点，为打造宝坻南站接口工程示范作用，创新采用站场深化设计"一张图"，提高接口工程设计的准确性和可实施性。依托 BIM 技术将站前、站后接口工程做到无缝衔接、有机结合，做到"精密建模、精细推敲、精准筹备"，要求接口工程施工严格按照站场接口集成设计要求，合理安排施工顺序，与主体工程统筹组织施工，达到一次施工合格的目标。

2. 技术难点

(1)施工图设计阶段，站前、站后设计脱节，导致接口工程施工图覆盖不全、说明不细。

(2)设计针对性不强，接口工程常以通用图代替，未充分考虑运营维护便利及现场施工难度。

(3)站场接口形式复杂、实施专业跨度大，站前、站后施工单位工序衔接不畅，站前施工单位未有效掌握相关设计标准。

(4)接口工程涉及专业全面，质量把控困难。接口类型繁琐工程量庞大，常发生遗漏、返工、废弃现象。

3. 创新点

(1)以站场、综合管线、路基、站台雨棚、排水、站房、信号、通信、接触网、电力、综合接地等设计图纸为基础，分层按比例完成集成设计图纸。

(2)利用 BIM 技术对站场过轨管、强弱电电缆井、接触网基础、排水沟、CPⅢ桩等进行碰撞检查，对发现的问题进行优化。

(3)完成集成设计图纸及 BIM 建模，利用立体演示等技术手段对接口工程进行可视化设计交底。站场接口集成设计 CAD 图(局部)如图 5-2-5～图 5-2-6 所示。

图 5-2-5　站场接口集成设计 BIM 建模

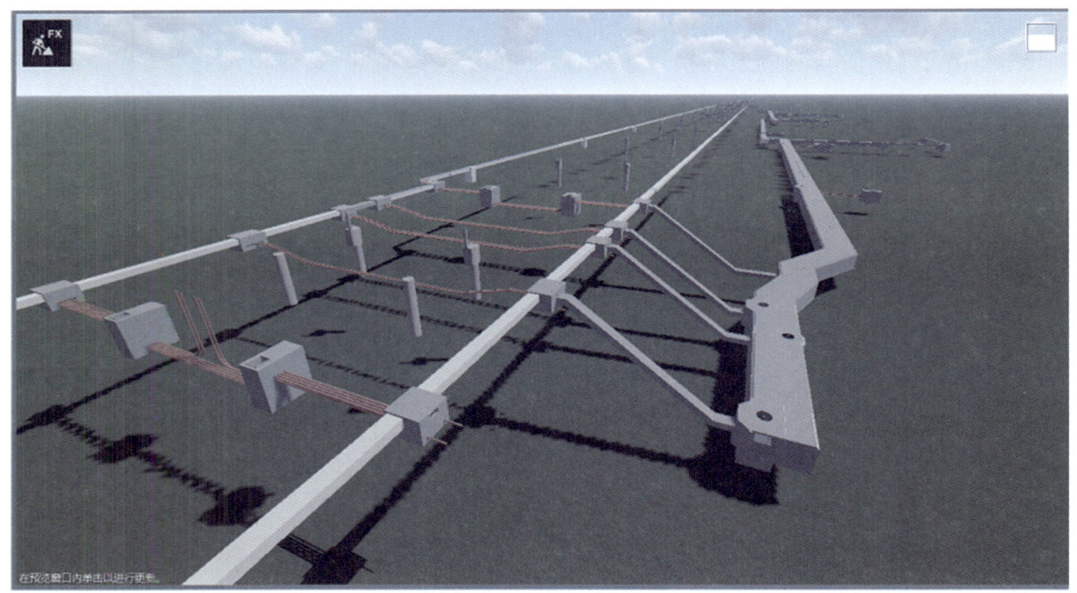

图 5-2-6 站场综合管线及电缆井 BIM 建模

4. 取得成效

宝坻南站共计接口工程二百余处，通过创新采用站场接口集成设计，使接口工程一次性达标 100%，主要接口工程优化设计包含以下方面：

(1)综合管沟优化。将二站台综合管沟调整至基本站台，站场范围综合管沟改为排管方式。站场地面管沟调整为综合排管后，不仅解决了运营维护不便的问题，且最大限度地避免了站场积水病害对电缆管井的影响；将混凝土管沟优化为综合排管，降低工程投资的同时也减少了后期维护工作量，提高了电缆使用寿命。宝坻南站综合管沟(排管)平面如图 5-2-7 所示。

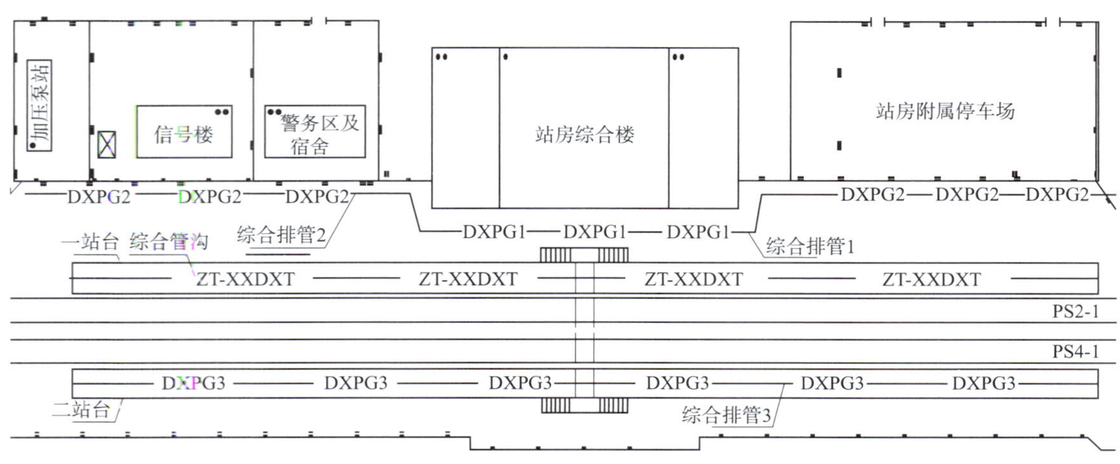

图 5-2-7 宝坻南站综合管沟(排管)平面示意图

(2)电缆井强弱电隔离槽优化。站场不同电缆井的类型(包括Ⅰ型井、Ⅱ型井、强电井、弱电井等)隔离槽进行细化设计,减少了施工工序,确保了隔离可靠性。电缆井强弱电隔离如图 5-2-8所示。

图 5-2-8　电缆井强弱电隔离图

(3)上下路基综合电缆槽优化。将设计的“双孔”槽道改进为“三孔”槽道,通信槽孔居中布置,通信光缆在路基电缆井与上下路基电缆槽采用保护管衔接,减少了通信独立电缆井数量,避免了上下路径电缆槽对护坡骨架的不规则分割,同时避免了通信光缆在坡脚处直埋敷设。电缆上下路基综合电缆槽如图 5-2-9 所示。

图 5-2-9　电缆上下路基综合电缆槽示例图

(4)轨道板接地端子、电缆槽出线孔预留。提前组织梳理并明确道岔转辙机处轨道板预留接地端子位置及数量,电缆槽预留出线孔及接地端子位置及数量,实现了接地可靠、工艺美观。

(5)针对接口集成设计中发现CPⅢ桩与接触网下锚、进站信号机与路桥过渡井、转辙机基础与接触网基础冲突等问题,及时组织设计交底在施工前完成方案优化,消除隐患。

二、技术方案优化

(一)城际铁路客站设置综合能效管控系统

城际铁路站房用能种类繁多,包括水、电、气、太阳能等,完善的能效信息采集、存储、管理和利用,便于掌握第一手运行数据,实时掌握各用能系统运行状态、及时采取调度措施,使各系统尽可能运行在最佳状态,并将设备故障的影响降到最低。同时,在保证行车安全和提升旅客乘车舒适度的前提下,减少能源消耗,提高供能质量,强化和完善能源考核和评价体系,也是提高劳动生产效率、改善环境质量的重要手段。在国家"碳达峰、碳中和"等政策实施大环境下,完善、提高站房能源管控水平,对降低车站整体用能总量和提高能效、减少碳排放意义重大。

目前国内铁路大型站、枢纽站一般均单独设计设置能源管理系统,而针对城际铁路中小客站综合能效管控的设置应用尚属空白。为进一步推动铁路信息化、智能化建设,按照国铁集团领导现场调研京唐铁路相关要求,京津冀铁路公司多方调研、深入研究,确定在京唐铁路设置综合能效管控系统,并在路内首创采用"大站带小站"的1+N站房用能监控模式,实现了城际铁路站房能效管控实用及创新的有机融合。

综合能效管控系统以"实用、见效"为基本原则,采用集散式结构模式,按管理层、采集层、应用层三层结构展开。系统与车站BAS系统互联,通过数据交互和分析,实现对站房内变配电、照明、电扶梯、暖通空调、给排水、送排风机等分散的机电设备统一接入,实现实时监控、报警、控制,并通过用能统计、诊断、分析,不断优化节能策略,实现节能运行。系统除对本站机电设备进行监控外,通过铁路办公网将沿线其他小站BAS系统数据统一在主站集中呈现展示,根据需要可拓展控制功能,与运营单位"大站管小站"模式高度契合,可对运营期降本增效提供重要支撑。综合能效管控系统构成如图5-2-10所示,能效管控系统"大站带小站"网络如图5-2-11所示。

(二)轨道板钢筋绝缘措施必要性的研究

无砟轨道主体为钢筋混凝土结构,钢筋和混凝土之间的黏结握裹和变形协调是结构正常工作的基础,基于我国高速铁路技术以及时代的局限性,根据轨道电路传输的相关需求和相关规定,我国高速铁路无砟轨道普遍采取了绝缘措施,然而,绝缘卡、热缩管等高分子材料在强度、弹性模量、线膨胀系数等方面与混凝土差异较大,其散布于钢筋混凝土结构中,无疑会影响结构的整体性能,随着信号专业技术的不断更新进步,轨道电路长度要求也发生变化,对无砟轨道的钢筋绝缘要求也会出现变化。

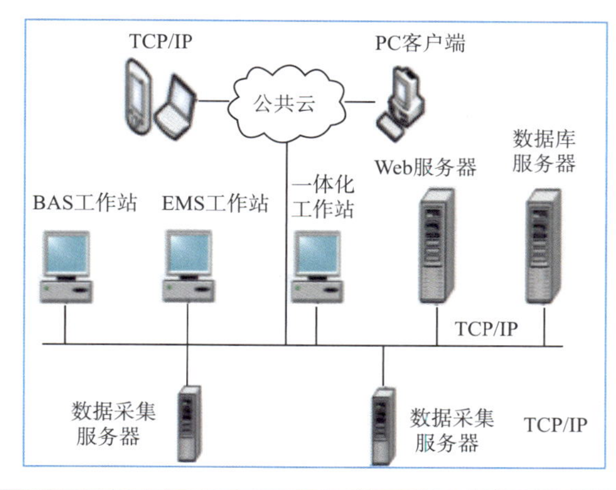

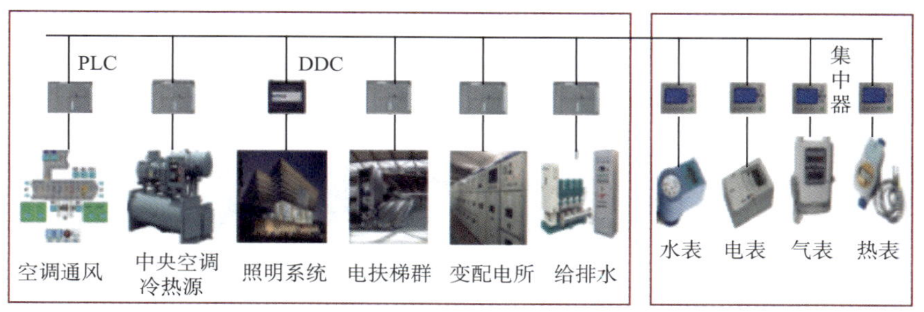

图 5-2-10　综合能效管控系统构成

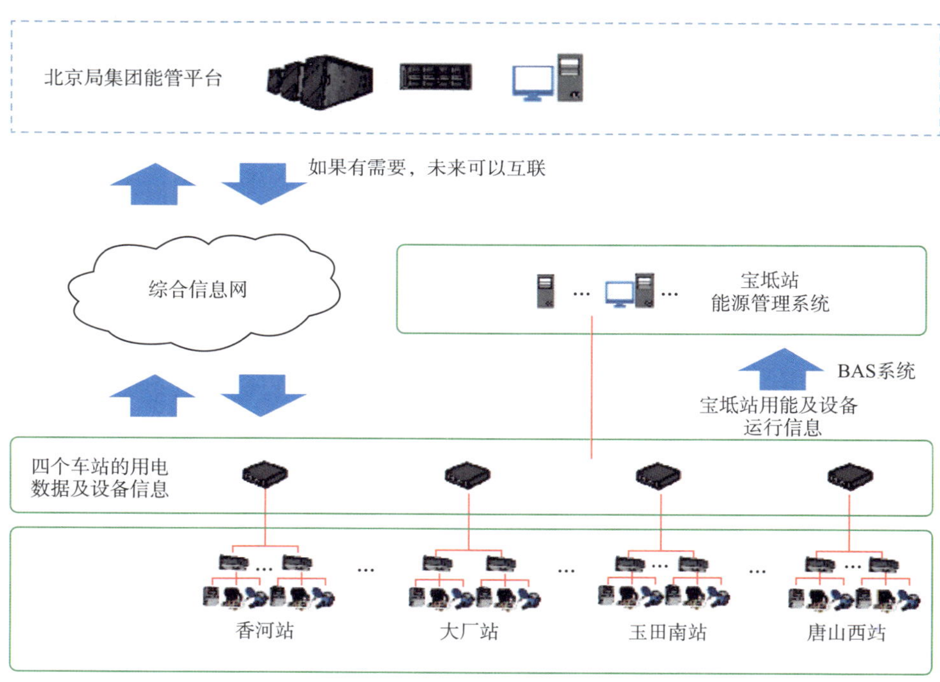

图 5-2-11　能效管控系统“大站带小站”网络

因此，结合最新制定的《无砟轨道条件下 ZPW-2000 系列轨道电路传输特性关键参数》中的相关要求，开展了优化或取消无砟轨道钢筋绝缘措施的研究。京津冀铁路公司组织了初步研究工作，对改变无砟轨道结构而言后续进一步深入研究十分必要。

（三）单元组合式角钢通信塔

京唐、京滨铁路通信铁塔采用了单元组合式角钢塔，该类型铁塔在北京局集团公司范围内是首次应用。单元组合式角钢塔具有以下优点：

1. 采用单元组合式结构，能有效提高安全性、稳定性，实现定向加强功能。

2. 采用标准化、模块化设计，能有效提升加工精度，提高安装效率、质量和检测准确度，并能实现可扩容功能。

3. 立柱采用角钢，可避免开裂风险，提升了防腐性能。该类型铁塔的应用，能有效解决铁路沿线铁塔线路侧倾覆的风险，以及北方地区遭遇冻害恶劣天气带来的原塔型（四管塔）内壁结冰冻裂风险，同时还便于后期调整增高和扩容。京唐铁路单元组合式角钢塔如图 5-2-12 所示。

图 5-2-12　京唐铁路单元组合式角钢塔

（四）上下桥通道预留实施

桥梁地段为四电专业提供基础载体服务，预留上下桥通路是体现高铁建设的整体性和全局性的特点，涉及箱梁端部锯齿孔、梁体、墩身预埋槽道。受设计深度、施工进度、工序衔接等因素影响，会出现因实际条件变化引起位置调整，造成实际预留工程不可用，因管理问题出现漏埋、错埋现象。

针对上述现象，京津冀铁路公司组织参建、运营单位进行认真研究，形成应对措施，总结如下：

1. 尽早组织相关单位稳定基站、中继站等四电用房位置，在实地踏勘确认后由设计单位提供上下桥需求表。

2. 设计单位优化电缆上下桥径路，满足电缆弯曲半径要求。

3. 组织站前施工单位进行桥梁段预留交底工作，压实监理现场责任。京唐铁路后植安装电缆上下桥钢槽防护如图 5-2-13 所示。

建议：在四电单位进场的工程前期的梁体和墩身施工，取消电缆上下桥预埋槽道和梁体的锯齿孔，有利于对锯齿孔安全防护管理和减少废弃。

（五）下穿高压线路防护棚洞

新建铁路与电力线路不可避免存在跨越或下穿，这就造成铁路前期的一项重点工作是

(a)

(b)

图 5-2-13　京唐铁路后植安装电缆上下桥钢槽防护

三电迁改，尤其是高压电力迁改。其目的是为站前专业的路基施工、桥梁架设和运梁通道创造前行条件，同时为站后四电工程接触网支柱吊装组立、承导线展放等预留足够的工程实施空间，并保证输电线路和接触网的安全距离。

当铁路下穿电力线路时，需同时考虑电力线路倒塔或断线对铁路运行安全的影响。为此，电力部门在国家现行规范的基础上单独出台了行业“三跨”技术措施，要求 35 kV 以上电力输电线路必须满足跨越铁路“耐-耐”“耐-直-耐”等独立耐张段的跨越形式，防止因输电线路倒塔或导线断裂造成铁路供电故障，影响铁路运输安全，使得电力迁改方案、路径不但要满足当地规划要求，还要满足电力部门的运维需求，造成迁改方案复杂、费用高、停电计划协调难度大，往往成为制约铁路工期的重要卡点。

京唐铁路在香河县路基段 DK82＋882～DK83＋035 处下穿三条特高压线路，分别为廊河一二线 1 000 kV 特高压线路、锡泰±800 kV 特高压直流输电线路、鲁固线±800 kV 特高压直流输电线路。项目前期，对三条高压线路拟按迁改处理。经与地方电力公司对接，1 000 kV 廊河一二线需改造独立耐张段，初步方案调整为以“耐-直-直-直-耐”方式跨越京唐铁路；对锡泰±800 kV 特高压直流输电线路、鲁固线±800 kV 特高压直流输电线路需按“三跨”技术条件改造，初步方案为调整地线以满足双挂点要求。

由于上述三条线路均属特高压电力线路，若采用迁改方案，一是经初步估算迁改工程本体以及与本体配套的占地、青赔、临时设施等费用参照相关征拆标准投资巨大；二是特高压线路作为电网主要骨架，其停电计划安排特别困难，势必导致铁路建设工期不可控。为此，京津冀铁路公司经组织设计、施工单位多次研究进行技术经济比选，拟定下穿段采用钢筋混凝土结构棚洞进行防护。京唐铁路香河段防护棚洞结构如图 5-2-14 所示，京唐铁路香河段防护棚洞如图 5-2-15 所示，京唐铁路香河段防护棚洞如图 5-2-16 所示。

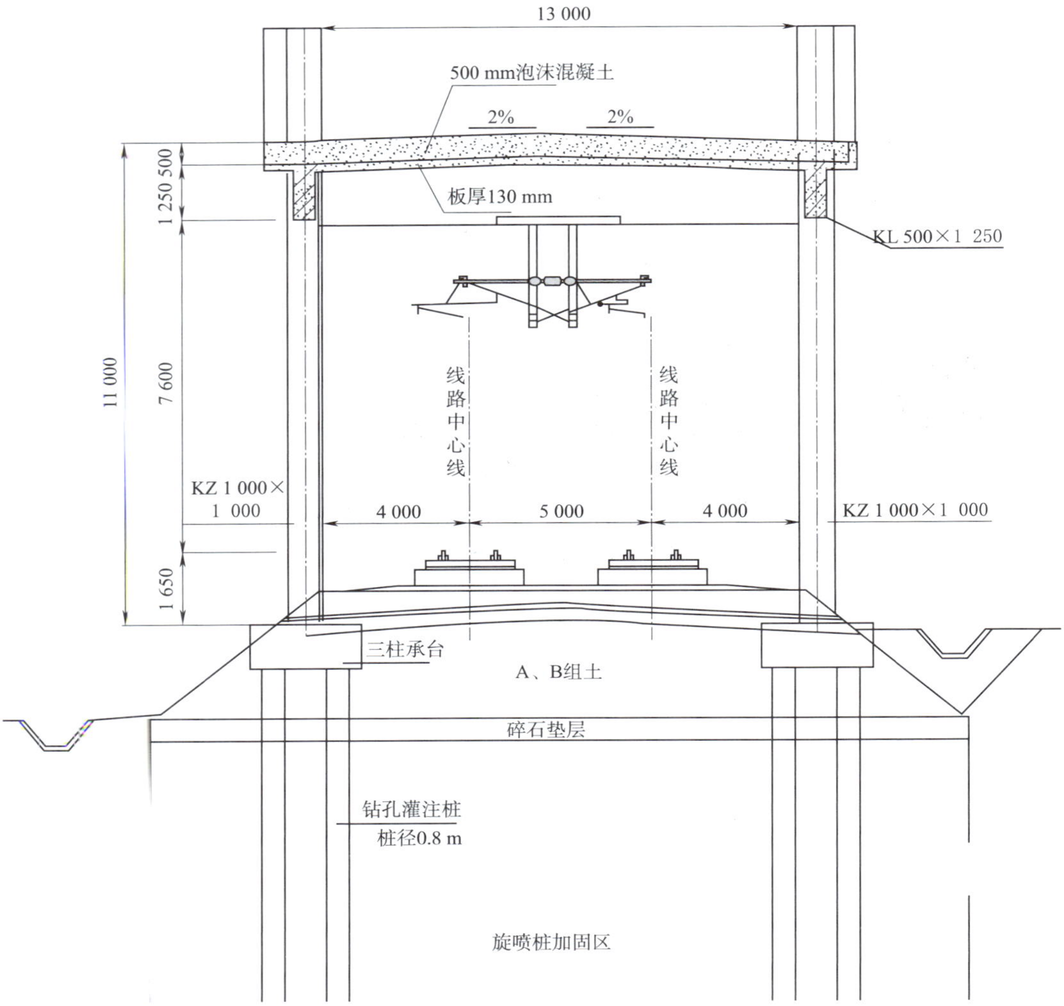

13 000
500 mm泡沫混凝土
2%
2%
1 250
500
500
板厚130 mm
KL 500×1 250
11 000
7 600
线路中心线
线路中心线
KZ 1 000×1 000
4 000
5 000
4 000
KZ 1 000×1 000
1 650
三柱承台
A、B组土
碎石垫层
钻孔灌注桩
桩径0.8 m
旋喷桩加固区

图 5-2-14　京唐铁路香河段防护棚洞结构示意图(单位:mm)

图 5-2-15　京唐铁路香河段防护棚洞示例图

图 5-2-16　京唐铁路香河段防护棚洞示例图

京唐铁路香河段在高压输电线路下方采用增设防护棚洞的方案，避免迁改，极大节约了工程建设资金、有效控制了工期，在最不利条件下即使发生高压输电线路导线断裂、倒塔等事故，还能保障铁路运营的安全。按国铁集团《国铁集团国家电网有限公司关于加强路电合作的会议纪要》(铁工管函〔2020〕615 号)和《国铁集团办公厅关于落实国铁集团与国家电网加强路电合作会谈议定事项的通知》(铁工管函〔2021〕42 号)精神，当现场具备条件时，可积极推广采用，应有以下注意事项：

1. 首件评估时，可根据首件工程具体施工内容和实际情况对检查项目进行细化调整、补充完善。

2. 查看资料涉及隐蔽工程的须同时提供影像材料。

3. 管理类别确定原则：每个检查项目可根据施工质量验收标准将主控项目列为 A 类项点，一般项目列为 B 类项点。

(六)转辙机安装与岔枕裂纹问题

转辙机和道岔区轨枕(岔枕)设备安装涉及工务、电务等专业，如施工工艺控制不当可能导致岔枕出现裂纹，严重时将影响道岔转辙机正常工作。京唐铁路施工期间，排查发现部分道岔枕木出现裂纹破损现象，采取更换整改的措施，同时对换下来的岔枕进行了现场查证和破检，分析裂缝产生的原因，综合参建各方提供资料信息及现场查证、验证等情况。

发现问题并分析结论如下：

1. 电务、工务专业没有统一的设备安装扭力标准要求。设计图纸文件中未明确轨枕、密贴器、转辙机等部件间的作业扭力区间值。

2. 岔枕预埋套筒设计存在一定缺陷。预埋安装螺母均为“光杆”，螺母周边无加强螺旋筋，无井字架钢筋，也未采取与岔枕主筋连接或其他的固定措施。

3. 设备和轨枕厂家的零部件无明确要求，也没有抗拉拔和抗扭试验要求。

4. 岔枕设备安装套筒周边混凝土因施加扭力过大或超过限值，套筒周边剪切应力集中，混凝土因受剪切作用可能产生细微裂纹，并在列车动荷载反复作用下逐步由内部向岔枕外部延伸扩展，各处的螺栓扭矩离散性较大，导致裂纹逐步扩散。

解决措施：

1. 组织岔枕设计等单位明确作业扭力区间限值。

2. 岔枕生产厂家优化岔枕预埋套筒形式，优化岔枕设计、控制生产流程与产品质量。

3. 开展抗拉拔和抗扭试验。

（七）铺轨预留电容枕问题

北辰站站内电容枕未按信号专业要求提前铺设到位，导致后期需进行换枕返工。

主要原因：列控设备厂家招标延迟，导致信号专业二次图出图过晚，影响现场施工进度；站后施工单位与站前施工单位联系不畅，在站前单位确定电容布设位置时，站前铺轨已大部分完成，未按站后要求考虑电容枕；建设单位提前筹划不足，应按施工进度提前敦促设计、厂家完善电容布设方案及图纸，并组织设计、站前、站后等单位针对电容枕、电气枕、道岔跳线、机械绝缘位置等进行交底，以会议纪要形式明确各方责任并建立有效联络机制。

解决措施：根据施工进度提前组织相关单位进行接口工程设计交底，明确各方实施内容及时机并建立联络机制。根据供图协议，敦促设计、厂家按要求节点，完成方案及二次图设计。

（八）区间机房光电缆引入

区间四电机房的光电缆引入，一般采用电缆井方式。光电缆经由电缆井引入区间四电机房。京唐区间基站电缆井如图 5-2-17、图 5-2-18 所示。

传统电缆井内空间有限，缆线预留有限，同时，检修中需通过爬梯上下，不利于后期维护操作；若电缆井防水存在缺陷时，易出现积水现象，排水困难。京滨铁路通信基站建设时序受征地影响土建施工滞后，考虑电缆井方面的缺陷，采纳北京局集团公司建议，将电缆引入设施由传统的电缆井优化为电缆引入间（在原有机房内隔划专门区域作为电缆引入间），有效解决了电缆井操作空间有限、鼠害、积水等问题，并极大改善了操作环境，更加便于后期运营维护。京滨区间基站电缆引入间平面如图 5-2-19 所示，京滨区间基站增设电缆引入间如图 5-2-20 所示。

图 5-2-17　京唐区间基站电缆井（一）

图5-2-18　京唐区间基站电缆井（二）

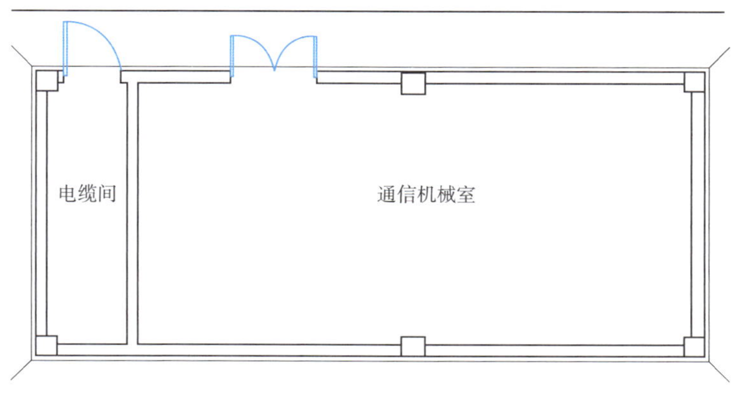

图 5-2-19 京滨区间基站电缆引入间平面图

图 5-2-20 京滨区间基站增设电缆引入间

（九）城际铁路站台门设置与四电接口方案研究

城际铁路的公交化运营需求，安装站台门防护人身安全，这是现实需要。然而，通过多轮研讨，由于现行设计标准站台宽度限制，大多既有铁路站台上不具备退台安装站台门的条件。

因动车组车型众多，存在短编、长编、重联车组，且有正向、反向等方式运行；各线路运用的车型不同，各局集团公司配属车辆的占比不同，而现有站台门的固定开门位置的应用方案不具备通用性，所以需要根据站台结构特点及车辆车型的具体情况进行有针对性的设计。

研究需解决的问题：任意车型自适应、系统状态监测及故障诊断、高强度结构抗风性能、网络通信监测功能、异物监测功能、智能候车引导、门平面多媒体广告系统、车型自识别系统及信号列控系统接入结合等。

京津冀铁路公司组织了初步研究工作，为推动城际铁路发展进一步深入研究十分必要。

（十）轨道电路分路不良整治的新技术研究

目前，轨道电路分路不良的整治方法有多种，但设计大多采用喷涂或涂镀的处理方式，长期以来，技术落后，效果欠佳，不能解决长期问题。京津冀铁路公司正在探索开展相关新技术研究。

第三节　管理创新——促进科学组织

京津冀铁路公司作为京津冀地区城际铁路建设的先行军，高度重视管理创新工作，重点对业务素质提升管理、“一张表”过程管理、全过程设计管理、“四化”应用管理、专项问题看板管理及示范段验收管理等方面进行了实践与探索，实现了不同项目、不同阶段中对四电工程建设的统筹把控，形成了“创新与研究共管、实践与探索并重”的管理思路，为打造四电精品工程奠定了坚实基础，同时为确保京唐、京滨等铁路高质量开通作出积极贡献。

一、提升业务素质管理能力

工程技术管理是工程建设最重要、最关键的基础性管理工作。技术管理队伍的水平和技术管理工作的成效，直接决定了建设项目的品质和成效。京津冀铁路公司印发《工程技术管理系统干部业务提升活动工作方案》（京津冀铁工〔2023〕29 号），为扎实推进活动见效落地，安排如下：一是每月组织一次职工大讲堂专题讲座或学习交流；二是每周不少于两小时的专题集中学习、培训或研讨；三是结合工程实际，业务提升工作与工程实践、破解难题的紧密融合，制定技术管理工作的重点攻关难题；四是公司领导对各项目公司提升活动实效核查落实；五是考核激励，选拔人才，对活动成果进行考核，同时发现人才、选拔人才与年度评先和干部提拔挂钩，实行轮岗交流和培训，打造专业化建设管理队伍。

为适应铁路建设高质量发展和京津冀铁路公司可持续发展的要求，京津冀铁路公司持续开展工程技术管理系统干部业务素质提升管理活动。以学习培训、深入剖析和有针对性的提升计划等三个重要抓手，促进技术管理干部强化“想”（勤思考）、“说”（会表达）、“写”（练文章）、“干”（善组织）、“商”（能协调）能力，培养了“专业精、管理强、作风硬、成果优、贡献大”的优秀技术管理干部，为工程建设提供了人才保障。

二、落实全过程设计管理

在建设管理中，京津冀铁路公司非常重视全过程设计管理工作，对不同项目不同阶段的设计工作统筹把控。特别是，主要领导主持召开的年度设计工作座谈会，就过去一年成绩与总结、建设过程中存在的问题、今年设计工作重点和科研课题及技术创新等各方面进行研讨和安排，形成了“创新与研究共管，探索与实践并重”的设计管理思路。

（一）可研、初设、施工图阶段

在可行性研究阶段，京津冀铁路公司组织项目公司、设计单位务实地与北京局集团公司对接，现场调查既有设施情况，掌握相关项目引入枢纽时序，初步确定引入工程范围及内容；牵头与电网公司对接外电源相关事宜，取得了框架性协议或用电意向书。为设计单位高效稳定设计方案取得批复创造有利条件，同时与相关单位和部门建立良好的沟通机制为后续建设推进做出积极贡献。

在初步设计及施工图阶段，充分发挥建设单位的主导作用，重点从以下五个方面进行设计管理：一是督促设计单位梳理完成新标准新规范，减少了因此引起的变更设计或设计调整；二是组织与铁路局集团公司部室、站段对接就系统制式、设备选型达成一致意见，在工程设计中最大限度地落实，会同设计单位提前向国铁集团相关部门汇报顺利取得批复意见；三是重视现场踏勘工作，邀请有经验的行业专家和技术人员，会同设计单位开展了区间基站所亭选址逐一现场核对，为稳定蓝图方案提供强有力支撑；四是发挥京津冀铁路公司"三方四地"协作平台作用，会同国铁集团、地方发改委、规划主管部门和电力公司相关部门有序推进外电源引入工作，为工程设计稳定新建牵引变电所外电源接入系统方案奠定稳固基础；五是针对站前、站后工程分段分步批复的情况，组织设计单位梳理四电与站前、站房工程的界面和衔接接口，并落实到施工图中，为四电施工单位进场施工提前创造条件。

（二）施工配合阶段

结合京津冀城际铁路项目特点、京津冀铁路公司及各项目公司有关规定和各项目合同约定，要求设计单位以生产管理、技术管理、过程控制为主线，实现现场信息快速、及时反馈，现场问题有序沟通处理，保证全过程设计服务质量。同时，要求设计单位明晰京津冀项目部、各生产单位、现场设计配合小组在生产组织、问题处理、过程控制等主要环节中的工作内容和职责。主要体现在以下方面：

1. 以项目总体为主要抓手，组织制定施工现场设计配合工作细则，统一全线多个配合施工组的专业技术工作内容、标准、原则等，并报送建设单位核备。加强内外部沟通，尤其是多专业系统性问题的协调工作。

2. 重视配合施工人员的素质，要求其及时熟悉设计文件、图纸，参与总体组织的设计复查。对分管段落展开沿线调查、核对、现场巡检等工作，并填写配合施工日志，详细记录当日主要工作内容、巡检情况、存在问题、解决问题的建议意见等。

3. 坚持落实现场巡检制度，设计总体组织各专业专线制定现场巡检计划并实施检查，重点是核查施工是否按设计施工、设计图纸是否与现场相符等。若发现未按设计施工、设计图纸与现场不符等问题，应开展相应的取证工作，并及时向有关人员通报，必要时经甄别研究后书面上报建设单位，提请建设单位督促施工单位落实、整改。

4. 建立处理现场问题的机制，要求设计专线、总体对配合施工现场的检查应坚持每月不少于 1 次，检查的内容及其存在问题、建议等应形成书面记录。现场配合施工人员巡检次数原则上每月不少于两次，对高难度、高风险性的工点，巡检间隔时间不得超过 10 d；不常驻现场的，要加强对现场的了解，及时处理有关问题，以满足现场需要确定巡检频次，原则上每月不少于 1 次。

（三）工程验收阶段

在工程验收前密集施工期间，设计单位主管技术领导带领全专业进行设计回访，要求设计总体组织各专业全面分析、落实有关方面提出的设计问题，并及时编写回访报告，对现场的问题给予全面的处理解决方案,为工程验收做好充分准备。过程中,要求总体、生产单位应组织有关人员主动了解现场试验、检测及科研等情况,针对存在问题及时研究处理,根据建设进度需求必要时要求重点专业驻场盯控。

重视工程设计总结编制和变更设计管理工作,一方面组织设计单位编写专业工程设计总结和科技创新总结,充分吸纳工程研究和施工配合过程中的典型问题,为不断提升建设管理水平积累经验;另一方面工程验收前组织设计单位对发生的变更设计进行分类统计、分析原因,提出改进意见,项目公司及时收集相关成果资料,为参建单位年度配合施工经验交流会做准备,进而通过典型案例剖析,不断总结经验,吸取教训,提升管理。

三、推广“四化”应用管理

按照国铁集团要求,结合城际铁路项目特点、工期要求,以合同约定、制度约束、经济激励等形式,公司对四电工程提出了落实“四化”具体措施,并要求施工单位纳入实施性施工组织编制。

(一)机械化应用

四电施工单位积极响应京津冀铁路公司要求,配备了接触网恒张力放线车、综合放缆车、防倾覆梯车和通用机械挖掘机、吊车等机械化设施投入现场运用。成立了工程线临时调度所,在轨行设备上安装定位装置,规范编号,统筹管理轨行车辆运行,充分发挥机械化施工作业效能,提高站前站后交叉作业能力和施工效率。

(二)专业化落实

京津冀铁路公司根据四电工程特点从建设、设计、监理、施工环节都强化了专业化管理措施。公司配置了专业对口、素质强的四电专业工程师。要求四电工程施工、监理单位配备满足现场需要的精干技术人员,按专业配备现场专业负责人,严格落实履约检查和考核。

(三)工厂化预配

京津冀铁路公司重点抓好产品定型、规划布局、厂内标准化作业等三个方面工作。

1. 产品定型。公司对四电工程重点自购物资编制了专项管理办法,严格审核设备技术规格书,从采购源头环节把控“四电”设备材料选型和质量,并根据国铁集团招标文件范本,提高了“四电”自购物资第三方抽检比例,进一步强化产品质量控制。

2. 规划布局。公司把四电智能建造中心纳入“四电”工程指导性施工组织设计,要求四电施工单位考虑运距半径、生产能力,统筹兼顾京唐、京滨运用,纳入四电实施性施工组织设计并明确建设节点工期要求。督促施工单位编制、细化四电智能建造中心专项实施方案,组织监理审批后,督促施工单位按期完成实施,获得国铁集团高度评价。

3. 厂内标准化作业。京津冀铁路公司组织监理单位对四电智能建造中心的腕臂预配和吊弦预配生产流程、质量控制等办法进行审核,并定期抽查执行情况。同时组织运营单位提前介入建造中心内的生产验收环节,严把产品质量出厂检查,极大减少了腕臂、吊弦上线安装后的产品缺陷。对出厂的腕臂,督促施工单位加强产品包装工艺和运输安全,确保厂制产品完好无损投入使用。

（四）信息化推广

京津冀铁路公司坚持铁路建设信息化“先进、安全、实用、简便”原则，在四电指导性施组中明确了信息化管理要求，并在“四电”施工单位进场后，组织信息化技术交底。

公司基于国铁集团铁路工程管理平台，组织四电施工单位运用了隐蔽工程影像资料模块，并针对四电工程特点，首次推广实施了四电接口、四电设备和四电 BIM 模块。其中，四电接口模块录入全线接触网支柱基础、电缆槽、锯齿孔、过轨等四电接口信息，通过工程管理平台实现站前、四电的施工、监理单位信息共享，并对接口交接程序进行卡控；四电设备模块录入全线重要四电设备、材料的出厂、到货和安装信息（包括接触网一杆一档信息），并生成唯一二维码，实现施工期间的物资追踪和后期交付的设备材料台账。

公司督促施工单位采用现场视频、智能安全帽等措施，加强四电首件工程、营业线施工的质量安全风险点卡控，实现对现场实时、有效监控。

四、推动过程管控“一张表”

“一张表”即为清单式管理的实践，是指针对某项职能范围内的管理活动，分析流程，建立管理台账，并对流程内容进行细化、量化，形成清单，列出清晰明细的管理内容或控制要点，检查考核按清单执行。通过“一张表”管理手段，对重点工程内容进行分解，通过建立管理台账，形成清单，适时对清单项目进行跟进执行。不仅反映出项目动态化的痕迹，能追溯到整个管理过程上，也是工程建设项目管理的一种体现。

“一张表”管理突出了全面提醒、细节提醒的特点，是针对建设项目范围内的管理活动按照流程。不同的管理项目、管理对象、管理内容有以下不同的表现形式，如台账式、检查式、总结式等。

（一）管理目标

方便快捷报地反映出动态化的痕迹，能追溯整个管理过程，随时跟踪反应该项目管理变动状态。

（二）实践案例

四电工程建设考核评价应根据相关管理办法，针对重点任务清单和不同参建单位编制详细的评分细则，制定可操作性强的考核表，对工作薄弱环节的准确把握，还能明确具体的培训需要，促生更为有效的管理方式和方法，以达到推动工作进度和落实考核评价的目的。

京津冀铁路公司站后主要工作动态跟踪表见表 5-3-1。

（三）取得成效

建设阶段，工作清单应用方便，实用性较强，推动工作既不会出现遗漏，又可以让每个关键环节都得到落实。

强化考核功能不仅是奖惩，也是对工作的推动和再确认。不断提高责任单位和责任人的职业能力和工作效率，确认管理工作的成效性、及时性和存在的不足。

通过工作任务目标的分解，促使参建单位和个人都对管理目标负责，进一步优化工作流程、提高标准化程度、强调工作时效性，从而形成良性循环，提升管理水平。

表 5-3-1　京津冀铁路公司站后主要工作动态跟踪表

序号	工作内容	处理意见	计划时间	实际时间	责任人	状态	进展说明
1	北京新机场站装修方案效果图	盯控中国铁路设计集团公司按时完成	2018年11月14日	2018年11月13日		√	
2	京滨桥梁接口现场会	联系京滨公司抓紧筹备，2019年春节后组织京滨公司、京唐公司、各施工标段等召开会议	2019年2月28日	2019年2月28日		√	
3	北京新机场站大屏、售票机接入京雄方案	组织京安公司、中国铁路设计集团公司、中铁电气化局等研究实施方案	2018年11月12日	2018年11月12日		√	
4	京唐站前施工图批复	梳理站前施工图中缺少的站后接口图纸，督促中国铁路设计集团公司按时完成	2018年11月20日	2018年11月21日		√	
5	城际联络线Ⅰ期站前施工图批复	梳理站前施工图中缺少的站后接口图纸，督促中国铁路设计集团公司按时完成	2018年11月20日	2018年11月21日		√	
6	站后工作状态跟踪表	详细梳理目前站后各项工作，编制状态跟踪表	2018年11月13日	2018年11月13日		√	
7	京唐接口座谈会	组织京唐公司、中国铁路设计集团公司、铁四院公司等召开会议	2018年11月12日	2018年11月12日		√	
8	北京新机场站三路电源变更批复	与规划设计部、计划财务部等商讨研究，达成统一意见后上报上会请示	2018年11月16日	2018年11月21日		√	
9	赴电化局项目部落实北京新机场段工程事项	赴中铁电气化局项目部召开会议，落实工期、运输通道、站台施工、样板间、四电集成方案等事项	2018年11月15日	2018年11月15日		√	
10	京唐接口检查	赴京唐已开工段现场检查站前预留站后接口情况	2018年11月28日	2019年2月28日		√	
11	接口推进大会	组织项目公司、设计单位、咨询单位等召开会议	2018年12月7日	2019年2月28日		√	
12	京唐北京站—燕郊站C0改C2改造方案	研究落实北京站—燕郊站C0改C2的具体实施方案	2018年12月31日			×	

续上表

序号	工作内容	处理意见	计划时间	实际时间	责任人	状态	进展说明
13	工程信息化系统建设及应用	施工现场视频监控安装，平台接入铁总建设管理系统 1.0 版本	2018 年 12 月 15 日	2018 年 12 月 16 日		√	
14	合理确定站后与站前工程施工界面及工期安排	京唐站前、站后工程设计不同步，存在部分影响站前及预留站后接口工程的问题，尤其涉及既有线改扩建及配合站前施工的站后过渡工程。加强站前站后工程之间的协调配合，减少相互对工期的影响	2018 年 11 月 27 日	2018 年 11 月 27 日		√	
15	屏蔽门铁科厂家调研及方案研究	组织京安公司、中铁电气化局与相关单位落实对接	2018 年 12 月 20 日	2019 年 1 月 24 日		√	
16	召开京唐站前接口图纸及站后施工图推进会	1. 落实 2018 年 11 月 12 日接口座谈会后接口图纸梳理情况及供图计划； 2. 站后施工图推进计划及存在问题	2018 年 11 月 30 日	2018 年 11 月 30 日		√	
17	机场施工及装修	选择时机现场办公（××参加）	2018 年 12 月 19 日	2018 年 12 月 20 日		√	
18	京津冀铁投接口与站后施工图管理办法	拟出文：修改公司施工图管理办法	2018 年 12 月 3 日	2018 年 12 月 4 日		√	
19	研究京唐关键事项设计方案，尤其是涉及既有线改造和配合站前施工的过渡工程等相关内容	中国铁路设计集团公司	2018 年 12 月 5 日	2018 年 12 月 6 日		√	
20	研究了解京滨站后设计方案	召开会议	2018 年 12 月 6 日			×	
21	研究京唐站后施工图设计方案及推进会	召开会议	2018 年 12 月 7 日	2018 年 12 月 5 日		√	
22	站后工作年度总结	各专业	2018 年 12 月 15 日	2019 年 1 月 10 日		√	
23	要求中铁电气化局提供最新施工组织安排		2018 年 12 月 11 日	2018 年 12 月 10 日		√	

续上表

序号	工作内容	处理意见	计划时间	实际时间	责任人	状态	进展说明
24	召集铁科研究信息化平台建设		2018年12月12日	2018年12月13日		√	
25	雨棚基础纳入站前设计施工问题	发通知给各项目公司	2018年12月5日	2018年12月4日		√	
26	组织召开智能高铁交流会	联系铁科院集团公司、中国铁路设计集团公司等单位，确定好交流内容及会议时间，争取春节前召开智能高铁交流会	2019年1月31日			×	
27	每周召开站后工作例会	每周定期召开站后工作例会，总结本周工作事项，安排下周工作计划	每周五			×	
28	梳理站后专业2019年培训需求	站后各专业梳理2019年培训需求及具体培训内容并报至××处，××统一汇总	2019年1月18日	2019年1月19日		√	
29	对各项目的重点事项建立动态跟踪表	详细梳理各项目的重点事项，建立动态跟踪表，密切跟踪事项进展	2019年1月18日			×	
30	加强对新机场站的现场检查和督导	每两周对新机场站进行一次现场检查，了解现场进展，处理现场问题	每两周一次			×	
31	落实各条线站后各专业接入北京局调度中心的可实施方案	组织设计单位详细梳理各条线站后各专业接入北京局调度中心的方案，并与北京局对接，落实方案的可实施性	2019年2月28日			×	
32	石港铁路初设批复规划部征求意见	据了解，目前设计只考虑了停车场的土地和土建工程费用，相关配套设施涉及专业较多，并未设计。根据公司1月16日会议精神，项目应满足《铁路客运停车设施设置标准》(铁总建设〔2017〕313号)的要求。故建议批文中明确意见："本工程新建车站停车场及相关配套设施(应设置视频监控、标识引导、停车管理系统，根据需要和发展设置或规划新能源汽车用电等配套设施)，满足《铁路客运停车设施设置标准》(铁总建设〔2017〕313号)的要求。"	2019年1月22日	2019年1月23日		√	

续上表

序号	工作内容	处理意见	计划时间	实际时间	责任人	状态	进展说明
33	城际联络线Ⅰ期站后施工图设计方案	尽快与京安联络新航城一体化事宜，确定一体化开发与一期施工图的界面，消除不确定因素	2019年1月25日			×	
34	信息化平台使用情况报告	报公司领导	2019年1月26日			×	
35	四电集成及站后事宜牵头人分工	1. 京安：××；2. 京唐：××； 3. 京滨：××；4. 石港：××	2019年1月22日	2019年1月22日		√	
36	北京新机场站装修方案		2019年1月25日	2019年2月26日		√	
37	新航城站站房方案跟踪	开发部定于20日开会	2019年2月20日			×	
38	考察报告与站台门建议		2019年2月20日	2019年2月21日		√	
39	机场现场办公	选择时机现场办公(××参加)	2019年2月21日			×	
40	研究京唐站后施工图设计方案	给北京局集团公司函	2019年2月18日	2019年2月19日		√	
41	研究城联线站后施工图设计方案	组织审查	2019年2月19日			×	
42	研究京滨铁路站后初设批复	择机完成	2019年2月20日	2019年2月21日		√	
43	跟踪开展京滨铁路站后施工图设计	按要求3月底完成	2019年2月28日			×	
44	机场装修施工图	平面图3月5日，3月10日全部，2月22日设计与施工联合办公	2019年3月10日			×	
45	北京局集团公司京唐站后设计方案会议纪要	京唐起草，北京局集团公司建设部会签/大方饭店	2019年2月27日	2019年4月11日		√	
46	北京局集团公司京唐房建征询意见会议	××参加会议	2019年3月4日			×	

续上表

序号	工作内容	处理意见	计划时间	实际时间	责任人	状态	进展说明
47	京唐接口检查	商安质部	2019 年 3 月 28 日			×	
48	接口推进大会	组织项目公司、设计单位、咨询单位等召开会议	2019 年 3 月 29 日			×	
49	北京局集团公司调度所要模拟台	了解近期开通的其他类似线路作为参考，待北京铁路局正式行文后另行专题研究沟通	2019 年 3 月 30 日			×	
50	北京局集团公司调度所要模拟台	去铁科院集团公司考察模拟调度台	2019 年 3 月 5 日	2019 年 3 月 6 日		√	
51	SCATA 模拟实训台	300 万，研究依据、标准、规范、产品	2019 年 3 月 30 日	2019 年 3 月 27 日		√	
52	公司范围各线全面取消车站 WIFI 覆盖设备	会议研究落实	2019 年 3 月 31 日			×	
53	机场装修方案再确定	3.21 站后小组研究，3.25 会议	2019 年 3 月 25 日	2019 年 4 月 1 日		√	
54	京滨 350 时速的依据问题	3.19、3.25、3.27 三次研究确定由京滨公司提供说明文件	2019 年 3 月 27 日	2019 年 4 月 2 日		√	
55	大厂站位修改	2019.3.18 会议研究，站后继续推动	2019 年 3 月 28 日	2019 年 3 月 29 日		√	
56	动车运用所上盖方案影响站后设计	对开发部提出不能把站后设计甩掉，应尽早明确预留尽早展开站后设计才是解决办法	2019 年 3 月 29 日	2019 年 3 月 30 日		√	
57	科研盾构隧道预留网基础	立项申请	2019 年 4 月 19 日			×	
58	科研封闭式车站贴台设置屏蔽门	立项申请	2019 年 4 月 19 日			×	
59	整理站后书籍出版		2019 年 4 月 19 日			×	
60	信息系统推进	从全公司调查合同签订与付款情况	2019 年 4 月 10 日	2019 年 4 月 11 日		√	

五、优化站场接口“一张图”设计

四电与站前工程接口主要有过轨管、电缆井、站场电缆排管、电缆槽、接触网全补偿下锚、接触网基础、综合接地等，一般由站前工程预留提供，具有接口形式复杂、实施专业跨度大、标准掌握不清晰等特点。四电工程施工单位进场后，往往接口工程已经大面积实施，四电专业的接口设计图可能只涉及本专业或并不完整，有些过轨、基础和分支电缆槽仍有大面积优化空间。

（一）管理目标

实现接口工程一次性成优，减少使用功能缺陷和返工现象，对“接口预留设计一张图”管理进行了实践探索。

1. 绘制“一张图”：统一比例，各专业施工内容以同一站形为基准底图进行绘制，技术人员可通过平面布置图直观检查各单位施工内容和拟安装设备的冲突点。

2. 用 BIM 技术建立模型，检查各种管线和设备，优化点位和空间占用。

3. 对尚未完成的接口工程方案，以节省、美观、统一和方便的原则进行再优化，做好工序衔接，一次成型到位。

4. 统筹编制专项方案，各方确认达到最优后，方可进入下一道工序施工。

（二）实践案例

京津冀铁路公司及京滨公司组织，在京滨铁路宝坻南站开展站场接口集成设计和 BIM 技术模拟，在施工前进行可视化交底，使得站场接口一次性达标 100%，减少了接口工程返工，提高工程质量取得了实际效果。

选取宝坻南站站场范围内，依托 BIM 技术模拟完成绘制“一张图”，包括范围：站房 1 座、信号楼及值守点 1 座、宿舍区及警务区 1 座；路基长 1.444 km，设置两台 4 道，正线采用 CRTSⅢ型板式无砟轨道，18 号单开道岔 8 组。

主要优化方案具体如下：

1. 四电线缆贯通径路方案

由于宝坻南站站台侧的站房屋面落水管、进出户给排水排污管的标高限制，基本站台与站房间若按照传统的综合管沟水，其结构深度达 2.4 m（内深 1.9 m）、埋深 2.0 m，开挖深度超过 4 m，均位于所在地区地线水位线以下。考虑宝坻南站地下水位较丰富，后期运营期间因不可控因素可能会出现排水困难，客观上会造成通风不足和永久性潮湿问题，管沟内的电缆运营条件将会逐步恶化，一定程度上将增加后期维护作业量。宝坻南站常规综合管沟方式综合管沟如图 5-3-1 所示。

统筹考虑电缆径路的功能性需求、线缆运行可靠和检修维护便捷的因素，结合运营维管、施工、监理等单位的意见，经反复推敲、研究，形成如下优化方案：

将二站台综合管沟调整至基本站台，系统线路径路位于整个站区中心位置，满足南北站区间衔接的所有信号电缆、通信主径路干线电缆和电力高压主电缆的径路需求。

将基本站台挡墙外侧综合管沟改为排管方式，主要为站场高压电力、站房低压电力及通信支线电缆使用。此区域排管电缆井创新采用了“沟＋井”的融合形式，“井底设沟”的方式最大限度地解决了“强弱电”“高低压”和“主备电”线缆的物理隔离或空间隔离，“沟顶设井”

的方式节省了平面占地空间并兼顾解决与其他管线交叉冲突问题。

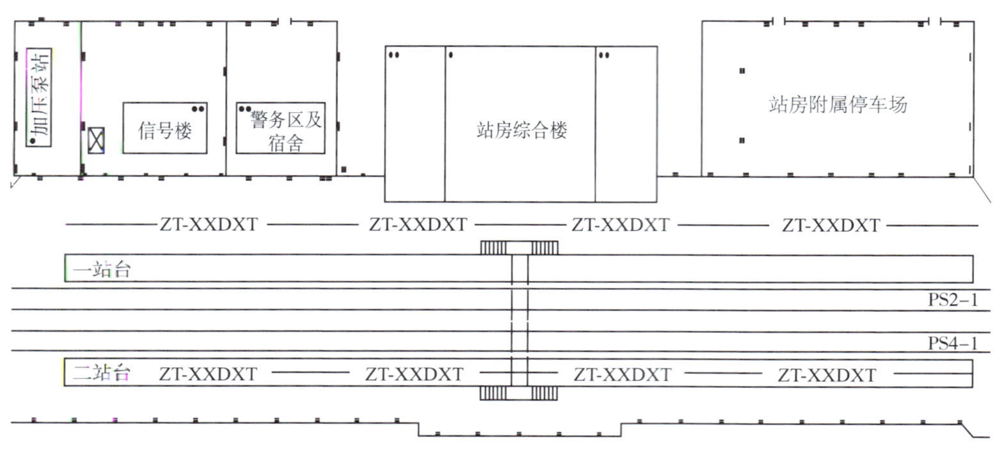

图 5-3-1　宝坻南站常规综合管沟方式综合管沟示意图

考虑到通信专业干线需不同物理路径需求，兼顾电力高压主备电缆最大限度隔离的要求，但两专业位于此径路的线缆较少，二站台优化增设小型综合排管，主要为站场内干线通信电缆、电力外电源和贯通线使用。

2. 电缆井强弱电隔离槽优化设计

根据《高速铁路设计规范》要求"信号电缆与 10 kV 贯通电力电缆平行敷设时，两者之间应设实体隔断"，但是相关规范及标准中未明确实体隔断类型及做法，目前在建及已开通项目做法上不统一，存在整改的情况。

经过对京津城际、京沪高铁等运营线路进行现场调研交流，组织设计、施工单位详细研讨，结合本工程的实际情况对站场不同电缆井的类型(包括Ⅰ型井、Ⅱ型井、强电井、弱电井等)的隔离槽进行细化设计，进一步减少了工序接口和提高隔断可靠性。

3. 上下路基综合电缆槽优化设计

在咽喉区道岔融雪箱变上下路基电缆槽，需满足电力高压、电力低压和通信远动及维护通道光缆的径路，且必须满足强弱电、高低压的物理隔离的要求。但是，通用图集上下路基电缆槽为"双孔"形式，仅满足两种不同形式电缆径路要求，若同一地点另行增加上下路基电缆槽和电缆井增加工程投资且对护坡拱架造成不规则分割。

经组织通信、电力等专业充分研究，将通用图集中的"双孔"槽道改进为"三孔"槽道，通信槽孔居中布置，通信光缆在路基电缆井内自隔离电槽预留至对应上下路基电缆"通信"槽孔采用保护管衔接，满足不同线缆的径路需求和隔离需求。

(三)取得成效

校验接口点数 120 余处，通过可视化交底，使得站场接口一次性达标 100%，接口工程返工率为 0。

优化后站场地面管沟调整为综合排管后，不仅解决了运营维护不便的问题，且最大限度地避免了站场积水病害对电缆管井的影响；将混凝土管沟优化为综合排管，降低工程投资的同时也减少了后期维护工作量，提高了电缆使用寿命。

电缆井强弱电隔离方案为实施单位提前组织优化电缆井、槽衔接工序，减少整改及逆作工法，实现了标准化、一体化施工的目的。

上下路基综合电缆槽通过方案优化，减少了通信独立电缆井数量，避免了上下路径电缆槽对护坡骨架的不规则分割，同时避免了通信光缆坡脚下直埋敷设的径路，提高了远动及运维系统的运行可靠性。

六、先行验收示范段管理

在京唐铁路建设过程中，为落实国铁集团示范段建设的有关精神，确保静态验收快速顺利推进，公司与北京局集团公司共同建设验收示范段(含站前、四电、站房工程)，为全线静态验收工作树立样板示范。

按照提前策划、统筹兼顾原则，示范段选取覆盖路基、桥梁、隧道、站房、站场、基站、信号楼、配电所、电气化所亭等验收工点，部署参建单位完成示范段实体工程实施，组织参建单位和铁路局集团公司开展示范段工程验收，验收通过后召开标准示范段工点现场观摩推广会。

通过示范段验收工作，统一规范了安装工艺和接口实施标准，细化完善了处理系统性和接口类问题的处理程序，为各标段全面开工建设打标立样。同时，示范段的建设为后期总结安装工程标准化管理积累了经验，通过标准示范工点现场观摩推广会和深入交流，探索了全公司各项目建设统一标准的可能性与可操作性，为铁路局集团公司建立城际铁路验收标杆工程丰富了内涵。

(一)管理目标

1. 统一现场工艺和质量。扩大专业首件工程定标范围，确认接口工程标准，关口前移，减少返工，提高不同施工单位不同施工队伍工艺水平，规范管理标准。

2. 满足铁路局集团公司维护需求。根据维护需求，满足设计标准要求，进一步增强提前介入深度，确保建维同标。

(二)实践案例

京唐铁路选定鸦鸿桥车站段(包含路基、桥梁、轨道、四电等工程)，共计4 104.59 m，里程范围为DK139＋316.09～DK143＋420.68，包括潮白新河特大桥、淤泥河特大桥、鸦鸿桥站场及区间路基、框架桥(涵)、无砟轨道等站前工程，以及站后四电工程。

示范段范围内应完成以下工程：

1. 桥梁主体及附属工程(吊围栏、防护墙、遮板、护栏)全部完成。

2. 路基、框构桥、站场及区间路基主体及附属工程(边坡防护、绿化工程、电缆槽、电缆井、站台墙、接触网、基床表层封闭)全部完成。

3. 无砟轨道铺设全部完成。

4. 四电用房及附属工程已全部完成。

5. 配电所首件工程已通过验收。

6. 警务区四电施工已完成。

7. 信号楼室内设备已安装完成。

8. 通信铁塔、视频杆塔已完成。

9. 相关段落接触网设施已完成架设及调整。

工作流程如图 5-3-2 所示。

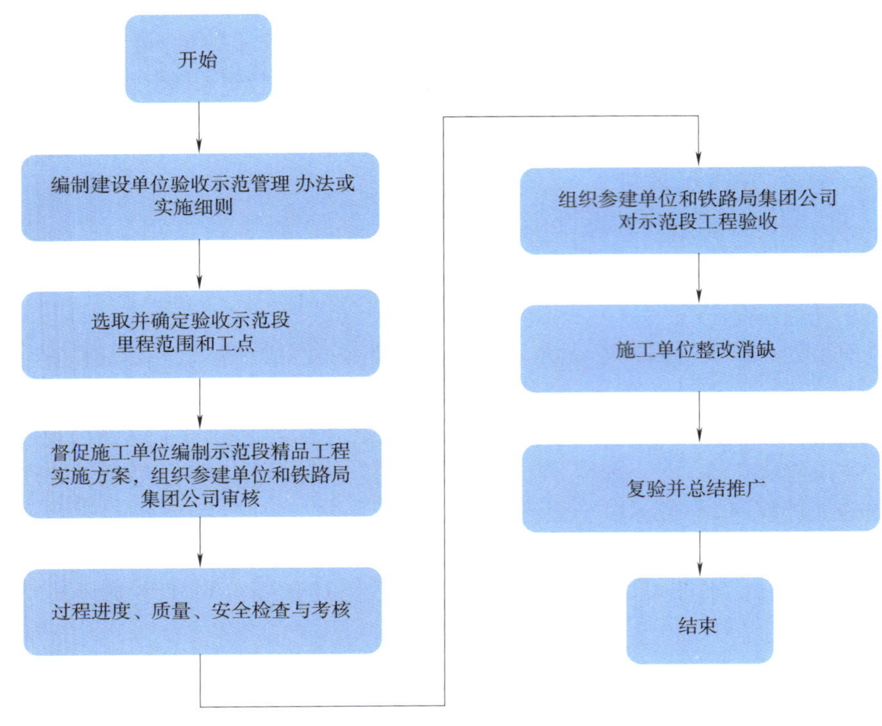

图 5-3-2　工作流程

(三)取得成效

统一规范了安装工艺和验收标准,为后期总结安装工程标准化管理积累了经验,组织召开了标准示范工点现场观摩推广会,探索了全公司各项目建设统一标准的可能性与可操作性,为铁路局集团公司建立城际铁路验收标杆工程丰富了内涵。

七、攻坚北京枢纽改造

大多数枢纽改造工程,插入道岔、接轨、线路拨接等工程,都以信号、接触网等站后专业的改造工程为主导统筹施工方案。在京唐铁路工程开通前,涉及接入唐山站和燕郊站等改造工程,内容繁杂,环环相扣,鉴于篇幅有限,以燕郊信号系统升级工程为例进行简要介绍。

(一)改造过程

京唐铁路北京城市副中心站至燕郊站京唐场间设置北刘各庄、高辛庄线路所引入既有京哈铁路。京唐铁路为 C3 线路,装备 C3 兼容 C2 列控系统的动车组,不能在以 LKJ 为主的既有京哈铁路运行。因此,须对既有京哈铁路进行升级改造,即 C0 升级 C2,以满足京唐铁路动车组经京唐京哈联络线进入北京站。

为畅通由北京站向北京枢纽各方向高铁的衔接径路、加强北京枢纽灵活性,逐步形成以北京站为基点的北京地区枢纽互联互通,经国铁集团、北京局集团公司及京津冀铁路公司共同研究，决定将北京西地下直径线信号系统升级改造工程纳入京唐铁路项目同步推进。北京枢纽信号升级改造工程涉及北京西—北京站—北京东站—双桥站—通州—燕郊站等 6 站 7 场和站间闭塞相关工程。北京枢纽互联互通如图 5-3-3 所示，北京枢纽相对关系如图 5-3-4 所示。

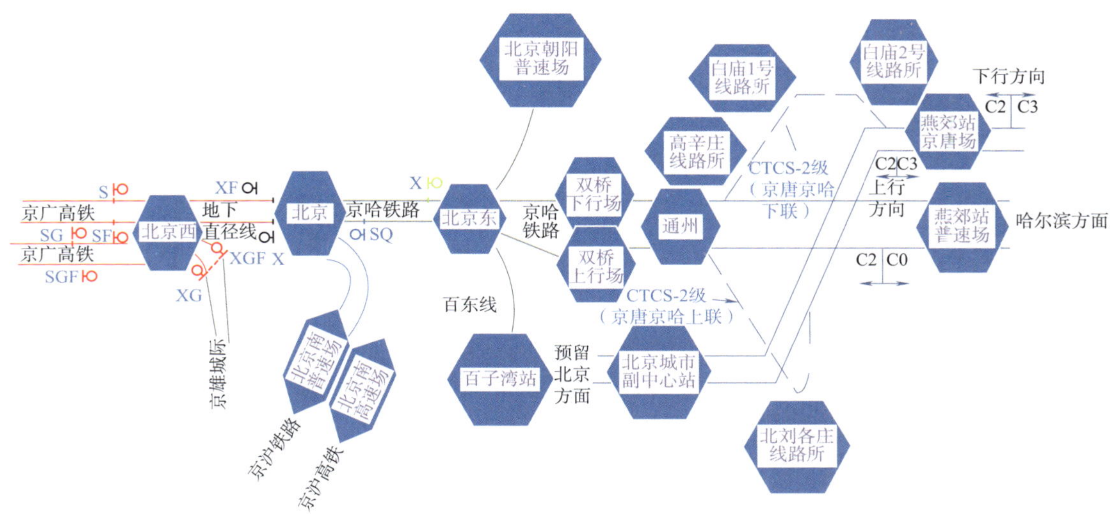

图 5-3-3　北京地区枢纽互联互通示意图

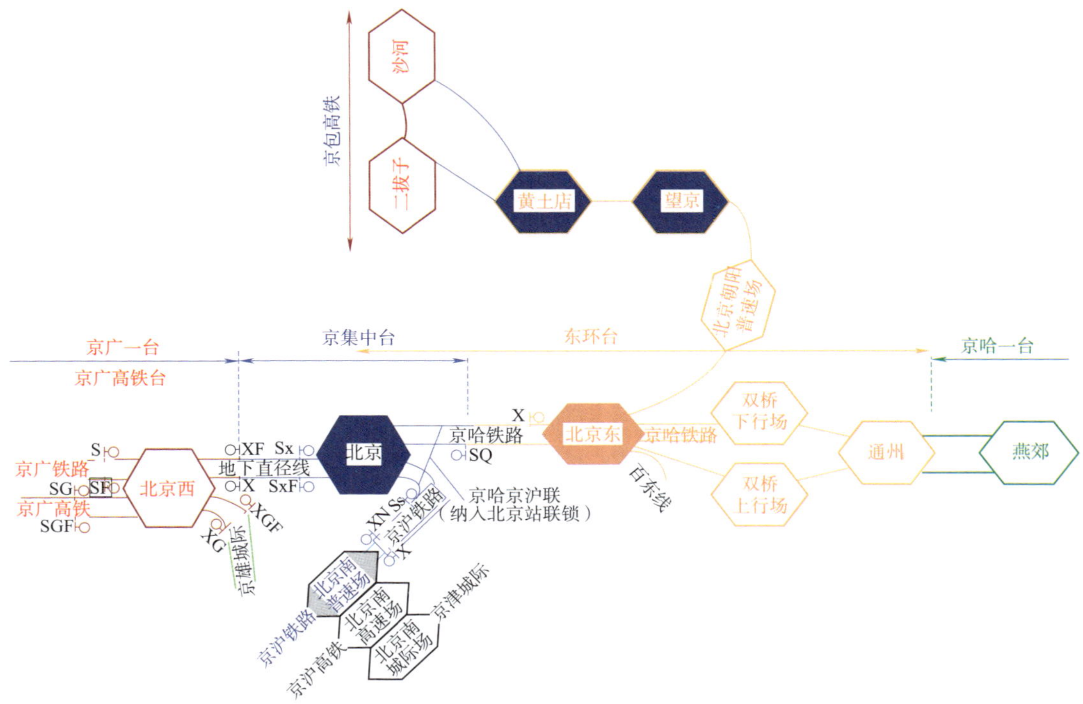

图 5-3-4　北京枢纽相对关系

施工线路主要涉及北京西至北京地下直径线、北京西—杜家坎线路所、京广高速京西联上下行线、北京西—后吕村线路所(不含)西长线上下行线、北京站内京沪上下行线、北京站京沪京哈联上下行线、北京—北京东—双桥—通州—燕郊京哈线、北京东至星火站东星线、北京东至百子湾(不含)百东线、双桥至通州西京承上下行线、双桥至百子湾丰双线、双桥至田家湾线路所星双线、通州至乔庄东线路所等。北京集中台、东环台、京广高铁台、京哈台的信号系统升级改造需结合上述线路数据修改同步实施。

京沈高铁于2020年底开通,通过北京朝阳站经北京东站进入北京站,与京唐铁路引入北京枢纽时序不同步,因此北京枢纽信号系统升级改造工程采用了分段实施的方式,即2020年底前配合京沈高铁引入北京站先完成双桥站(不含)—北京东站—北京站—北京西站间信号系统升级,2022年随京唐铁路引入北京枢纽同步完成燕郊至双桥站间信号系统升级。

(二)实施步骤

实施过程具体分为四个步骤:

第一步:开通北京西—北京—北京东—双桥C2功能。

第二步:为保证提供箱梁运输通道(运梁通道被既有信号楼占压),拆除既有信号楼,启用新联锁系统,完成信号楼倒接。

第三步:结合站前插入线路所大号码道岔,启用高辛庄线路所。

第四步:结合双桥牵引所增容难以实施引起的京哈线供电方案调整Ⅰ类变更,同步开通双桥—通州—燕郊站C2功能。

(三)经验总结

简而言之,枢纽改造工程涉及面广、工作量大,必须克服急难险严等困难,重点考验施工组织。所以,大型枢纽改造需要合理分解任务,分阶段按步骤进行,关键在于科学组织精细化管理,是严格执行点前推演的过程,它体现出上下联动、多方协作、各司其职、责任到人、领导包保,充分发挥协同作战精神,齐心协力保障安全质量。

1. 急——工期压力大

受暑专运、汛期影响,每年京哈线有效施工工期短,室内设备安装、配线均采用昼夜三班倒方式进行。

2. 难——协调难度大

(1)规划手续办理困难。京哈线新建、接建设备房屋在实施前均须取得相关规划手续,涉及地方单位、部门众多。加上既有铁路用地、房屋产权手续缺失,对申报规划手续产生很大影响,加剧了协调难度。(2)配合站段众多。京哈线是繁忙运营线路,配合站段共17个,实施前须与每个站段签订相关协议,协调难度巨大。

3. 险——安全压力大

(1)京哈线地下管线埋深浅、径路交错非常复杂,电缆沟开挖时易对既有光电缆造成损伤,对行车产生重大影响。(2)京哈线行车密度大,每周仅有两个120 min天窗,超范围施工风险大。(3)北京东信号楼临近地方10 kV电力线,大型机械作业触碰高压电风险高。

4. 严——安全管理程序严格

(1)夜间天窗点的申请,北京局集团公司在反复论证,分析各种现实条件和不利因素。(2)反复研究优化细化施工方案,充分调动资源,组织大量人力物力配合现场,保障既有线安全运营。(3)批复与进场手续严格，点名、交底和人机物料清点严格控制。

八、采取看板管理手段

京津冀铁路公司对专项重难点问题采取看板管理的手段，密切盯控、限期整改、逐项销号。例如，为确保京滨城际铁路初步验收和开通顺利开展，公司对静、动态验收问题和专家意见整改进行看板管理，逐项落实整改责任、资源配置和措施，并填写看板管理表(参见表5-3-2)；每日由主要领导主持逐项盯控进度。

九、建设标杆动车所

动车所建设涉及多个设计专业、施工单位和设备厂家，站前、房建、四电、地下综合管线、地面房屋、轨道，专业接口多，交叉干扰大。尤其是动车所多栋单体建筑、众多道岔和多股轨道铺设，往往受外部条件制约全面开工较晚，工期紧，任务重，人员物资进场受阻。结合工程进展，综合研判趋势，及时安排管理人员成立工作专班下沉现场指导，建立盯控机制，统一调度协调，加大资源投入，四电专业要与提前介入单位密切配合，严抓考核督导。

(一)涉及专业

动车所室外工程有以下5类：

1. 给、排水系统，涉及站场、给排水专业。主要包括生活给水管道、消火栓管道、生活污水管道、生产废水管道、雨水管道及站场排水沟等。

2. 供电电力系统，涉及变电、接触网、电力专业。主要包括变电电缆沟槽、电力电缆沟槽、接触网设施等。

3. 弱电系统，涉及通信、信息、信号专业。主要包括通信、信息、信号等电缆槽及直埋管等。

4. 热力管线系统，涉及暖通专业。主要包括采暖供应或热力管道等。

5. 压缩空气系统，涉及动车专业。主要包括室外压缩空气管线。

(二)划分区域

1. 轨行区。沿股道方向，在钢轨道砟范围外一般布置站场排水沟、强弱电电缆沟井、接触网立柱等，共同占用股道间狭小空间。垂直股道方向，一般布置有过轨强弱电埋管、横穿站场排水沟等。

2. 道路区。道路下方或两侧一般布置有给水、雨水、污水、热力、强弱电等主路由管线，横穿道路的各专业管线等。

3. 房屋周边区。一般布置有给水、污水、热力、强弱电、压缩空气出入房屋的支线管及井等。

(三)管理目标

通过设计优化设备设施配置选型，分融合自动化、智能化技术，增强动车所系统性设计，完善各专业接口条件，整体提升功能与质量。

构建动车所室外工程深化设计"一张图"，将轨道道床、各类管沟(井)、道路、房建基础及开挖范围、接触网基础、栅栏、路基护坡、室外泵站、信号塔基础等所有室外工程在一张图上按实际尺寸设计。

表 5-3-2　京滨铁路验收开通重点事项看板管理表

序号	分类	专业	克缺问题	整改时间	整改措施	当日进度	公司部门	领导分工	责任人	备　注
1	静态验收剩余问题	建设用地	未取得武清区、北辰区四电房屋国有土地划拨决定书	—	加快办理武清区、北辰区四电房屋国有土地划拨意见书正在办理中	北辰区站后工程已完成系统落地；11月24日向武清规资分局报送《关于京滨铁路武清区段站后工程规划选址相关情况的说明》	征拆部	—	—	此项问题不影响安全及开通运营
2	静态验收专家意见未整改到位事项	工务	外部环境问题完成整治	—	督促地方政府协调推进，公司安排专人对接销号	油气管线共计29处，3处未销号，其中3处公路下的方案已确定； 剩余2处彩钢在整治过程中；14处塑料大棚未销号，12处已完，2处正在签订互保协议	安质部	—	—	国铁集中检查问题表十项开通条件表；初验44项条件；静态验收专家评审意见；动态验收专家评审意见
3		环水保	抓紧完成制梁场、拌合站、钢筋加工场等临时用地的移交手续及剩余站场场坪绿化工作	—	督促施工单位协调督办；公司协调地方政府加快解决	北京局集团公司已销号。 目前剩余完善国土部门手续	安质部	—	—	国铁集中检查问题表初验44项条件表；静态验收专家评审意见
4	验收开通重点事项	财务	站房资金：按照出资协议应出资28 774万元，其中宝坻南站5 732万元，北辰站23 042万元；尚未到位	—	协调地方政府站房扩大规模增资按协议时间到位	督促地方政府尽快落实资金	计财部	—	—	国铁集中检查问题表十项开通条件表；初验44项条件表
5		综合	京唐、京滨铁路《竣工项目资产初验记录表》已编制完成。经多次与站段沟通，站段需得到上级单位明确接管资产事宜；现在亟需贵单位明确资产接管站段，组织所属资产接管站段按时完成资产接管工作	—	由北京局集团公司落实，依据京津冀公司《关于协调京唐、京滨铁路资产移交工作的函》（京津冀铁财函〔2022〕18号），北京局集团公司建设部正在牵头组织落实设备接管工作	正在组织施工单位办理移交	发规部	—	—	北京局盯办事项表

续上表

序号	分类	专业	克缺问题	整改时间	整改措施	当日进度	公司部门	领导分工	责任人	备　注
6	验收开通重点事项	站房	高度大于 4 m 的自动扶梯加装 1.7 m 的防护装置	—	按要求加装	已销号。京滨公司与北京局客运部及天津站对接，于 2023 年春运结束后实施	工管部	—	—	北京局盯办事项表
7		档案	项目前期、管理性文件尚未归档	—	加强项目前期、管理性文件的收集、整理和归档工作	已完成可研、专题研究、初步设计招标等文件 510 卷，其余文件正在整理归档	工管部	—	—	国铁集中检查问题表此项问题不影响安全及开通运营
8		档案	个别参建单位文件收集不齐全；归档范围不够明确；法律签署不完备；存在复印件、扫描件归档等问题	—	进一步明确组卷要求，加强人员培训，组织开展档案交底，确保项目档案完整、准确、系统、规范和安全。北京局集团公司档案部门要做好跟踪指导	已对各参建单位竣工档案情况进行平推检查，对国铁集团 29 号文中竣工文件收集范围、档案法律签署、复印件等问题进行集中宣贯和排查，各单位已经对上述问题进行了一轮排查，对排查出的法律签署、复印件等问题进行了替换整改	工管部	—	—	国铁集中检查问题表此项问题不影响安全及开通运营

1. 统一规划，做好衔接

(1)要做好空间规划，应考虑给水、污水、雨水、强电、弱电等管线的设置用地，还应考虑可能增加管线的预留敷设用地。(2)做好市政接口规划，动车所内的管线布置。

2. 短捷顺直，减少交叉

各种管线的主要走向，宜沿道路与主体建筑平行布置，并力求线形顺直、短捷和适当集中，尽量减少转弯，并应使管线之间及管线与道路之间尽量减少交叉。

3. 顺序排列，避免干扰

(1)确认管线间最小水平、垂直距离要求。(2)排列好各管线路由，按照由近及远、由浅入深的原则排序，最近最浅处宜为通信信息管线和电力电缆。

4. 统筹兼顾、合理避让

在管线之间遇到矛盾时，以临时避永久、小管避大管、压力管避重力自流管、可弯避不可弯为原则。

(四)实践案例

1. 按实际比例绘制各管线及建构物轮廓

在动车所总平面布置图上，将轨道、轨枕、接触网基础、信号机、各类管线平面线路(带坐标系图)等，代替传统设计用线或点代表管线的做法，做到依据图纸坐标，现场即可放点施工。各管线及建构物轮廓如图 5-3-5～图 5-3-8 所示。

2. 优化交叉节点，绘制节点详图

分类统计交叉点情况，按形式、特点，逐一分析归类、标识，研讨制定交叉点详图。节点如图 5-3-9～图 5-3-12 所示。

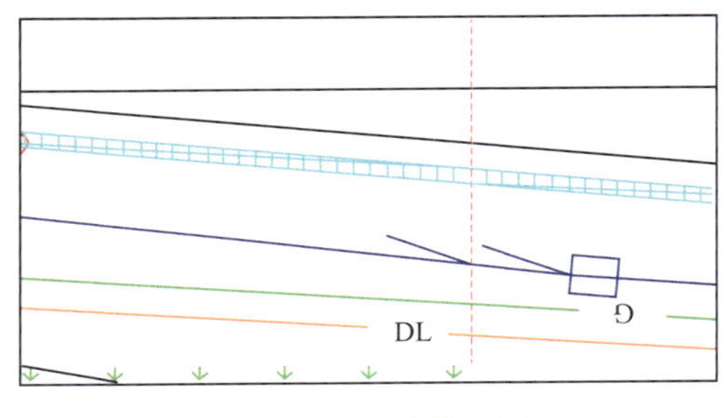

图 5-3-5　电缆槽侵限

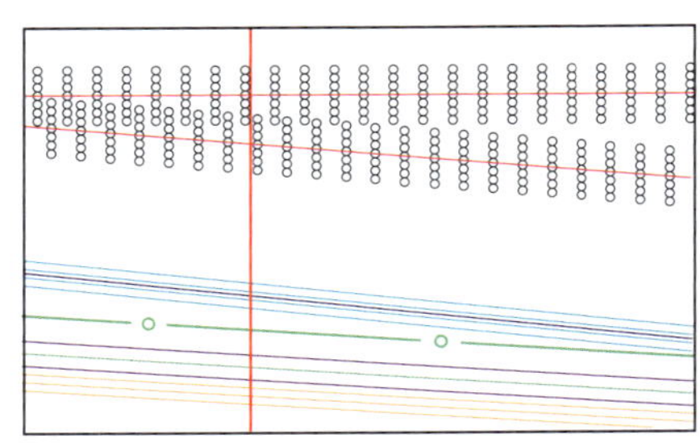

图 5-3-6　电缆槽调整优化后

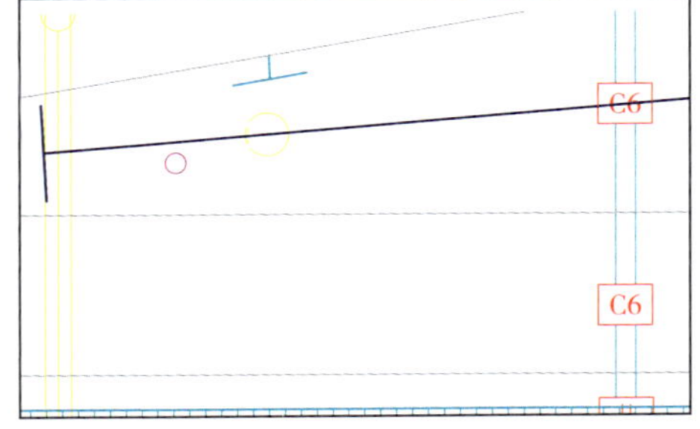

图 5-3-7　水沟侵限

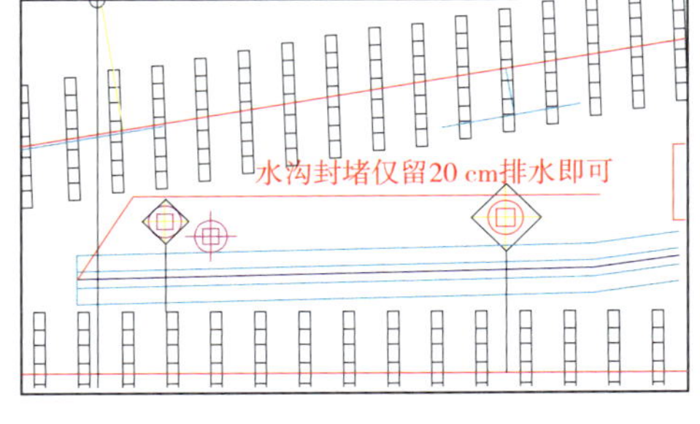

图 5-3-8　水沟调整优化后

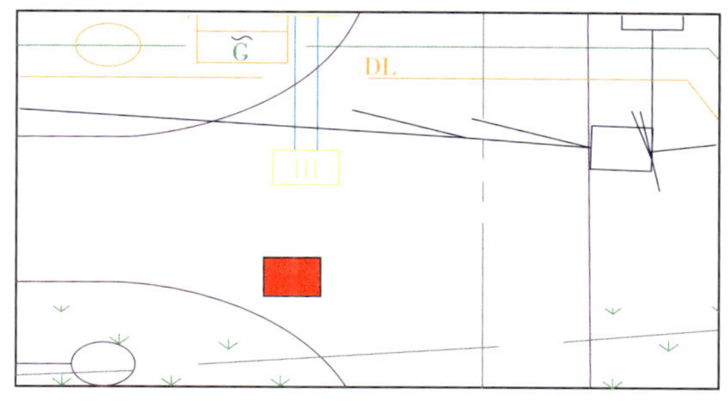

图 5-3-9　电缆井与道路冲突

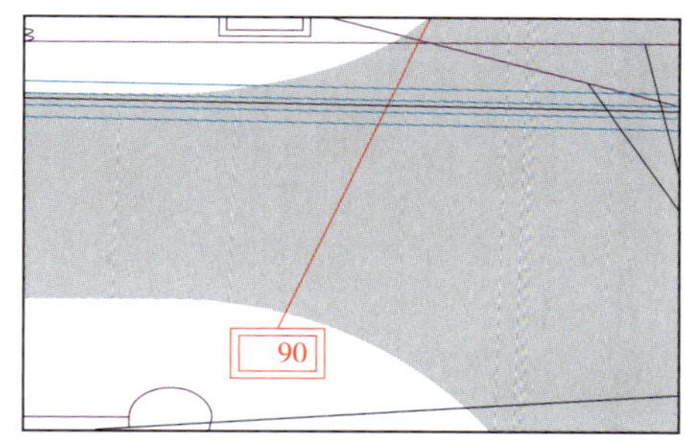

图 5-3-10　电缆井调整优化后

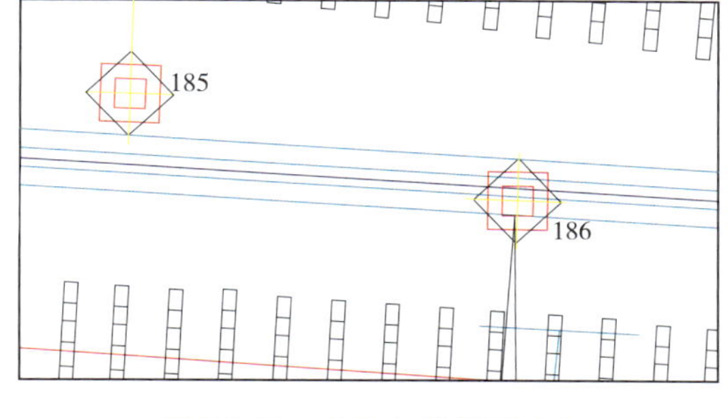

图 5-3-11　水沟与接触网冲突

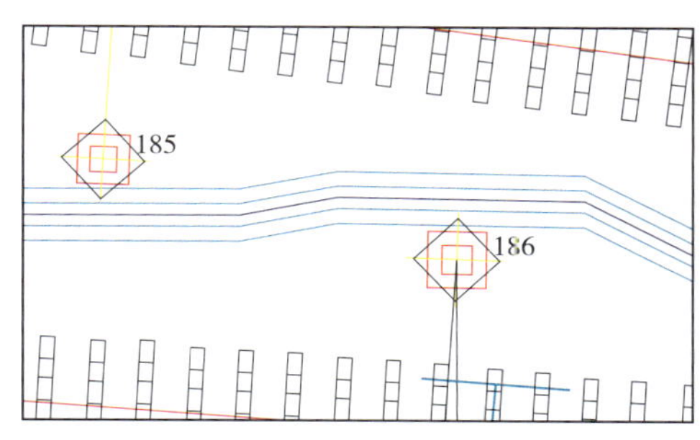

图 5-3-12　水沟与接触网位置优化后

3. 深化细部设计,完善设施功能

组织再审核,解说设计意图,征求相关单位意见,再优化,减少过轨管线和电缆数量。细部设计如图 5-3-13～图 5-3-18 所示。

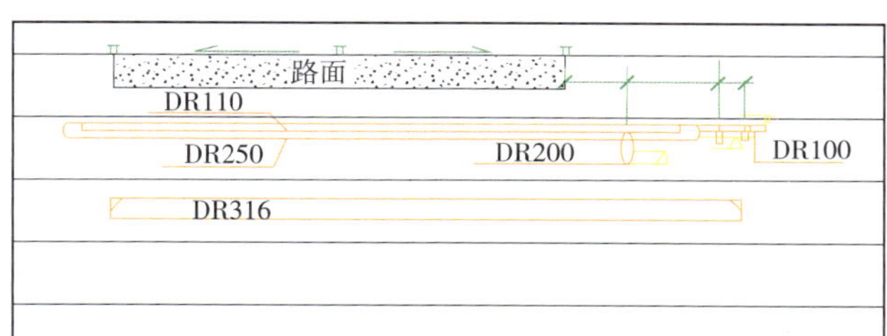

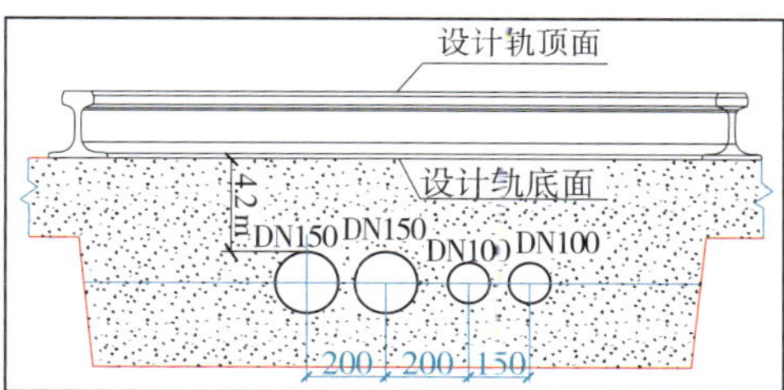

图 5-3-13　细部节点图

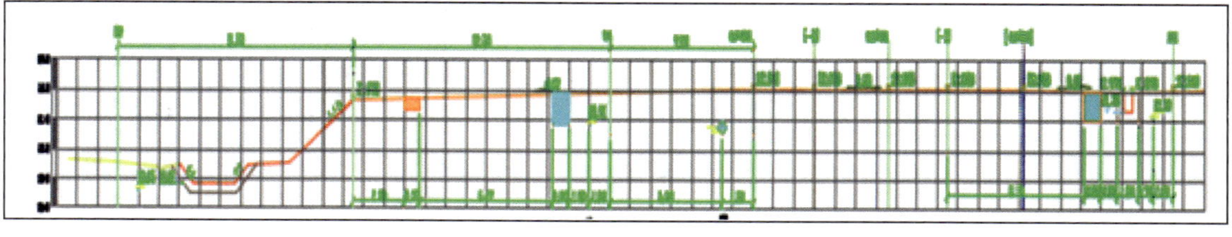

图 5-3-14　典型断面图

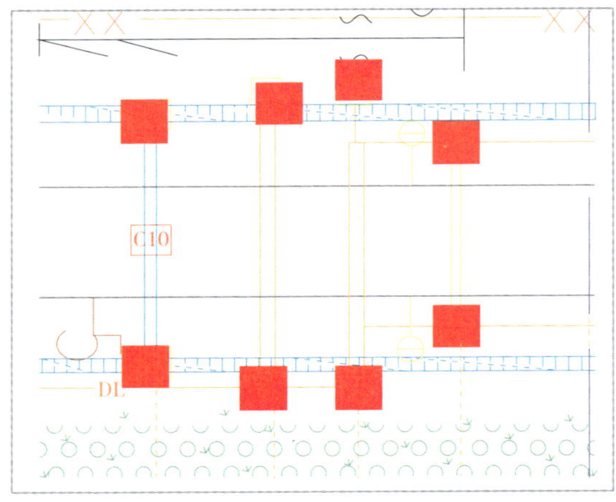

图 5-3-15　电缆井优化前

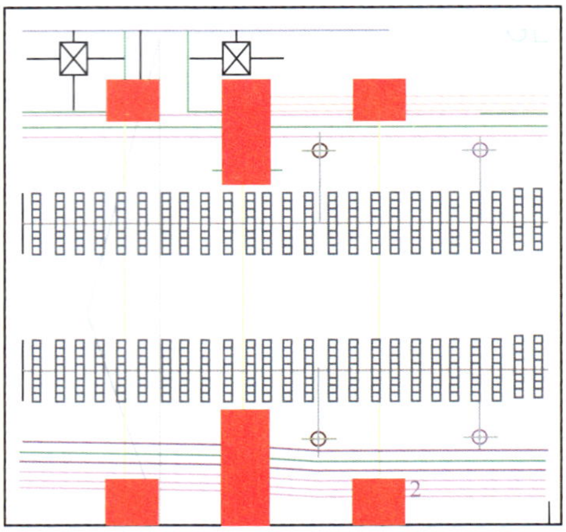

图 5-3-16　电缆井优化后

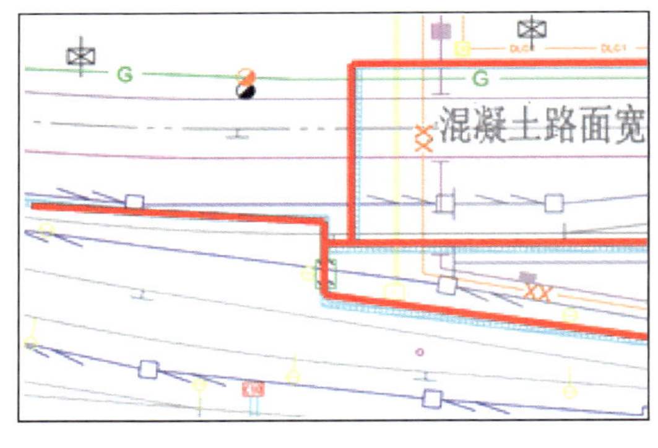

图 5-3-17　电缆槽优化前

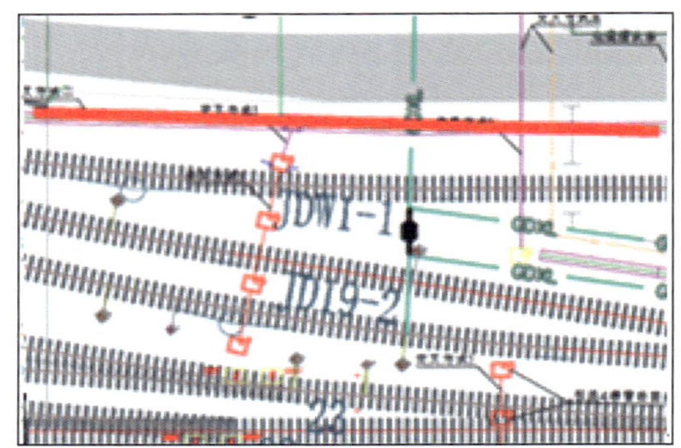

图 5-3-18　电缆槽优化后

4. 开展 BIM 深化，建立三维可视效果图

力争各管线、构筑物、电缆、设备之间位置合理，路径通畅。三维效果如图 5-3-19～图 5-3-20所示。

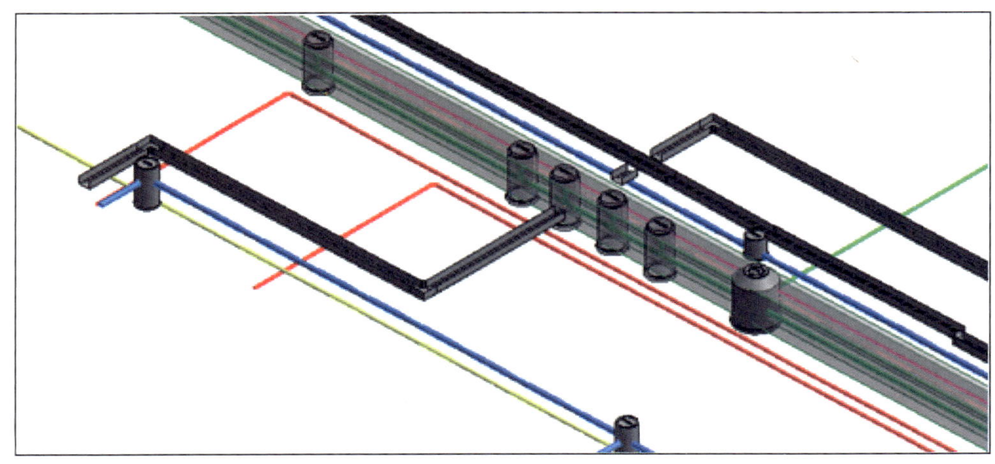

图 5-3-19　检查库周边室外管线三维图

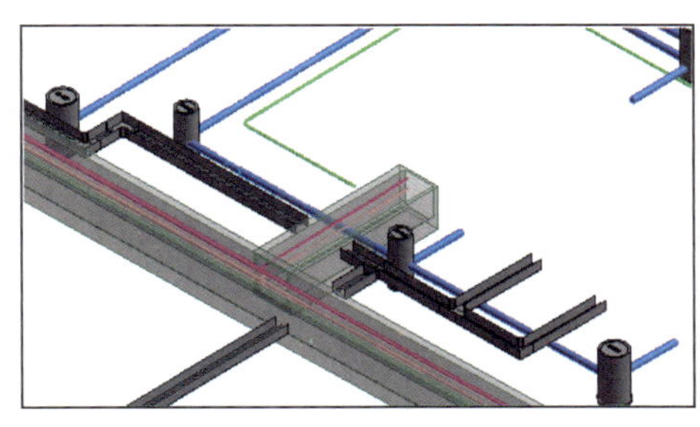
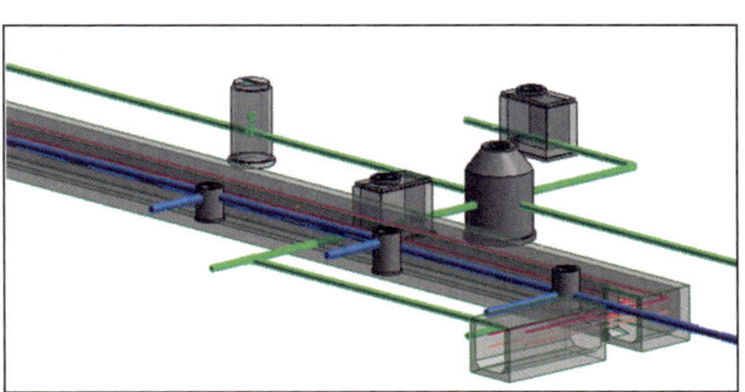

图 5-3-20　食堂及临修库周边室外管线三维图

5. 优化整体布局，局部服从整体

整体布局优化前，存车场前咽喉、存车场区域，四电电缆槽位于排水沟内侧，距离道床过近，与排水槽、接触网基础发生多次交叉。优化后，四电综合电缆槽调整至站场排水沟外侧区域，沿排水沟外侧和围墙之间敷设，站场排水沟调整至接触网基础外侧，绕避接触网基础，并调整电缆井位置，使电缆槽顺直。

局部调整举例：接触网位于混凝土路面上，向小里程方向移动 10 m，避开平交道口；变电过轨处电缆井侵限，移动至通信信号电缆槽外侧并与区间干线通信信号电缆槽在 1 号框构中桥大里程合槽。

（五）取得成效

1. 发现接口问题

在原有动车所室外管线基础上通过深化设计，梳理共发现接口问题 120 处，其中电缆井问题 49 处、电缆槽问题 8 处、过轨管问题 52 处、给排水井问题 5 处、接触网基础问题 1 处、站场排水沟问题 4 处、道路问题 1 处。

2. 优化多处电缆槽（井）、道路、水沟方案

累计优化侵限电缆槽约 512 m，侵限电缆井 37 处，侵线水沟约 22 m；优化道路与防撞墙位置 70 m，道路与房屋长度 15 m，道路与电缆井位置 20 处；优化水沟与电缆槽位置 40 m，水沟与接触网平面位置 26 处；优化接触网与平交道口位置冲突 1 处；优化过轨 12 处，电缆井 18 个，过轨管 120 m，电缆槽 110 m。

3. 形成细部节点图和典型断面图

针对动车所室外各管线间及与道路、轨道间交叉特点，对各交叉点逐一分析、归类、标识，分类进行统计，制定交叉节点详图，明确不同类型处各管线相对关系，统一做法、便于施工。共计出具细部节点图 7 个，典型断面图 28 个。

4. 形成优化前后对比成果图

（1）形成优化前成果图，在原设计综合管线图上通过校核，标明冲突点及优化调整措施，便于充分发现问题及提供解决方案。（2）形成优化后成果图，所有图元信息完整，且按1∶1在一张图上绘制，准确应用现场施工。

（六）体会与建议

1. 设计层面

（1）要在总平设计阶段充分考虑各管线种类、路由及尺寸等，并充分考虑预留发展条件，

合理确定建筑物与道路、轨道与道路之间距离。

(2)要完善图元信息,按照实际比例绘制管线,将房建基础及开挖范围、接触网基础、各类检查井等影响管线布置的重要设施在设计图中按照实际比例补充绘制。

(3)要协同开展设计,建立设计会签制度,结合各专业管线路由,牵头专业需统筹把握,各专业密切配合,对于可共沟、可集中过轨的要统一设置。平面布置中,充分沟通,避免四电和站前土建冲突和专业图纸局部不一致等现象。

(4)要强化接口设计,尤其在存车线区域,线间距较小、接触网形式多样、管线种类复杂,电缆过轨井、电缆井、排水沟与接触网基础、消防管道检查井冲突,排水标高,电缆槽及电缆井侵入道路和顺直等问题。

2. 施工层面

(1)要统筹各施工单位工程界面和施工工序,统筹各工序间的交叉衔接,前一道工序为后一道工序负责,做好各类管线施工组织,避免反复开挖,减少工程浪费或对已施工工程的影响。

(2)要强化施工技术管理,做好图纸会审工作,加强技术交底和设计巡检,认真复核图纸和设计意图,结合需求进一步深化图纸设计。

(3)要加强现场施工作业队和管理层之间沟通效率,现场发生问题后需及时反应至管理层,及时与设计单位沟通,协商解决方案。

(4)施工组织上,加强专业人员配置;加强施工图审核;加强专项施工方案制定;加大施工队伍管控力度;加强各参建单位沟通协调;加快推进工作面移交;统筹各专业施工进度;抓好细节施工和收尾工作;分区分块清理收尾;加强成品保护力度。

3. 建设层面

(1)要尽早稳定各管线、给水、排水、排污、燃气、进所道路等外部等市政外部接口,签订协议,确保各专业设计边界条件稳定,避免因市政接口条件变化导致反复设计,延误工期。

(2)组织协调好设计进度深度,避免因个别专业设计内容引起整体方案变化。

(3)组织好施工单位深化设计工作,充分与现场实际情况结合。

(4)开展三维 BIM 翻模或正向协调设计,便于施工及后期运营管理。

(5)建设单位成立统一协调工作专班,加强与预介入单位沟通,保障安全和使用功能,便于维修维护。

十、统筹外部电源引入

牵引变电所外部电源是高速铁路动态验收和依法开通的重要条件。受多方面因素影响,京津冀区域的外部电源建设常制约铁路建设项目推进。京津冀铁路公司在推进外部电源建设中积极协调、提前谋划重大事项,取得了一些经验。

(一)搁置争议,先行启动前期工作

公司成立之初归属地方,牵引变电所外部电源建设模式与电网公司无法达成一致意见,影响工程推进。公司积极对接电网公司,暂时搁置建设模式的争议,先行启动接入系统设计等前期工作,为项目如期开通争取了宝贵的时间。

（二）多方协调，全力推进外电建设

外部电源建设协调事项多、难度大，在京津冀区域尤为突出。公司密切跟踪外电建设进展，及时向国铁集团工管中心和属地政府汇报，取得各方支持、形成合力，京唐、京滨公司专班配合电网公司协调规划和征拆等事项，确保按期送电。

（三）提前谋划，制定越区供电方案

京唐铁路大厂牵引所供电范围涉及正线和动车所，受规划审批影响，其外部电源新建的开关站无法在联调联试前送电。公司会同北京局集团公司组织设计单位提前校验了供电能力、编制了越区供电方案，结合联调联试方案和动检车检修要求，细化了动车所供电方案和天窗安排，为联调联试的顺利开展提供了有力保障。大厂牵引变电所外电线路及开关站如图 5-3-21 所示。

图 5-3-21　大厂牵引变电所外电线路及开关站

第四节　展望未来——探索理论研究

四电技术发展迅猛，日新月异，结合现状和四电发展方向，四电工程施工手段、技术进步和关联融合还有很多值得去探索和完善的地方，京津冀铁路公司针对四电技术中的相关未破解问题，开展研究和探讨，以期为行业发展带来一定的进步。

一、时速 400 km 高速铁路四电工程技术研究

2022 年 3 月，交通运输部、科学技术部联合制定《“十四五”交通领域科技创新规划》明确要持续开展对 400 km 级高速列车研发。2022 年 6 月，科学技术部与中国国家铁路集团有限公司签署“高铁引领”科技攻关联合行动计划合作协议，确定 CR450 科技创新工程是国家层面重大科技攻关。时速 400 km 高速铁路四电工程施工面临着更严苛的技术条件，开展时速 400 km 高铁四电工程技术研究对确保 CR450 科技创新的成功具有重要意义。对比现有的

高速铁路四电施工技术:主要研究通信技术改进和信号系统升级对应的施工技术;研究提高供电系统的输电能力、牵引系统的高效能利用和接触网的耐高速性的施工技术;研究的技术方案必须在实际工程中具有可行性,需要进行充分的技术评估和实验验证,确保所提出的施工技术在实际应用中能够达到预期的效果。

二、轨道交通互联互通技术研究

不同轨道交通系统之间互联互通过轨运营,可以有效提高都市圈内乘客出行质量,优化交通供给和都市圈空间布局。近年来,我国多个都市圈也大力推进轨道交通的互联互通一体化发展。2019 年,国家发展和改革委员会提出促进都市圈轨道交通“四网融合”以及运营管理“一张网”,以更好地适应通勤需求。同时,我国多地已逐渐开展轨道交通系统互联互通的尝试与探索。京津冀区域轨道交通在基础设施方面已基本成型,“轨道上的京津冀”初具规模,轨道交通实现互联互通已是大势所趋。京津冀铁路公司将进一步坚持融合发展理念,推进轨道交通将由单一、独立发展向一体化、融合化发展转变;抓住网络融合的源头,以多规合一、多网融合为目标,强化战略规划引领,在线网一体规划的基础上,布局国家级、区域级、城市级三级枢纽节点,通过枢纽节点融合多层次轨道交通网络;坚持站城融合开发模式,将铁路发展与城市规划充分结合,提高交通网络综合增值收益;做好相关标准规范的编制和衔接,准确把握功能定位,加强“四网”之间以及与市政公共系统的无缝衔接,实现以轨道交通为主体,票务、信息、管理一体化,促进“四网”融合运营。

三、高速铁路 5G-R 应用及装备研究

未来的铁路四通八达,运用 5G、人工智能等现代信息技术,将提升铁路运输服务信息化和智能化水平。“高速铁路 5G-R 应用及装备研究”顺应铁路通信系统发展趋势,提炼铁路 5G 建设中的关键性难题,着力于开展 5G-R 无线网络规划平台研发、基于国产自主可控的 5G 基站的公专网联合无线覆盖方案及系统研究、基于 5G 网络与北斗的可信融合定位方法及装置研究、基于 5G 基站与蓝牙 5.1 技术的临时通信及智能监控技术及装备等研究,以便加快推进 5G 技术应用,开展 5G-R 专网基础技术攻关和重点领域公网应用技术创新,掌握铁路 5G 技术创新主动权,实现关键核心技术自主可控,形成需求—科研—应用的铁路 5G 技术创新体系,推进铁路 5G 应用与国家 5G 产业链相融合,该研究有利于推动铁路通信技术升级换代,有利于提升铁路安全水平和信息化智能化水平,有利于提升铁路服务品质和效率效益,有利于巩固我国铁路世界领先优势,有利于促进 5G 相关产业链发展、加快 5G 布局推广。

四、推广整体式电缆槽建设方案

高速铁路建设是系统性工程,沿线光电缆敷设和防护占用资源较多,容易发生冲突,各专业施工相互干扰,损伤电缆和电缆槽盖板破损难以避免。

(一)解决电缆槽盖板砸伤电缆问题

京唐铁路建设期间电缆被电缆槽盖板砸伤、砸扁,粗略统计有 100 余条,对其中 25 条电缆进行了更换,增加电缆采购费,工费以及营业线施工干扰、天窗作业配合等费用等。分析原因:(1)电缆敷设与盖板施工不同步,盖板滑入电缆槽或未及时铺盖板,对已敷设电缆造成

破坏;(2)在反复揭铺盖板过程中砸伤电缆。

盖板砸伤电缆是以往各条新建铁路的质量通病,是工程质量重点管控难点。结合工程实际提出以下管理建议:(1)解决电缆敷设与盖板施工不同步问题,建议由四电施工单位来揭铺盖板,相关委托合同由建设单位、站前施工单位和四电施工单位商定;(2)电缆敷设前要先督促站前单位将盖板运输到位并摆放到不易翻到电缆槽的位置;(3)电缆敷设一段,盖板铺设一段,采用科学的敷设方案,不要蛮力拖拽,防护要到位;(4)揭铺电缆槽盖板时要注意不要滑落到电缆沟中,施工完毕要及时恢复电缆槽盖板;(5)部分因电缆槽盖板缺失或没有到位等原因无法铺设盖板时,应采取如覆盖沙袋进行防护等措施。

(二)进一步开展整体式电缆槽研究

目前铁路工程中所采用的盖板式电缆槽存在以下不足:(1)不利于站后工程实施和成品保护,电缆敷设受站前影响较大,经常造成电缆损坏,同时清理电缆槽及放置盖板耗费大量人工;(2)安全可靠性有待提高,电缆槽盖板兼作人行道用,常出现人员跌入、滑落摔伤事故,电缆槽盖板还存在被高速列车气流吹飞的隐患;(3)整体空间利用率不高,全线贯通的电缆槽是宝贵和安全的通道资源,盖板式电缆槽无法实现不同用途电缆间的完全分离,整体利用率低,无法作为资源开发使用;(4)局部空间不足,站内电缆槽在大修时可用空间不足,同时电缆混放造成新电缆敷设后旧电缆无法撤换。

研究整体式电缆槽道建设方案,除解决以上问题外,空余的管道资源、线缆资源可以为铁路以外的行业所用。通过出租剩余的管孔或光纤资源,为路外行业提供通道资源,扩大资产经营开发范围,发挥行业优势和资源优势。

高速铁路整体式电缆槽建设方案研究既是铁路自身建设、运营、维护的需要,同时也能够为今后的工程建设提供理论指导。